미술관에
간
CEO

예술에서 배우는
8가지 경영 인사이트

미술관에 간 CEO

김창대 지음

웅진 지식하우스

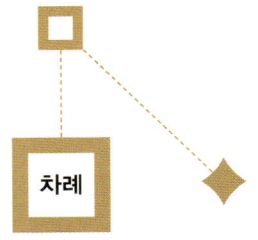

차례

프롤로그 경영, 예술에게 길을 묻다 … 6

통찰력, 보이지 않는 욕망을 읽어내는 눈 … 25

브랑쿠시와 몬드리안의 작품은 관찰 대상의 본질만을 뽑아내서 원래 모습보다 더 깊은 감동을 안겨준다. 이들의 작품은 시장의 현실을 꿰뚫어야 하는 경영자들에게 의미심장한 메시지를 전한다. 보이지 않는 것을 읽어내기 위해서는 관찰력, 직관력, 상상력 이 3박자가 갖춰져야 한다.

핵심역량, 남과 다른 1퍼센트의 독창성 … 61

똑같이 후기인상파로 불리는 세잔, 고흐, 고갱이지만 그들에게는 각각의 독특한 화풍이 있다. 예술적 영감을 자신만의 방식으로 표출해 새로운 화풍을 열었기 때문이다. 기업에도 이 같은 핵심역량의 선택과 집중이 필요하다. 핵심역량은 경영전략과 직결되기 때문이다.

모호함, 경계를 파괴하고 신세계를 창조하는 힘 … 99

조각과 회화의 경계를 무너뜨린 칼 안드레와 정광호는 사물과 이미지의 경계를 허물어 새로운 질서를 만들었다. 기존의 가치를 파괴하여 모든 것을 백지 상태로 되돌려버린 것이다. 이 새로운 공간은 어떤 가치 구조도 거부하기 때문에 무한한 가능성을 열어가는 창조의 통로와 맞닿을 수 있다.

일상타파, 역발상이 불러오는 궁극의 메시지 … 125

뒤샹이 소변기를 미술관에 전시했을 때, 오펜하임이 찻잔에 모피를 씌웠을 때 미술계는 엄청난 충격에 휩싸였다. 있던 것을 다시 보고 새롭게 보는 것, 불황을 타파하여 새로운 돌파구를 찾으려는 기업인들이 반드시 배워야 하는 역량이다.

05 보편성, 세속적인 것이 불러오는 평범함의 카리스마 … 161

 웬만한 건물 높이와 맞먹는 크기의 〈엄지손가락〉, 호수 한가운데 꽂혀 있는 〈포크〉. 매일 보는 물건들이라도 확대해서 보면 낯설게 느껴지며 새로운 생각들이 꼬리에 꼬리를 문다. 경영가들이 한목소리로 외치는 '디테일의 힘'은 바로 이 한 번 더 바라보기에서 시작된다.

06 융합, 1+1>2가 되는 세계 … 187

 현실이 가상이 되고 가상이 현실이 되는, 무한 반복의 세계를 그린 에셔의 작품은 공간의 경계를 넘어 새로운 세계를 창조해내는 융합의 지혜를 잘 보여준다. 온라인과 오프라인이, 기존 산업과 IT산업이 시너지를 만들고 있는 것은 바로 그 융합의 효과 덕분이다.

07 단순함, 작은 것은 힘이 세다 … 221

 장욱진 화백은 그림만을 위해 모든 것을 버리고 또 버렸다. 그의 대표작 〈야조도〉에도 등장하는 소재는 단 세 가지다. 나무, 초승달, 그리고 날개를 활짝 편 뼈만 남은 새 한 마리. 단순한 메시지는 기억에 강렬하게 남기 마련이다. 기업의 브랜드 메시지도 그와 같아야 한다.

08 해체와 재구성, 유에서 유를 창조하는 기본원리 … 257

피카소를 최고의 화가라고 부르는 이유는 르네상스적인 미술 세계를 철저하게 해체했을 뿐 아니라 새로운 조형 세계를 구성했기 때문이다. 비즈니스 모델 혁신도 철저하게 이 같은 관점에서 이루어져야 한다. 찢고 새판 짜기, 그것만이 레드오션을 블루오션으로 탈바꿈시켜준다.

에필로그 다시 인간에 대해 묻자 … 290
부록 서울 시내 주요 미술관 10선 … 293

프롤로그
경영, 예술에게 길을 묻다

1. 2009년 삼성경제연구소의 SERI CEO가 국내 경영자 436명에게 물었다. 'CEO의 예술적 감각이 경영에 도움이 된다고 생각하느냐?'라는 질문에 96.2퍼센트의 CEO들이 '그렇다'고 대답했다. 그중 44.7퍼센트는 '매우 그렇다'고 답했다. 예술적 감각이 경영에 어떤 도움을 주는지를 묻는 질문에는 '감성적 섬세함(34.5%)', '발상의 유연함(27.6%)', '심미적 역량(18%)'을 길러준다고 답했다.

2. 최근 약진하고 있는 재계 3세대 경영자들의 남다른 미술 사랑이 여러 차례 기사화된 바 있다. 삼성전자의 이재용 사장은 어머니 홍라희(전 삼성미술관장) 여사의 영향 덕에 미술에 조예가 깊은 것으로 알려져 있다. 호텔신라의 이부진 사장 역시 수백 억대의 호텔 리모델링을 진두지휘하며 일급 예술작품 진열에 각별히 신경을 썼다. 신세계의 정용진 부회장, GS의 허용수 전무 등은 '박물관의 젊은 친구들'이라는 문화예술 후원단체의 회원이기도 하다. 홈플러스는 독특한 예술경영론으로 유통 시장의 기적을 일구어냈으며 크라운해태제과는 예술지수를 중요한 경영지표로 삼아 뚜렷한 사업성과를 내고 있다.

CEO가 예술에 주목하는 이유

IT네트워크가 몰고 온 거대한 변화의 소용돌이 속에 빠진 비즈니스의 출구를 열기 위해서는 예술의 힘이 반드시 필요하다.

앞서 언급한 예술에 대한 기업의 남다른 관심은 비단 국내에만 국한된 현상이 아니다. 마이크로소프트 사의 시애틀 본사에 들어서면 거대한 벽화가 손을 내민다. 미니멀리즘의 거장 솔 르윗Sol Lewitt의 작품이다.

미국 전역에 산재해 있는 80여 개의 마이크로소프트 사 사무실에도 현대미술 작품 약 6000여 점이 전시되어 있다. 직원들을 위한 미술 강좌도 열심히 연다. 마이크로소프트 사가 이처럼 많은 미술품을 소장하고, 미술 강좌를 개설하는 이유는 한마디로 직원들의 창의성을 높이기 위해서다. 이 회사의 연구전략 최고책임자인 크레이그 먼디Craig Mundie는 독창적인 사고력을 많이 요구하는 소프트웨어 개발에는 전산기술도 중요하지만 예술로부터 받는 영감도 큰 도움이 된다고 말한다.

'혁신의 귀재' 스티브 잡스Steve Jobs가 이끄는 애플 사는 더 노골적이다. 애플로 복귀한 스티브 잡스의 첫마디는 "다르게 생각하라(Think Different)"였다. 애플이 처한 여러 가지 어려운 상황을 반전시키기 위해 그가 내린 결론은 기존의 사고방식을 완전히 파괴하자는 것이었다. 고정관념으로부터의 철저한 탈출만이 어려움에 빠진

마이크로소프트 아트 콜렉션은 자신들의 미션을 "창조성과 혁신을 키우는, 영감을 불러일으키는 작업환경을 만드는 것"으로 정하고 있다.

: MS 본사 카페테리아

애플을 살릴 수 있다고 판단한 그는 피카소Pablo Picasso의 얼굴을 회사의 외부 벽면에 덮어씌웠다. 전통회화를 끊임없이 의심하고 해체한 끝에 입체파라는 미지의 영역을 찾아낸 피카소에게 바치는 거대한 존경인 동시에 새롭게 만든 회사의 미션인 셈이었다.

실제로 잡스는 정규 노선을 이탈하여 해도海圖에도 없는 새로운 노선을 늘 찾아다녔다. 고정관념에 빠진 기존 산업 생태계를 해적처럼 거침없이 넘나들면서 컴퓨터 시장을 바꾸고, 음악 시장을 바꾸고, 모바일통신의 새판을 짜나갔다. 애플은 이를 위해 미래를 예측하지 않고 예술의 아우라 속에서 미래를 통찰했다.

여기서 우리는 하나의 질문을 던지게 된다. 예술은 인류 역사와 함께 발전해온 오래된 분야다. 언제나 창조성의 원천이었고, 전복과 혁명을 찬양하던 세계였다. 새로운 일이 아니다. 그런데 왜 하필 지금, 세계적인 경영 구루와 CEO들은 예술에 주목하는가? 그 어느 때보다 첨단기술이 발전한 지금, 가장 오래된 이 분야에 새삼스럽게 관심을 갖는 이유는 무엇인가?

새로운 환경의 도래: 네트워크 사회와 욕망의 시장

IT산업이 꽃을 피우면서 개인은 이제 더 이상 거대한 조직 속의 작은 톱니바퀴가 아니다. IT네트워크를 서핑하는 개인은 사회를 송두리째 뒤바꾸는 거대한 변화를 몰고 오거나 먼 미래를 현재의 공간으로 앞당길 수 있는 힘을 가지게 되었다. 개인 차원의 사소하고 평범한 경험일지라도 네트워크 속에서는 태풍을 불러일으키는 나비의 날갯짓이 될 수 있기 때문이다.

: 피카소를 인용한 애플 광고

매킨토시를 개발한 앤디 헤르츠펠드는 "애플은 예술적 가치에 따라 움직이고 있다. 이것이야말로 애플의 본질이다."라고 말했다. 경영 혁신 이론가 게리 해멀은 이런 애플을 머리에는 기술이, 가슴에는 예술혼이 담겨져 있는 기업이라고 말했고, 일본 소프트뱅크의 손정의 대표는 스티브 잡스를 아예 다 빈치이자 모차르트라고 표현했다.

미국의 벨연구소가 최근 발표한 자료를 보면 사물지능통신의 활성화, 클라우드 컴퓨팅, 홈 네트워크 서비스 등에 따라 향후 10년 이내 1000억대 이상의 디바이스가 인터넷에 연결될 것이라고 한다. 상상해보자. 이들이 이루어내는 신경회로망 같은 네트워크의 다양성과 복잡성을. 네트워크는 또 다른 네트워크를 만들고, 가지치기로 불어난 네트워크는 또 다른 모습으로 진화한다. 여기에 네트워크 서퍼들의 사소하지만 색다른 경험들이 회로를 타기 시작하면 미래는 예측불능의 회오리 속으로 빠져버린다. 기계적이고 선형적으로 모습을 바꾸어나갔던 과거 산업사회와는 완전히 다른 형태의 시장이 출현한다. 비선형 네트워크 사회의 도래. 이 앞에서 이전과 같은 방식의 예측이나 시장조사는 의미 없는 일이 된다.

팡파르를 울리며 군주처럼 등장했던 마이크로소프트 사(MS)의 최근 상황은 이런 점에서 좋은 본보기가 된다. MS는 윈도와 오피스의 화려한 영광을 등에 업고 30여 년 동안 소비자를 느긋이 길들이고 있었다. 모든 컴퓨터에는 윈도와 MS오피스, 인터넷 익스플로러가 깔려 있었고, 소비자들은 불만스럽지만 별다른 대안이 없었다. MS는 일정한 기간마다 업그레이드한 프로그램을 출시하면서 소비자에게서 황금알을 거둬들였다.

그러나 2000년 당시 MS의 시가 총액 35분의 1에 불과했던 애플은 달랐다. MS가 소비자를 외면한 채 달콤한 휴가를 즐기는 동안 애플은 소비자 자신도 눈치채지 못한 은밀한 욕구를 찾아내어 새로운 고객가치를 끊임없이 창출해냈다. 아이팟·아이패드, 아이폰은 기존의 음반-통신-콘텐츠 시장을 '네트워킹'함으로써 이전에는 없던 새로운 시장, 새로운 경험, 새로운 욕망을 창조해냈다. 마니아들이 등장했고, 월가가 끓어올랐다. 애플은 제조업 프레임만으로는 설명할 수 없는 회사가 되었다. 2010년 애플은 10년 만에 MS의 시가 총액을 추월해버렸다.

네트워크 서퍼가 몰고 온 창조사회의 시장 변화는 기업으로서는 위기이자 기회다. 새로운 고객가치를 창출할 수 있는 기업만이 이 기회를 누릴 수 있다.

　과거 산업사회는 상품의 기능을 위주로 재화나 서비스를 소비하던 '필요(needs)의 시장'이었으나 이제는 상황이 완전히 바뀌었다. 소비자들은 겉으로 보이는 필요를 넘어 그 밑바닥에 가라앉아 있는 욕망의 부름에 호응하고 있다. '욕망(wants)의 시장'으로 진화하고 있는 것이다.

　패션 코디네이션에서 중요한 역할을 하는 스카프의 원래 기능은 보온이다. 보온이라는 기능만을 강조하는 필요의 시장이라면 스카프의 수요는 극히 제한되었을 것이다. 겨울을 따뜻하게 지내기 위한 한두 개의 두툼한 스카프만 있어도 충분하니까 말이다. 그러나 지금은 다르다. 스카프는 아주 더운 여름을 제외하고는 일 년 내내 패션 코디에서 뺄 수 없는 핵심 아이템으로 자리 잡았다. 스카프는 이제 목선의 섹시함을 드러내면서 패션의 완성도를 높이려는 욕망의 표상으로 자리 잡았다. 스카프 수요가 무한대로 커져버릴 수밖에 없는 이유다. 이처럼 필요의 시장에 뿌리를 내린 어떤 제품이더라도 소비자의 은밀한 욕망을 불러일으키는 창조적 발상 전환이 있다면 시장은 얼마든지 창출될 수 있다.

　'선택의 시장'도 한 번 살펴보자. 산업사회는 가격이나 품질을 가지고 기업들이 선두다툼을 벌인 '경쟁의 시장'이었다. '더 작게, 더 많이, 더 빨리'가 이 시장에서 살아남는 방법이었다. 기술력이 좋은 기업이 좋은 제품을 생산해내면 그것을 소비해 줄 합리적인 소비자가 대기하고 있었다. 하지만 지금도 그런가? 요즘 TV에 나오는 CF들을 가만히 살펴보자. 20년 전만 해도 제조업 상품 CF의 대부분은 기능 설명에 할애되어 있었다. 하지만 요즘 상품들은 오히려 자세한 기능 설명을 삼간다. 대신 멋진 모델들이나 강력한 카피를 앞세운 이미지 CF에 주력한다. 상품에 대해서가 아니

: 삐콤씨 광고

유명한 종합비타민제 삐콤씨의 광고 변천을 보면
시장 포커스가 어떻게 달라져왔는지를 잘 알 수 있다.
1960년대에는 '쌀밥으로는 부족한 비타민B를', 1970년대에는 '피로할 때',
1980년대에는 '하루 한 알 삐콤씨' 등으로 모두 기능에 초점을 맞춰왔다.
하지만 최근 광고의 카피는 '하고 싶은 게 많아질 때'로 바뀌었다.

라 그것을 소비하는 '당신'에 대해서 말한다. 물건이 아닌 경험에, 소비자의 아이덴티티에 호소한다.

그렇다면 문제의 핵심은 분명해진다. '필요의 시장'과 '경쟁의 시장'으로부터 소비자의 진정한 욕망을 불러일으킬 수 있는 '욕망의 시장'과 '선택의 시장'으로 눈을 돌려야 한다는 것이다. 필립 코틀러Philip Kotler 교수는 여기서 한발 더 나아간다. 그는 최근 출간한 《마켓 3.0》이라는 책에서 영혼까지도 고려한 가치 중심의 '3.0 시장'을 보다 진화된 시장으로 보고 있으며 앞으로의 시장에서는 이런 철학을 가진 자만이 생존할 수 있다고 주장한다.

이처럼 네트워크 서퍼들이 만들어가는 시장은 한 치 앞을 분간할 수 없다. 그러나 미래 시장이 생각보다 멀리 있는 것은 아니다. 과학소설 《뉴로맨서》의 작가 윌리엄 깁슨William Gibson의 말대로 미래는 단지 널리 알려지지 않았을 뿐, 현재에도 엄연히 존재한다. 물론 현재의 시각으로 본다면 보일 리 없다. 새로운 시각과 욕망의 눈으로 현재를 통찰할 때 잠자는 미래가 보일 것이다. 어느 날 갑자기 멀쩡한 일자리가 사라져버리고 기세등등하던 산업들이 하루아침에 붕괴되는 요즘, 그래야 살아남는다.

　IT네트워크의 드라마는 실로 엄청난 파장을 불러왔다. 시간과 공간의 벽을 부수면서 산업 간의 경계를 허물고 모든 비즈니스를 네트워킹으로 붙여놓았다. 서로 다른 업종을 끈끈하게 접착시켜 플랫폼이라는 새로운 비즈니스의 기반을 형성한 것이다. 이 플랫폼을 만들어내고 이 속에서 새로운 가치를 창출하는 자에게만 소비자의 축복이 주어진다.
　경영전략가 오마에 겐이치(大前研一)의 말대로 21세기의 부富는 플랫폼에서 나온다. 애플과 구글이 그렇고 아마존이 그렇다. 그들은 자신만의 플랫폼을 가지고 기존의 음반 업체, 통신 업체, 유통 업체들을 낭떠러지에 몰아넣은 채 소비자와 함께 파이를 즐겼다. 소비자가 이들을 축복한 이유는 간단하다. 그들 덕분에 일찍이 경험해보지 못한 새로운 가치를 즐길 수 있었기 때문이다.
　이런 플랫폼이 등장하면서 기존 시장은 축소되는 한편 새로운 비즈니스 모델들이 줄지어 나타나고 있다. 판에 박은 듯한 낡은 논리와 관습의 눈으로는 이런 드라마를 제대로 읽어낼 수 없고 새로운 플랫폼의 주인이 될 수도 없다. 이를 반영하듯 요즘 들어 비즈니스의 금과옥조로 여겨졌던 수많은 논리들이 몰매를 맞고 있는 것을 심심찮게 볼 수 있다.
　2010년 초 미국 애틀랜타에서 열린 전미경제학회에서는 경제학의 주춧돌에 대한 근본적인 회의가 표명되었다. 합리적인 행동을 전제로 멋진 대항해를 약속했던 애덤 스미스Adam Smith의 '보이지 않는 손'에 대한 심각한 자성自省이 오고 간 것이다. 한 달 뒤 스위스 다보스에서 열린 세계경제포럼에서도 보이지 않는 손을 신봉했던 신고전학파 경제모델에 대해 비판론이 제기되면서 경제학은 '다시 시작되어야 한다'는 주장이 꼬리를 이어갔다.

경영학계 역시 총체적인 혼란에 빠져 있다. 현대의 경영 구루라 불리는 톰 피터스Tom Peters와 컨설턴트 로버트 워터맨Robert Waterman이 공동으로 출간한 《초우량 기업의 조건》(1982)이라는 책도 구설수에 올랐고, 짐 콜린스Jim Collins와 제리 포라스Jerry I. Porras가 쓴 《성공하는 기업들의 8가지 습관》(1994)이라는 책 역시 비슷한 처지에 놓이고 말았다.

이런 탓인지 학계는 물론 언론도 경영학 비판에 불을 붙였다. 〈뉴욕 타임스〉가 "공격받는 MBA"라는 기사를 내는가 하면 경영 전문잡지 〈이코노미스트〉도 경영이론에 대한 회의론을 내놓기도 했다. 신주 모시듯 귀하게 대접받던 경영 대가들을 무차별 공격하는 간 큰 책도 나왔다. 정치철학을 전공한 컨설턴트 매튜 스튜어트Matthew Stewart가 최근 발간한 《위험한 경영학》(2010)이 그 좋은 예다. 스튜어트는 자신이 직접 경험했던 컨설턴트들의 사기에 가까운 행각들을 고백하고 경영 대가들이 주장한 경영이론들을 싸잡아 비판한 후 진정한 경영학의 밑바탕은 인문학에서 찾아야 한다고 목소리를 한껏 높였다.

지금까지의 비즈니스 논리로는 현재 상황을 제대로 설명할 수 없으며 더 나은 미래도 기대할 수 없다. 지구의 중력권을 벗어날 수 있는 더 강한 추진력이 없다면 우주선은 지구 궤도 속에 머무를 뿐, 먼 우주로 나아갈 수 없는 것과 같은 이치다. 그렇다면 어떤 획기적인 돌파구를 마련해야 하지 않을까.

경영은 예술을 만나야 한다

IT네트워크는 창조사회의 불꽃을 지피면서 사회의 모든 분야를 무섭게 변화시키고 있다. 생산과 소비의 관계를 뒤흔들어놓는가 하면 비즈니스의 장도 완전히 뒤바꿀 태세다. 새로운 시장이 연이어 떠오르고, 새로운 비즈니스 모델이 빛의 속도로 전파되고 진화되어간다. 역사의 교훈들이 무색해지는 상황이다.

현재와 미래가 교차되고 있는 이 시점이야말로 새로운 상상력과 통찰력이 절실히 요구된다. 새로운 눈으로 기존 질서의 가치나 경험의 모든 연결고리를 재해석하고 재배치하면서 새로운 경험과 욕망을 창출해야만 한다. 전복과 파괴적 혁신으로만 기존 질서와 관념을 뿌리치고 미래 네트워크의 길목을 차지할 수 있기 때문이다. 물론 말처럼 쉽지 않은 일이다. 과거의 성공 공식이 바로 질곡이 되기 때문이다.

그러나 오래전부터 이 '창조적 파괴'를 철저하게 실행해나간 세계도 분명히 존재한다. 바로 예술이다.

인간의 모든 영역에 창조의 손길이 닿지 않은 부문도 없겠지만 예술은 파괴와 창조 그 자체를 업으로 삼는 세계다. 최근 몇 십 년간 경영학에서 부르짖어온 온갖 혁신의 걸작들이 다 여기에 있다.

창조경영의 지혜를 찾아 떠나는 이번 여행의 핵심 대상은 미술이다. 수많은 예술 장르 중 왜 하필이면 미술일까.

미술은 무엇보다 잠자는 감성의 영혼을 일깨워 일상적인 눈으로는 볼 수 없는 또 다른 세계를 거침없이 보여주기 때문이다. 과연 미술만큼 고정관념에 파묻힌 일상의 틀을 과감히 깨부수고 놀라운 경험과 번득이는 생동감을 확연히 보여주는 분야가 또 있을까? 예술사회학자 아르놀트 하우저Arnold Hauser는 회화가 당대의 가장 진보적인 예술로서 다른 모든 장르를 압도할 뿐만 아니라 작품의 성과 면에서도 동시대의 문학이나 음악을 질적으로 능가한다고 주장했다.

찰나에 시각을 강렬하게 붙드는 경험, 뒤통수를 후려치는 듯한 반전과 거기서 폭발하는 수많은 아이디어들. 현대미술을 비롯한 미술 명작들을 대하는 사람들의 공통된 경험이다. 시지각과 그에 기반한 수많은 인지 프레임(고정관념)이 최고도로 발달한 인류라는 생물에게, 훌륭한 미술작품은 낡은 사고를 단칼에 끊어내는 고르디우스의 매듭(Gordian knot)이다.

프랑스 미학자 피에르 프랑카스텔Pierre Francastel은 그림은 인간에게 새로운 행동을 불러일으키는 촉매이자 새로운 가정을 만들어내는 모델이라고 주장했다. 그 말대로 미술의 역사는 새로움에 대한 끝없는 도전의 드라마다. 알타미라와 라스코의 동굴벽화로부터 현대미술에 이르는 미술사의 장구한 흐름은 한마디로 '과거를 파괴하고 새로운 질서를 잡아나간 치열한 혁신의 몸부림' 자체다. 몇 가지 사례를 들어보자.

세잔Paul Cézanne과 고흐Vincent van Gogh 그리고 고갱Paul Gauguin으로 대표되는 후기인상파는 사실 인상파와는 거리가 멀다. 단지 시대적으로 인상파의 뒤를 이었기에 후기인상파라 하지만 그들의 회화 정신은 인상파와는 완연히 다르다. 인상파는 빛이 만들어내는 대상의 외부 형상에 매달린 반면 후기인상파는 화가 자신의 내면세계로 침잠해 들어갔다. 눈에 드러나는 사물의 외부 모습을 제아무리 잘 그려낸다 해도 대상을 응시하는 인간의 시선까지 잡아낼 수는 없었다. 후기인상파로서는 이 점이 불만이었다. 세잔은 대상의 겉모습보다는 인간의 내면에 비친 사물의 진정한 본질을 찾았고, 고흐는 오브제를 자신의 내면세계에서 숙성시키고 발효시켰다. 이처럼 후기인상파는 당시 인기 절정이던 인상파의 두터운 회화 이념을 혁신하여 자신들만의 새로운 회화 공간을 창출해냈다. 이들의 혁신이 없었다면 현대미술의 폭발적인 세포분열도 없었을 것이다.

야수파의 거장 마티스Henri Matisse는 색채에 혼을 불어넣는 혁명을 일으켰다. 당시 대다수의 화가들은 이성과 논리에 비유되는 데생을 앞세우고 감정에 호소하는 색채를 멀리했다. 그러나 마티스는 감정을 앞세웠다. 그의 작품 〈모자를 쓴 여인〉을 보면 마티스의 혁명이 당시 얼마나 혹독한 비난을 받았을지 짐작하고도 남는다.

빨간 머리는 둘째 치고라도 얼굴은 멍이 든 듯 푸른색으로 덮여 있고 목에는 푸른색과 대조되는 주황색이 선연히 자리 잡고 있다. 다양한 색깔의 물감이

: 앙리 마티스, 〈모자를 쓴 여인〉, 1905

"구성은 색채의 아름다움을 잃어서는 안 된다."
– 앙리 마티스

덕지덕지 붙어 있는 모자나 부채, 옷도 데생과는 아예 담을 쌓은 형국이다. 배경 화면 역시 온갖 색깔이 조잡스럽게 춤을 추고 있다. 그림 어디에도 당시 화가들이 생명처럼 여겼던 원근감이나 입체감을 보여주는 정연한 선과 면의 어울림이 없다. 그는 기존 그림이 가졌던 모든 질서를 파괴하고 감정의 언어가 창출하는 새로운 회화 세

| 프롤로그 |

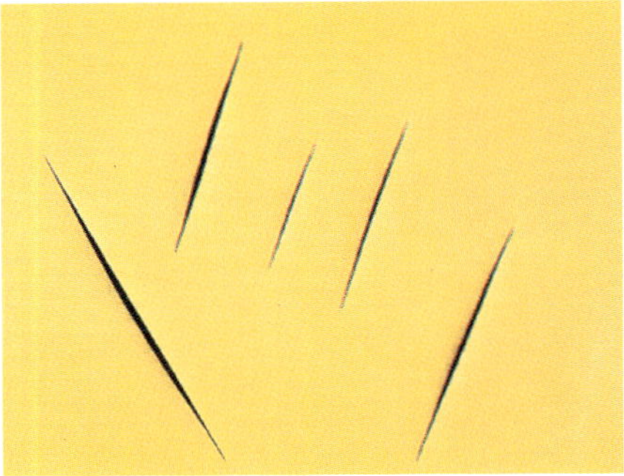

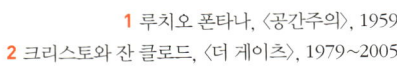

1 루치오 폰타나, 〈공간주의〉, 1959
2 크리스토와 잔 클로드, 〈더 게이츠〉, 1979~2005

모든 화가들이 캔버스만 바라보고 있을 때
이들은 전혀 다른 곳으로 눈을 돌렸다.
회화의 개념 자체를 바꿔놓은 것이다.

계를 이글거리는 용암처럼 화면에 쏟아 부었다. 색채의 제왕 마티스만이 창출할 수 있는 새로운 가치가 탄생하는 순간이었다.

그림이라면 으레 종이나 캔버스, 천과 나무판 같은 평면을 떠올리기 십상이다. 그러나 이탈리아 화가 루치오 폰타나Lucio Fontana는 평면의 캔버스 위에 그림을 그려야 한다는 고정관념을 보기 좋게 깨부수었다.

그는 캔버스를 칼로 찌르거나 구멍을 내서 평면에 공간과 입체성이 동시에 존재하는 상상도 못할 새로운 조형질서를 창출했다. 오랫동안 평면 캔버스만 바라보던 회화의 눈을 완전히 뒤바꾸어놓은 셈이다. 조형 공간의 혁신이자 미술사의 변곡점이 분명하다.

여기에 한술 더 떠 자연 자체를 캔버스 삼아 그림을 그린 혁명적인 발상도 있다. 크리스토와 잔 클로드Christo and Jeanne-Claude는 플로리다 비스케인 만의 11개 섬에 분홍색 천을 둘러씌웠다. 센트럴파크에 7500개의 기둥을 세워 만든 〈더 게이츠〉, 10만 제곱미터의 흰색 천으로 독일의사당을 포장해버린 〈천으로 감싸인 의사당〉 정도의 랜드 아트Land Art에 이르게 되면 그동안 우리가 생각해왔던 '미술'이라는 개념 자체가 아연해진다.

조각 분야 역시 부단히 혁신 일로를 걷고 있다. 전통적으로 조각은 움직이지 않는 대상이었다. 모빌 같은 경우를 제외하면 움직이는 것은 관객이지 작품이 아니었다. 그러나 이 변할 수 없는 철칙을 충격적인 방식으로 깨뜨린 사람이 있다. '21세기의 다빈치'로 불리는 테오 얀센Theo Jansen은 플라스틱 튜브와 나일론 끈, 고무줄을 활용하여 살아 있는 조각을 만든다. 각각의 정교한 구성품들은 바람의 힘을 에너지 삼아 스스로 움직인다. 가까이에서 보면 분명한 무생물 기관들이지만 멀리서 보면

: 테오 얀센, 〈아니마리스 페르치피에레 프리무스〉, 2006

"예술과 공학 사이의 장벽은 우리 마음속에만 존재합니다."
— 테오 얀센

미야자키 하야오(宮崎駿)의 만화에나 나올 법한 거대한 생명체처럼 천천히 움직인다. 실제로 델프트 대학교에서 물리학을 전공한 후 화가의 길로 접어든 얀센은 그야말로 통섭의 프런티어이자 혁신의 기린아라고 할 수 있다.

화가의 눈이 여는 세계

화가는 일반인과는 다른 눈으로 바라보고 무한한 상상력을 즐기는 사람이다. 그들은 마치 유령을 보는 영매처럼 평범한 사람들이 보지 못하는 것들을 볼줄 아는 이들이다.

음악의 세계도 마찬가지다. 일반인에게는 악기 연주나 성악가의 노래만이 음악으로 들린다. 하지만 존 케이지John Cage는 〈4분 33초〉 같은 작품으로 음악에 대한 우리 마음속의 경계선을 부수었다. 음악 이전에 소리와 잡음이, 소리 이전에 침묵이 있음을 알게 해주었다. '음악'이란 언제부터인가 우리가 마음속에 그어놓은, 소리에 대한 한계일 뿐이다. 그가 4분 33초 동안 피아노 앞에 그냥 앉아 청중들 머릿속에서 깨져 나가기를 바랐던 것은 바로 그 한계와 경계, 고정관념이었다. 그 결과 새로운 음악 생태계가 출현했다.

이처럼 일반인이 보지 못하고, 듣지 못하고, 느끼지 못하는 또 다른 세계를 예술가는 찾아준다. 예술가가 보여주는 이 세계란 예술가의 창조적 시각과 혁신적인 상상력이 빚어낸 새로운 세계다. 창조도 습관이다. 이런 작품을 자주 만나다 보면 일상의 세계를 보는 눈도 크게 달라진다. 이전에는 보이지 않고 들리지 않던 것이 서서히 그 본래 모습을 드러내면서 새로운 세계가 나타난다. 피카소가 "예술은 진실을 깨닫게 만드는 거짓말"이라고 한 이유도 바로 이 때문이다.

예술 작품이 던지는 이 같은 지혜의 눈을 얻게 되면 소비자의 보이지 않는 욕구를 읽어낼 수 있을 뿐만 아니라 모든 비즈니스 활동에 상당한 도움도 받을 수 있다. 오래전부터 경영 활동에 예술의 창의성을 도입해야 한다는 주장이 꾸준히 제기되어 오다가 최근 창조경영이 화두가 되자 예술에 대한 관심이 부쩍 높아지는 것도 이런

: 마르크 샤갈, 〈마을 위를 날아서〉, 1915

한참 그림 그리기에 열중하고 있는 샤갈에게 누군가 말했다.
"별난 사람도 다 있군. 세상에, 날아다니는 여자를
그림으로 그리는 사람은 처음 보겠네."
샤갈이 웃으며 이렇게 말했다.
"그러니까 화가지."

이유로 보아야 할 것이다.

　　로드아일랜드 디자인스쿨의 존 마에다John Maeda 총장은 예술의 창조성이 21세기를 가르는 최대의 승부 요인이 될 것이라고 주장한다. 경영과 예술의 가교 역할을 하는 한국메세나협의회의 박영주 회장은 이렇게 말한다.

　　"예술은 창의성을 키워주고 감동을 주는 힘을 가지고 있다. 그러니 기업도 성장 동력의 원천을 예술에서 배우고 예술도 경영에 예술이 접목될 수 있는 방안을 제시해야 한다."

　　예술가나 과학자들의 사고구조를 분석하여 《생각의 탄생》이라는 베스트셀러를 출간한 루트번스타인Robert Root-Bernstein도 이렇게 말한다.

　　"창조경영의 출발점은 바로 예술이다. 시와 음악, 미술, 공연 등 예술은 세상을 다르게 볼 수 있는 실마리를 제공한다. 창의성은 바로 여기서 나온다."

　　이 책은 창조경영을 위한 여덟 가지 통찰을 담금질해냈다. 예술과 경영의 단순한 연결고리를 피상적으로 읽기보다는 가급적 다른 것들 속에서 같은 것을, 같은 것들 속에서 차이를 보고자 했다. 새로운 연결과 거기서 피어나는 새 의미 속에 갈 길이 있다고 믿는 까닭이다.

　　이제 명화 이미지를 제품 디자인의 콘셉트로 활용한다든지 예술 활동을 후원하여 기업의 브랜드 가치를 높이고 전시회나 연주회를 열어 소비자의 감성을 깨우는 일 정도로는 창조경영을 내세우기 어렵다. 이 시대 비즈니스가 진정 목말라하는 것은 예술 작품을 피상적으로 비즈니스에 활용하는 일이 아니다. 진정으로 업業의 본질과 가능성을 되짚어보고, 스스로 가로막고 있던 한계 너머를 내다보지 않으면 미래는 없다. 살기 위한 예술이다.

모든 것이 평평해진 글로벌 시장에는 3등도 없고 2등도 없다. 승자독식의 시퍼런 칼날 위에서 승부가 결정되니 어설픈 추종자는 발붙일 곳이 없다. 구글을 뛰어넘고 애플을 따돌리지 않고서는 미래를 보장할 수 없다는 말이다. 예술 같은 비즈니스가 도래하는 때다.

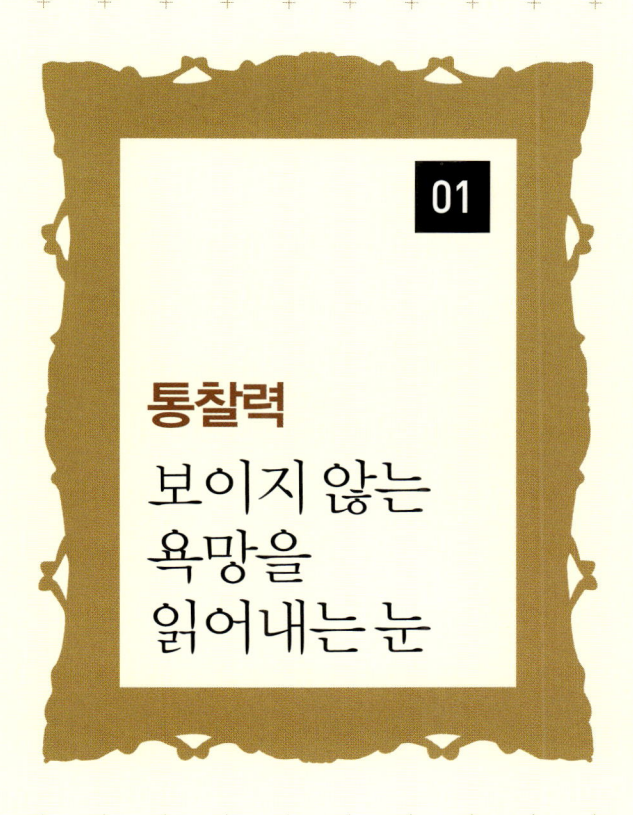

통찰력
보이지 않는
욕망을
읽어내는 눈

01

브랑쿠시, 몬드리안, 윌리엄 터너는
예리한 관찰을 통해 남들이 발견하지 못한
사물의 본질을 꿰뚫어냈다.
보이지 않는 소비자의 욕구를 읽어내야 하는
비즈니스 세계에서는 그들의 매서운 눈이
절실하게 필요하다.

핀치새가 13종이나 되는 이유는?

지금부터 38억 년 전. 지구가 태어난 지 8억 년이 지난 때다.

원시지구의 바다에서 최초의 생물체가 탄생했다. 생명의 위대한 역사가 시작된 것이다. 단세포로 핵막을 갖지 않은 원핵세포가 그 주인공이다.

그리고 다시 32억 년이 지난 캄브리아기에 생명은 대폭발을 일으킨다. 진핵세포로 구성된 다세포 생물종들이 엄청나게 늘어나서 바다를 헤집고 다니게 된 것이다. 이후 바다에서 땅으로 올라온 생명은 양서류, 파충류, 조류, 포유류로 발전한다. 꽤 늦게야 인류도 등장한다.

상상으로만 그려낼 수 있는 장구한 생명의 역사다. 학자들은 38억 년 동안 약 10억 종의 생물이 나타났다 사라진 것으로 추정한다. 이중 화석으로 발견되어 확인할 수 있는 것은 불과 20만 종이고 나머지 99.98퍼센트는 상상에 맡길 수밖에 없다.

그런데 이 장대한 드라마, 신의 영역이었던 대자연의 역사가 이렇게나마 밝혀진 것은 불과 150년밖에 되지 않는다. 이야기는 한 소심한 청년의 여행에서부터 시작된다.

1831년 12월 27일 오후 2시경 악천후로 몇 차례나 되돌아온 비글호가 마침내 대항해 길에 올랐다. 22세의 영국 청년 찰스 다윈Charles Darwin도 이 배에 탔다. 남아메리카에 도착하여 3년 동안 조사를 마치고 갈라파고스제도에 발을 디딘 다윈은 드디어 신의 목소리를 듣는 황홀한 경험을 한다.

갈라파고스제도는 남아메리카대륙에서 1000킬로미터 떨어진 동태평양 적도 위의 섬들이고 갈라파고스란 스페인어로 거북을 뜻한다. 산크리스토발 섬에 도착한 다윈의 눈에 코끼리거북이 들어왔다. 그는 플로레아나·이사벨라·산티아고 섬에서도 거북을 보았다. 모두들 전체적인 생김새는 비슷했으나 섬마다 약간씩 차이가 있었다. 신은 왜 이렇게 불필요하게 많은 종을 만드신 걸까? 혹시 남아메리카대륙 거북이 이들의 공통 조상이고 각 섬의 거북은 저마다 주어진 환경에 적응하여 이런 차이를 보이는 것은 아닐까? 다윈의 눈은 예리하게 빛났다.

한 달 하고도 닷새에 걸쳐 갈라파고스제도를 조사하는 동안 다윈의 눈을 다시 반짝이게 한 것은 핀치새였다. 갈라파고스제도에 서식하는 핀치새는 모두 13종. 핀치새 역시 코끼리거북처럼 기본적인 모습은 닮았지만 먹이나 생활 습성에 따라 부리의 모양과 크기가 서로 달랐다. 다윈은 코끼리거북과 핀치새가 지닌 차이가 서로 다른 종을 발현시키는 핵심 요인일 것으로 추측했다. 무엇인가가 이들이 서로 다른 모습을 갖도록 강제하고 있었다. 기후나 풍토만으로는 부족했다. 어떤 코끼리거북이 다른 코끼리거북과 다른 모습을 지니지 않으면 안 되게 하는 바로 그것, 그것이 무엇일까?

핀치새가 다른 핀치새와
다른 모습을 지니지 않으면 안 되는 이유,
그건 바로 경쟁에서 살아남기 위해서였다.

: 서로 다른 핀치새의 생김새

　항해를 마치고 영국으로 돌아온 다윈은 23년 동안 이 영감을 다듬기 위해 실험과 연구를 계속했다. 그러던 어느 날 1798년 출간된 맬서스Thomas Malthus의 《인구론》을 읽다가 다윈은 숨이 멎는 듯했다. "인구는 기하급수적으로 늘어나지만 생존에 필요한 식량은 그렇지 않다"는 맬서스의 목소리가 다윈의 뇌리를 떠나지 않았다. 식량이 한정되어 있다면 이를 차지하기 위해 생존경쟁은 불가피한 일이었다. 이는 인간뿐만 아니라 다른 생물도 마찬가지가 아니겠는가. 결국 생존경쟁에서 유리한 조건을 갖춘 개체만이 살아남을 수밖에 없을 것이다. 키워드는 '경쟁'이었다. 자연이 선택한 적자생존의 진화 얼개가 모습을 드러내는 순간이었다. 이후 연구를 계속한 다윈은 1859년 4월 인류사에 길이 남을 불후의 명저 《종의 기원》을 출간한다.
　기존 종의 변이가 자연환경에 적응해가면서 새로운 종이 태어난다는 다윈의 자연선택 이론은 이렇게 세상에 등장했다.
　자연선택 이론은 누구라도 이해할 수 있을 정도로 아주 단순하다. 또한 세상 모든 질서를 포괄하는 보편성도 지닌다. 변이를 통해 새로운 종이 탄생하듯이 세상도 변화를 통해 새로움을 창조한다는 것이다. 세상의 질서도 이 한마디로 충분히 표현할 수 있지 않을까.

　장구한 세월 동안 신의 영역으로 남은 세계도 다윈의 통찰력 앞에서는 빗장을 풀 수밖에 없었다. 통찰력은 이렇게 상상할 수 없는 엄청난 지혜의 눈을 열어준다. 이런 통찰의 눈으로 비즈니스 세계를 바라본다면 어떨까? 너무나 단순하여 아름답기까지 한 다윈의 진화론이 폭발적인 위력을 발휘했듯이 비즈니스 세계의 통찰력 또한 위대한 힘을 가진다.

호암의 눈

　2008년 삼성전자의 연매출은 121조 원, 상시 종업원수는 8만 4462명이었다. 40년 전 창업 당시만 해도 이 회사의 매출은 3700만 원, 임직원수는 36명에 지나지 않았다. 한국전쟁 후 폐허가 된 제3세계의 보잘것없던 기업이 40년 만에 초일류 글로벌 기업이 되려면 무엇이 필요했을까? 세모를 보내던 호암 이병철 회장의 모습에서 그 답을 찾을 수 있다.

　호암은 대개 연말을 산업 선진국에서 보냈다. 산업 동향을 살피고, 관심 분야의 전문가를 두루 만나서 생각을 정리하고, 새로운 사업을 구상하기 위해서였다. 그런데 당시 호암의 머릿속을 꽉 채우던 것이 있었다. 바로 반도체다.

　1970년대 당시 삼성은 텔레비전 등 가전에 주력하고 있었다. 이미 재계에서 세 손가락 안에 드는 성공이었다. 세계적으로도 철과 석유로 먹고살던 기업들이 한껏 번영을 구가하고 있었다. 하지만 그것은 다른 시대를 예고하는 것이기도 했다. 호암은 별다른 자원이 없는 한국의 미래를 생각했다. 고부가가치의 첨단산업, 반도체.

무엇보다 정밀한 작업이 요구되는 반도체는 먼지 하나 허용하지 않는 청정산업이다. 그렇다면 젓가락 문화에 익숙한 손놀림과 신발을 벗고 방에 들어가는 한국의 생활 습성이 반도체산업에 그대로 녹아들 것이 아닌가. 초기 기술만 제대로 갖추면 반도체야말로 삼성의 대들보 역할을 할 수 있을 거라는 생각이 강하게 들었다.

1980년 호암은 반도체가 미래를 좌우하리라 판단하고 반도체산업에 뛰어들 것을 결심한다. 2년 뒤 미국의 반도체산업을 둘러본 호암은 본사에 전화를 걸어 반도체 사업계획을 구체화하도록 독려했다. 하루가 다르게 발전해가는 반도체산업을 두고 더 이상 시간을 지체할 수 없다는 판단을 한 것이다.

1983년 2월 8일 도쿄 오쿠라 호텔. 그동안 고심에 고심을 거듭한 끝에 이른바 '도쿄선언'이 나왔다. 당시 호암은 73세였다.

"반도체산업을 우리 민족 특유의 강인한 정신력과 창조성을 바탕으로 추진하고자 한다."

가까운 사람은 물론 정부, 재계, 언론에도 반대 의견이 들끓었다. 자본, 기술, 시장 모두가 불투명한 3대 불가론이 대세였다. 하지만 호암의 생각은 달랐다. 반도체가 없으면 미국과 일본 경제에 예속될 것은 뻔한 일. 그러면 기업은 물론 국가의 운명까지도 내다볼 수 없는 일 아닌가. 기업과 국가의 미래를 냉정히 내다본 호암은 숙연했다. 모두가 두려움에 떨었지만 그는 애써 담담하게 자신의 구상을 추진해갔다.

1984년 공급 과잉과 일본의 덤핑으로 D램 값이 떨어지면서 삼성전자는 4년간 1400억 원의 적자를 냈다. 당시로는 엄청난 액수였다. 그러나 호암은 3억 4000만 달러를 들여 제3 생산라인을 증설했다. 자신의 통찰력을 굳게 믿었고, 또 그 계획대로 추진해야만 원하는 결과를 얻을 수 있다는 강한 신념이 만들어낸 호암만의 작품이었다. 그리고 호암의 판단은 적중했다. 1988년 그가 타계한 이듬해 삼성전자는 3600

억 원의 흑자를 기록하면서 반도체산업의 선두주자로서 발판을 마련했다.

삼성과 애플의 격차를 낳은 1퍼센트 차이

그러나 세상 일이 모두 뜻대로 될 수는 없다. 특히 비즈니스 세계라면 그 누구도 장담할 수 없다. 비즈니스 세계에서 영원한 절대 강자란 결코 있을 수 없다. 세상이 이렇게 빨리 변하는데 영원히 지존일 수 있는 기업은 지구상 어디에도 존재하지 않는다.

2009년 영업이익 10조 원을 달성한 삼성전자도 허점은 많다. 예리한 통찰의 눈이 필요한 부분이 도처에 있다는 말이다.

그 대표적인 것이 바로 휴대전화다. 삼성의 단말기는 누구나 그 품질을 인정한다. 2009년 삼성전자는 세계 휴대전화 시장의 19.9퍼센트를 점유하며 1위 노키아를 바짝 따라붙었다. 그런데 문제는 이익점유율에 있다. 삼성의 시장점유율은 근 20퍼센트인 반면 이익점유율은 15퍼센트에 불과하다. 아무리 많이 팔아도 이익이 생각만큼 남지 않는다는 이야기다. 그러나 시장점유율이 3퍼센트에 불과한 애플사의 이익점유율은 30퍼센트를 웃돈다.

이런 결과가 나온 핵심 이유는 바로 스마트폰이다. 더 정확히 말하면 스마트폰의 생명이나 다름없는 소프트웨어다. 애플은 아이튠즈, 앱스토어 같은 소프트웨어를 통해 고객이 매력을 느낄 수 있는 디지털 환경을 구축했다. 아이팟과 아이폰 마니아가 형성되고 애플이 고부가가치를 창출할 수밖에 없는 이유다.

그렇다면 애플은 고부가가치를 창출해주는 IT 시장의 본질을 정확히 본 반면 삼성전자는 그렇지 못했다는 말인가? 그렇다. 미래를 내다보는 애플의 눈은 매섭기 짝이 없다. 그들의 비즈니스 사전에 미래 예측이란 말은 없다. 있다면 미래 창출만이 있을 뿐이다. 그들은 미래를 예측하는 것이 아니라 통찰한다. 소비자도 미처 느끼지 못하는 새로운 시장을 해적선 깃발을 단 채 종횡무진 누비는 것이 애플의 장기다. 어느 누구도 상상할 수 없는 완전히 새로운 시장을 창조하는 것이 애플 해적들이 즐기는 방식이다. 세상을 통째로 바꾸겠다는 과감한 창조적 통찰력에 매력을 느끼지 않을 소비자는 없고, 빈주머니를 털어서라도 새로 출시된 애플 제품을 사기 위해 줄을 서지 않을 소비자도 없다.

"고객에게 무엇을 원하는지 묻고 나서 제품을 개발해선 안 된다. 당신이 그 제품을 완성할 때쯤이면 고객은 뭔가 새로운 것을 찾을 것이다."
– 스티브 잡스

삼성전자가 진정 매진해야 할 것은 애플의 이런 통찰력을 뛰어넘는 과감하고 창조적인 발상의 전환이다. 호암의 통찰력 덕분에 반도체 글로벌기업이 된 삼성전자가 또 한 번의 날카로운 통찰력을 발휘할 때가 왔다는 말이다.

두 예술가의 통찰의 눈

이제 두 사례가 보여준 통찰의 지혜를 깊이 음미하기 위해 뉴욕현대미술관으로 발길을 옮겨보자. 두 예술가가 뿜어내는 예리한 통찰의 눈은 대상을 제대로 볼 줄 아는 지혜의 문을 열어줄 것이다.

브랑쿠시: 새의 본질은 무엇인가

〈공간의 새〉는 더 이상 소개가 필요 없는 명작이다. 새를 표현해주는 깃털이나 날개나 부리 등은 작품 어디에서도 찾을 수 없다. 이 작품의 진정한 가치는 눈으로 보는 형상이 아니라 터질 듯한 긴장감에서 찾아야 한다.

한 줄기 섬광처럼 치솟아 오르는 새의 이미지. '비상의 아름다움'을 완벽하게 보여주는 걸작이다. 그 어떤 것도 더할 수 없고, 그 어떤 것도 뺄 수 없는 완전성의 극치감과 함께.

그렇다면 청동으로 제작된 작품 표면을 한 번 살펴보자.

더할 수 없이 순수한 빛의 엑스터시가 청동의 무게감마저도 기어이 지워내고야 만다. 물질과 빛의 결합으로 비상이 가지는 완벽한 가벼움을 절묘하게 드러내고 있는 셈이다. 이처럼 비상의 본질을 치열하게 추구한 브랑쿠시 Constantin Brancusi의 통찰력은 형상의 절대 경계를 아슬아슬하게 보여준다.

일상에서 만나는 사물은 여러 요소들이 얽히고설켜 표면적으로는 복잡하게 보이지만 그것을 관통하는 핵심 요소는 단순하다. 38억 년 전부터 시작된 생명 진화의 무수한 과정도 결국 단순한 진화 원리로 집약할 수 있지 않은가. 브랑쿠시의 작품 역시 다윈처럼 사물을 관통하는 본질적인 이미지를 잡아내는 탁월한 능력을 보여준다.

수차례 어려움을 겪은 후 지금은 어엿한 중견 기업을 운영하는 어느 CEO는 이 작품 사진을 지금도 사무실에 걸어두고 있다. 복잡한 문제를 해결하기 위해 새로운 비상하는 새의 본질은 완벽한 가벼움이다.

브랑쿠시는 새의 모습을 그대로 담아내는 대신

새의 본질을 찾아내 청동으로 완벽하게 표현해냈다.

: 콘스탄틴 브랑쿠시, 〈공간의 새〉, 1928

아이디어를 구할 때마다 이 사진을 뚫어지게 쳐다보는 습관을 어느새 가지게 되었다고 한다. 사진 앞에 설 때마다 산만해진 정신이 다시 한곳으로 집중되는 힘을 느끼면서.

전적으로 동감할 수 있는 말이다. 그만큼 브랑쿠시의 〈공간의 새〉는 단순한 예술 작품 이상의 힘을 가지고 있는 것 같다. 2005년 뉴욕 크리스티 경매에서 흰 대리석으로 제작된 〈공간의 새〉는 조각 작품으로는 사상 최고 가격인 275억 원에 거래되어 화제가 되기도 했다.

몬드리안: 도회적 감성미

네덜란드에서 태어난 몬드리안Piet Mondriaan은 차가운 추상을 대표하는 화가다. 몬드리안이 활발하게 작품 활동을 하던 당시 유럽의 분위기는 1차 대전으로 인해 극히 혼란스러웠다. 몬드리안은 전쟁이 몰고 온 무질서와 부조화 속에서 조국 네덜란드를 상징하는 직선의 아름다움을 깨닫게 되었다. 수평선을 이루며 끝없이 펼쳐진 튤립 농장, 수직으로 치솟은 교회 첨탑, 지평선에 아스라이 자리 잡은 풍차들이 빚어내는 직선의 질서와 조화에 몬드리안의 예술혼은 빛을 더해갔다. 결국 몬드리안은 곡선과 사선을 불안감과 긴장감을 유발하는 불순물로 여겨 화면에서 제거하고, 직선이 추구하는 조화와 질서의 조형 언어만으로 자신의 독특한 작품 세계를 창조했다.

1차 대전의 혼란이 채 가시기도 전에 독일의 폴란드 침공으로 다시 2차 대전이 일어났다. 더 이상 전쟁의 참상을 보기 싫었던 몬드리안은 70세가 되던 1940년 뉴욕으로 갔다. 뉴욕은 그가 추구한 차가운 추상의 조형 언어를 고스란히 담고 있었다.

직선과 직선이 교차하는 도로, 반듯하게 구분된 구획, 곧은 선을 하늘 높이 뽑아 올린 마천루. 뉴욕에 들어서는 순간 그는 온갖 직선이 연출해내는 도회적 감성에 야릇한 흥분을 느꼈다. 몬드리안은 거리로 나와 인파에 몸을 맡긴다.

비즈니스로 바쁘게 움직이던 뉴욕에 밤이 찾아왔다. 휘황찬란한 네온사인과 가로등이 빛나는 브로드웨이에는 하루 일과를 끝낸 뉴요커들이 몰려나와 미국의 풍요로움을 즐긴다. 대형 무도장과 뒷골목의 재즈 바에서는 강렬한 비트와 경쾌한 리듬의 부기우기가 흘러나온다.

고층 빌딩에서 내려다본 브로드웨이의 밤풍경. 수직·수평선이 교차된 밤거리는 바둑판으로 변하고, 자동차의 경적 소리와 재즈 바의 부기우기가 거리를 물들이면서 브로드웨이는 어느새 세련된 도회적 정감에 파묻힌다.

뉴욕의 밤거리와 부기우기에 취해 화실로 돌아온 몬드리안은 붓을 들었다. 차가운 추상이 도회적 감성에 젖어들면서 캔버스는 어느덧 감미로운 멜로디로 채워진다.

이렇게 탄생한 〈브로드웨이 부기우기〉에는 미국 도시 문명의 풍요로움, 부기우기에 몸을 맡긴 뉴요커의 애환, 에너지 넘치는 브로드웨이의 분위기가 고스란히 담겨 있다. 몬드리안은 수직·수평선의 조형 언어를 통해 브로드웨이의 모든 것을 경쾌한 붓 터치로 노래한다.

그러나 이 작품에 나타난 직선들은 지금까지 그의 작품에 그려진 수직·수평선과는 확연히 다른 정감을 불러일으킨다. 이전 작품은 대부분 검은색의 선으로 구성되었지만 〈브로드웨이 부기우기〉에는 노란색을 기본으로 붉은 점, 푸른 점, 회색 점들이 퐁 퐁 퐁 경쾌한 스텝을 밟고 있다. 검은색의 수직·수평선이 만들어낸 엄격한 질서나 절제와는 상당히 다른 느낌을 주지 않는가? 또한 이 선들이 교차하면서

: 피에트 몬드리안, 〈브로드웨이 부기우기〉, 1942~1943

뉴욕 브로드웨이의 밤거리는 몬드리안에게
수직·수평선에 대한 영감을 주었고
그는 면과 색만으로 뉴욕의 도회적인 느낌을 담아냈다.

만들어내는 사각형의 빈 공간은 그 크기와 분위기도 제각각이라 뉴욕 브로드웨이의 자유분방함을 넌지시 연상시키기도 한다.

 그러나 브로드웨이를 그대로 그린 흔적은 작품 어디에서도 찾을 수 없다. 단지 활기가 넘치는 거리의 분위기와 뒷골목에서 흘러나오는 부기우기를 연상시키는 곧은 직선과 밝은 톤의 유채색만이 화면을 채우고 있을 뿐이다. 몬드리안은 이 단순한 몇 가지의 색과 선만으로 브로드웨이의 모든 것을 강렬히 뿜어낸다. 아무런 사실적 묘사 없이도 세련된 도회적 감성을 노래할 수 있는 것은 바로 몬드리안의 날카로운 통찰력 덕분이다.

불필요한 것은 과감히 지워버려라

 〈공간의 새〉와 〈브로드웨이 부기우기〉에서는 새를 직접 그리거나 브로드웨이를 그대로 재현한 흔적을 어디서도 찾아볼 수 없다. 그러나 〈공간의 새〉에서는 '비상의 아름다움'을, 〈브로드웨이 부기우기〉에서는 '도회적 감성의 세련미'를 느낄 수 있다. 이것은 대상을 관통하는 본질적인 핵심 요소만을 화면에 표출한 브랑쿠시와 몬드리안의 뛰어난 통찰력 덕분에 가능한 일이었다.

 두 작품을 다시 떠올려보자.

 〈공간의 새〉에서 브랑쿠시가 진정 갈구한 것은 새가 아니라 무한 공간 속으로 날아오르는 '비상의 아름다움'이었다. 그렇다면 날개나 부리나 다리는 군더더기에 지나지 않는다. 섬광처럼 솟아오르는 비상의 이미지를 시퍼렇게 뽑는 데는 한 줄기 번개 같은 빛의 형상만으로도 충분하다. 그 외에는 한 점의 더하기도 결코 용납할 수 없다. 여기서 더하기는 오히려 마이너스다. 그래서 브랑쿠시는 한 줄기 빛의 형상을 제외한 모든 것을 버리고 또 버렸다. 결국 남은 것은 무게감마저도 느낄 수 없는 빛 한 줄기.

브랑쿠시가 진정 바란 것은 바로 이것이 아니겠는가!

그렇다. 통찰력은 바로 브랑쿠시 같은 매서운 눈을 의미한다. 다시 말해 대상이 지닌 원초적 본성만을 남기고 모든 것을 날카롭게 베어내는 예리한 작업이 필요하다는 뜻이다.

몬드리안도 마찬가지다. 네온에 물든 도시의 화려함과 리듬감을 생생하게 살려내기 위해서는 대상이 지닌 가장 본질적인 요소만을 극대화해야 한다. 네온 빛이 명멸하는 듯한 직선과 직선의 교차. 리드미컬하게 크기를 바꾸는 도심의 블록들. 이 둘의 묘한 결합은 뉴욕의 밤 풍경을 찍은 사진보다 더 큰 생동감과 세련미를 드러낸다.

이처럼 통찰력이란 예리한 관찰을 통해 사물의 본질을 꿰뚫어보는 능력을 말한다. 물론 사물의 본질은 표면에 쉽게 드러나지 않는다. 따라서 표면 아래에 숨어 있는 사물의 본질을 정확히 읽어내는 것이 통찰력의 생명이다.

관찰 대상의 본질만을 뽑아내서 원래 모습보다 더 깊은 감동을 안겨주는 두 화가의 통찰력은 비즈니스 분야에도 더할 나위 없이 중요하다.

경영 현실은 너무나 복잡하다. 현장 문제를 해결하는 데 꼭 필요한 요인뿐만 아니라 필요하지 않은 요인까지도 서로 얽히고설켜 있으니 복잡할 수밖에 없다. 이런 경우 문제의 핵심을 찾아내려면 중요하지 않은 요인들을 예리하게 제거하는 매서운 눈이 필요하다. 코끼리거북과 핀치새에서 진화 원리를 끄집어낸 다윈의 눈이 그렇고, 대상에서 본질만을 짚어낸 브랑쿠시와 몬드리안의 눈이 그렇다.

현대그룹 정주영 전 회장도 핵심을 읽는 매서운 눈을 지녔던 것으로 유명하다. 1952년 12월 미국 대선에서 당선된 아이젠하워Dwight Eisenhower가 부산의 유엔군 묘지를 방문했을 때의 일이다. 묘지가 너무 황량해 보이니 잔디를 입혀달라는 미국 측의 요구가 있었다. 전쟁으로 인한 혼란도 혼란이지만 그보다 더 골치 아픈 일은 12월 엄동설한에 잔디를 구하는 일이었다. 공사업자 모두가 머리를 절레절레 젓고는 발길을 돌렸다. 그때 정주영 회장이 나섰다.

예정대로 아이젠하워는 푸른 잔디가 뒤덮인 유엔군 묘지를 흡족한 마음으로 돌아볼 수 있었다. 사실 아이젠하워가 본 묘지의 푸른 잔디는 잔디가 아니라 낙동강 강둑에 자라던 보리 싹이었다. 정 회장은 "그들이 원한 것은 잔디가 아니라 푸른빛이었기 때문에 푸른빛을 입혔을 뿐"이라고 말했다. 정 회장은 '푸른 잔디'에서 잔디를 줄이고 '푸른빛'만을 남겼던 것이다.

보이지 않는 소비자의 욕망을 읽어라

그동안 기업들은 시장의 본질을 알기 위해 주로 통계 기법을 활용한 전통적인 시장조사를 실시해왔다. 그러나 이 같은 시장조사는 현재라는 시간 틀 속에서 소비자의 욕구에 대한 부분적인 정보를 알려줄 뿐이지 소비자의 은밀한 욕구까지 캐내지는 못한다. 하버드 대학교 경영대학원의 잘트먼Gerald Zaltman 교수는 소비자의 입을 통해 확인할 수 있는 욕구는 5퍼센트도 되지 않는다고 말한다. 물론 조사기법 자체가 잘못된 경우도 있겠지만 소비자의 욕구 모두를 정확히 알기란 쉬운 일이 아니다. 더구나 소비자 스스로 인식하지 못하거나 제대로 표현하지 못하는 욕구도 얼마든지 있다. 인터뷰 같은 구두조사로는 한계가 있을 수밖에 없다는 말이다. 따라서 소비자가 전해주는 5퍼센트의 보이는 욕구만으로 나머지 95퍼센트의 보이지 않는 욕구를 무시한 채 시장의 본질을 판단하다가는 낭패를 보기 십상이다.

시장의 본질을 꿰뚫어보는 통찰력 없이 표면에 드러난 일부 시장 정보에만 눈이 멀어 쓰디쓴 실패를 맛본 사례는 부지기수다. 기술적 결함도 다소 문제였지만 시장 구매력을 제대로 파악하지 못한 콩코드 항공 사업이 그 예다. 전통적인 콜라 맛에 길든 소비자의 기호를 무시한 코카콜라의 뉴코크도 통찰력의 결여로 시장의 본질을 놓쳐버린 대표적 실패 사례다. 이런 실패를 피하기 위해서는 소비자 내면에 깔려 있는 보이지 않는 욕구를 읽어내는 것이 무엇보다 중요하다.

세계적인 명품 업체인 프랑스 샤넬은 1913년에 세워진 장수기업이다. 일반 소비자의 취향은 샤넬의 관심 밖이다. 시건방지기 짝이 없는 기업이다. 소비자에 대한 샤넬의 이런 도도한 태도에도 불구하고 샤넬 제품은 전 세계의 수많은 소비자에게 선망의 대상이다. 샤넬은 일반 시장조사를 믿지 않는다. 그들의 철학은 분명하다. 시장조사만을 염두에 두고 제품을 만들다 보면 소비자 내면에 은밀히 깔려 있는 진정한 욕구를 충족시킬 수 없다는 것이다. 대부분의 소비자는 자신도 미처 느끼지 못한 욕구를 새로 출시된 샤넬 제품을 보고서야 뒤늦게 깨닫는다고 한다. 이 마술 같은 힘은 도대체 어디서 오는 걸까? 현대 패션의 '살아 있는 전설', '패션의 제왕'으로 불리는 샤넬의 수석 디자이너 카를 라거펠트Karl Lagerfeld가 그 주인공이다.

1933년생인 백발 노장은 5개 국어에 능통하고 23만여 권의 장서를 소장하고 있는 소문난 독서광이다. 패션의 지평을 거리낌 없이 열어젖히는 불가사의한 창조력도 여기서 나온다. 시대를 앞질러 패션 시장의 본질을 내다보는 그의 통찰력이 샤넬의 브랜드 가치를 높이고 샤넬을 장수 무대에 서게 해준 것이다. 샤넬은 경쟁 기업은 물론 소비자의 욕구보다 항상 한발 앞서 나간다. 샤넬은 소비자가 상상하지 못해서 더 갈망하는, 적어도 시장보다 6개월은 앞서 나가는 또 다른 제품을 창조하기 위해 늘 애를 쓴다. 날카로운 통찰력 없이는 불가능한 일이다.

이런 통찰력은 새 시장을 개척할 뿐만 아니라 어려운 시장을 견디는 데도 큰 역할을 한다. 최근 자동차 시장은 세계적으로 유례없는 불황을 겪고 있다. 대마불사의 신화 역시 사라진 지 오래다. 미국 3대 자동차 회사가 판매 부진에 시달리는가 하면, 일본 자동차산업의 간판격인 도요타도 영업이익률이 -5.1퍼센트를 기록하면서 비상이 걸렸다. 이런 가운데 현대자동차는 미국 자동차 시장의 7.3퍼센트를 점유하면서 2009년 2분기에 8.1퍼센트의 높은 영업이익률을 올려 화제가 되었다. 현대자동차의 실적은 불황기를 맞은 미국 소비자의 불안한 심리를 꿰뚫어본 통찰의 눈에서 나온 것이었다.

현대자동차는 불황에 따른 불안한 심리가 자동차 구매에 영향을 미칠 것이라 예측하고 이에 맞는 과감한 마케팅을 구사했다. 즉 소비자가 새 차를 구입하고 일 년 안에 실직하면 그 차를 다시 되사주는

"비즈니스에는 관심 없다. 나는 그저 창조할 뿐이다."

– 카를 라거펠트

| 통찰력: 보이지 않는 욕망을 읽어내는 눈 |

비타500은 의례적으로 등장하던 근육질의 남성 모델을 과감히 버리고 통통 튀는 걸 그룹을 내세워 비타민에 대한 새로운 이미지 부여에 성공했다.

판촉 프로그램을 2008년 말부터 적극적으로 펼쳐나간 것이다. 그 결과 2009년 1월부터 7월까지 미국 시장에서만 4300만여 대의 판매고를 달성하여 닛산을 제치고 시장점유율 6위를 차지했다. 이런 실적에 힘입어 현대자동차는 미국의 광고 전문 사이트 방문자들로부터 2009년 마케팅을 가장 잘한 기업으로 선정되었다.

네슬레는 인스턴트커피인 네스카페, 사료인 퓨리나 등 6000여 종의 브랜드를 세계 130여 개국에 유통시키는 세계 최대의 식음료 기업이다. 2008년의 서브프라임 사태는 식품산업에도 영향을 미쳤다. 식품산업 특성상 급격한 매출 감소는 없었지만 대부분의 기업은 매출이 줄었다. 그러나 네슬레만은 소폭이지만 오히려 매출액이 증가하여 세계적인 식품 회사의 자존심을 지켰다.

네슬레가 세계적인 불황 속에서도 이런 실적을 올릴 수 있었던 것 역시 소비자의 숨은 욕망을 읽어낸 덕분이었다. 네슬레는 98퍼센트의 매출을 해외 시장에서 올리기 때문에 오래전부터 현지인의 식성이나 문화 등에 깊은 관심을 가졌다. 이슬람 율법에 맞는 식재료만을 사용한 마기라면이라든지, 쓴맛을 좋아하는 인도 사람을 위해 치커리를 넣어 만든 네

스카페 선라이즈 등은 불황 속에서도 꾸준히 팔렸다. 또한 불황기의 소비심리를 정확히 읽고 소량으로 포장된 보급형 제품을 출시함으로써 매출을 확대할 수 있었다.

광동제약은 40년이 넘는 역사를 가진 전통의 강자였다. 우황청심원과 광동탕 등의 스테디셀러를 보유한 탄탄한 제약 회사지만 1998년 외환위기에 1차 부도를 내는 등 고전을 면치 못했다. 당시 사업본부장은 난관을 타개할 획기적인 제품 개발에 고심하고 있었다. 그때 그에게 비타민C가 떠올랐다. 당시 비타민C는 알약이나 가루약 형태로 물과 함께 먹는 '약'이었다. 니즈는 분명했지만 무언가가 비타민C의 더 큰 확산을 가로막고 있었다.

"그래, '약'이기 때문이다. 약이기 때문에 일정하게 팔리지만 약이기 때문에 항상 팔리지는 않는다. 그렇다면? 그래! 물에 녹여서 드링크처럼 마시게 하자. 드링크를 만드는 일이야, 우리 회사도 일가견이 있지 않은가."

사업본부장은 창업주인 최수부 회장에게 달려갔다. 드링크 시장에서 기업 역량을 키워온 광동제약의 잠재력이 발휘되는 순간이었다. 사업본부장의 이야기를 들은 최 회장은 순간적으로 "그래! 바로 그거야!"라고 무릎을 친 뒤 즉시 제품 개발에 들어갔다. 그러고는 한발 더 나아갔다. 소비자가 보다 쉽게 구입할 수 있도록 의약품으로 분류되던 비타민C를 식료품으로 바꾼 것이다. 그러다 보니 유통체인도 약국뿐만 아니라 슈퍼마켓, 연쇄점, 사우나, 찜질방 등으로 확대되었다. 광고전략도 바꿨다. 드링크 하면 으레 근육이 탄탄한 성인남자 모델이 등장하던 관례를 깨고 노래도 잘하고 춤도 잘 추는 신세대 스타를 활용한 것이다. 비타민C의 새로운 가치가 창출되고 새로운 시장이 형성되는 순간이었다.

최수부 회장과 사업본부장은 비타민C를 손쉽게 구해서 편하게 섭취하는 것이 문제의 본질임을 정확히 읽어냈다. 소비자의 은밀한 욕구를 유심히 관찰하고 상상력을 동원한 광동제약은 '물에 타서 마시는' 비타민C를 완전히 새로운 상품으로 시장에 내놓았다. 이후 비타 500은 8년 만에 28억 병이 판매되면서 명실상부한 국민음료가 되었다.

소비자의 드러난 욕구만을 뒤따르는 기업에는 미래가 없다. 소비자도 채 느끼지 못하는 욕구를 먼저 찾아내는 것이 무엇보다 중요하다. 포스트잇을 요구한 소비자는 없었다. 팩스나 CD도 마찬가지다. 아이팟, 아이폰을 만들어달라고 아우성친 사람도 없었다. 《아웃스마트》의 저자 제임스 챔피James Champy 역시 아직 충족되지 못한 소비자의 욕구를 먼저 찾아내는 것이 중요하다고 말한다. 최근 3년간 독특한 경영전략으로 고속 성장한 8개 기업을 집중 분석해서 얻은 결론이니 가볍게 생각할 일이 아니다.

통찰력의 3요소: 관찰력, 직관력, 상상력

그렇다면 시장의 본질을 읽어내는 통찰력은 어디서 오는 것일까? 통찰력을 키우려면 우선 예리한 관찰이 필요하다. 예리한 관찰은 '보는 능력의 확대'에 있다. 물론 대상의 본질을 파악하기 위해 외형을 눈으로 볼 수도 있다. 그러나 눈만으로는 대상의 진정한 본질을 간파할 수 없다. 본질은 눈만이 아니라 느낌과 상상력으로 감지할 수밖에 없다.

다시 말해 논리적 사고가 개입되지 않은 직관의 힘도 통찰력을 얻는 데 큰 도움이 된다는 뜻이다. 따라서 통찰력을 키우기 위해서는 눈으로만 관찰할 것이 아니라 직관력과 상상력을 최대한 활용하여 대상을 보는 능력을 키우는 것이 바람직하다.

영국 화가 윌리엄 터너William Turner의 〈눈보라-하버 만의 증기선〉에서 이런 통찰의 눈을 확인해볼 수 있다.

이 그림은 한마디로 혼돈의 극치다. 어디가 바다고 어디가 하늘인지 구분할 수 없는 격랑이 화폭 전체를 뒤덮고 있다. 마치 추상미술의 등장을 예고하듯이 몰아치는 눈보라 속에서 성난 파도가 그 본성을 생생히 드러낸다. 터너는 이 그림을 그리기 위해 폭풍우에 흔들리는 돛대에 몸을 묶고 4시간이나 성난 파도와 사투를 벌였다. 목숨을 던져 폭풍우 속의 바다를 관찰한 뒤 그는 직관력과 상상력으로 성난 바다의 원형질을 가감 없이 그려냈다. (그러나 그 당시에는 그 누구도 추상미술을 접해보지 못했으니 이 그림에는 혹평이 쏟아질 수밖에 없었다. 이 그림은 아예 그림 취급을 받지 못했다.)

생화학자 센트 디외르디Albert Szent-Györgyi는 관찰과 상상력을 바탕으로 비타민C를 발견했다. 그는 바나나가 상하면 껍질이 갈색으로 변하는 것은 폴리페놀이 산소와 작용하여 나타나는 현상임을 알아냈다. 그 후 다양한 식물군을 유심히 관찰한 결과 바나나처럼 껍질 색깔이 변하는 것이 있는가 하면 쉽게 변하지 않는 것도 있음을 알아차렸다. 그렇다면 껍질 색깔이 변하지 않는 식물에는 폴리페놀의 산화를 막아주는 또 다른 성분이 함유되어 있을 것 아닌가? 디외르디는 이런 상상력 덕분에 비타민C를 발견할 수 있었다.

해외출장을 나갈 때마다 현지의 가정집을 200곳 이상 방문했다는 LG전자의 남용 전 부회장, 2~7세 아이의 부모들로 구성된 애니메이션 캐릭터 업체 오콘 등은 꼼꼼한 관찰이야말로 커다란 통찰로 가는 제1단계임을 잘 알고 있다. LG의 가전제품들, 오콘의 펭귄 뽀로로와 공룡 디보의 탄생 뒤에는 이런 일상적인 노력이 자리 잡고 있다.

하지만 열심히 관찰만 한다고 해서 저절로 통찰이 생기는 것은 아니다. 면역학

: 윌리엄 터너, 〈눈보라―하버 만의 증기선〉, 1842

관찰은 눈으로만 하는 것이 아니다.
터너는 눈보라를 느끼기 위해 돛대에 몸을 묶고
4시간 동안 성난 바다와 싸움을 하고서야
이 그림을 그릴 수 있었다.

연구로 노벨상을 수상한 샤를 니콜Charles Nicolle은 관찰을 통한 직관력과 상상력에 대해 다음과 같이 말한다.

"새로운 사실의 발견이나 무지의 정복은 논리적인 이성의 힘에 의해서가 아니라 상상력과 직관력에 의해 이루어진다."

관찰이 축적된다고 해서 저절로 통찰로 이어지지는 않는다는 말이다. 오히려 통찰은 비약에 가깝다. 미국 컬럼비아 대학교의 윌리엄 더건William Duggan 교수는 이미 알고 있는 지식이나 경험이 갑자기 새로운 방식으로 재조립될 때 직관력과 상상력의 놀라운 힘이 발휘된다고 말한다. 경우에 따라서는 다른 사람의 평범한 아이디어를 가져다가 자신의 경험과 지식에 결합함으로써 새로운 가치를 창출하기도 한다.

최근 직관과 상상의 지평을 넓히기 위해 다양한 분야의 전문 지식이 활용되는 것도 이 때문이다. 여기에는 자연과학뿐만 아니라 심리학, 역사학, 사회학, 인류학 등 폭넓은 인문과학이 포함된다.

이렇게 폭넓은 분야의 지식이나 경험을 결합시킴으로써 놀라운 직관력과 상상력을 발휘하려면 이들 지식과 경험이 큰 틀 안에서 서로 용해되어 응집될 수 있는 튼튼한 배양토가 필요하다. 이 배양토는 각종 전문 지식을 포괄하여 감성과 예술까지도 아우르는 종합적 사고능력에서 나올 수밖에 없다.

P&G, 인텔, 아이데오 사 등은 오래전부터 다양한 분야의 전문가를 활용하여 차별적인 통찰력을 얻고 있으며, 한국에서도 그 유사 사례를 쉽게 찾을 수 있다. 삼성의 미래기술그룹 생활문화연구팀, LG의 LSR(Life Soft Research:생활문화연구소), SK의 HCI(Human Centered Innovation:인간중심혁신센터) 등은 통찰력을 키우기 위한 대표적 조직이다.

이들 연구소는 특히 소비자의 내면을 읽어내는 과학적인 방법을 많이 활용한다. 소비자의 행동을 관찰하여 숨겨진 욕망을 끄집어내는 관찰기법이라든가, 소비자의 무의식을 탐사하는 이미지 해석법, 자극에 의한 뇌 활동을 관찰하는 뇌영상 촬영법 등을 예로 들 수 있다. 결국 어떤 방법을 활용하더라도 그 결과를 해석하고 유추하는 데는 직관력과 상상력이 대단히 중요한 역할을 한다.

펩시콜라 vs 코카콜라: 상상력으로 싸움판을 바꾸다

콜라전쟁 100년. 14~5세기에 왕위 계승권을 두고 영국과 프랑스가 맞붙었던 백년전쟁을 연상시키는 전쟁 아닌 전쟁이다. 그러나 백년전쟁과 콜라전쟁의 전개 양상은 사뭇 다르다. 백년전쟁의 경우 영국과 프랑스가 일진일퇴의 공방을 벌였다면 콜라전쟁은 코카콜라의 완승으로 끝났다. 창업 이후 100년간 계속된 싸움에서 펩시콜라가 코카콜라를 단 한 번도 이겨본 적이 없었으니 말이다. 한때 역전의 기회도 있었다. 1970년대 '펩시 챌린지'를 내건 펩시의 전략이 먹혀 들어가는 듯했으나 결국 코카콜라의 철옹성은 함락되지 않았다. 펩시는 미국 콜라 시장의 점유율을 6퍼센트에서 14퍼센트로 올리기는 했지만 불안을 느낀 코카콜라의 반격에 역부족을 인정할 수밖에 없었다.

승승장구한 코카콜라는 1996년 드디어 '100년 콜라전쟁'의 승리를 선언했다. 누가 봐도 코카콜라의 승리였으니 대부분 이를 공식적으로 인정하는 분위기였다. 창립 120주년이 되는 해까지 생산된 콜라를 콜라병(236밀리리터)에 담아 늘어놓으면 지구와 달을 1057번 왕복할 수 있고, 매초마다 1만 2600명이 콜라를 사 마신다고 하니 코카콜라의 아성을 짐작할 만도 하다.

그러나 세상은 변하기 마련. 영원한 승자도 없고 영원한 패자도 없다.

1996년 코카콜라가 승리를 선언한 바로 그해 펩시 CEO 로저 엔리코Roger Enrico는 일시적이고 단기적인 성과에 매달리기보다 긴 안목으로 펩시의 경쟁력을 키우기 위한 대수술을 단행했다. 엔리코의 파괴적인 혁신에 동참한 사람들 중에는 2006년 펩시 CEO로 선임된 인도 여성 인드라 누이Indra Nooyi도 있었다.

펩시는 때마침 불던 웰빙 트렌드를 놓치지 않았다. 탄산음료가 비만을 가져오고 건강에 좋지 않다는 것은 천하가 다 아는 일. 그들은 과감한 결단을 내렸다. 난공불락이던 콜라 시장을 포기하고 웰빙 트렌드에 맞는 비탄산음료 시장으로 경쟁 무대를 옮긴 것이다. 탄산음료의 매출을 20퍼센트 이하로 줄이고 나머지는 비탄산음료와 트랜스지방을 뺀 스낵에 집중했다. 이를 위해 핵심 사업이 아닌 외식 분야는 매각하여 자본을 확보했다.

이제 무대가 바뀌었다. 펩시콜라는 100년 동안 공략했던 콜라 시장에서 벗어나 주스, 스포츠음료, 웰빙형 스낵 등의 시장으로 싸움터를 바꾸었다. 코카콜라와의 승산 없는 싸움판에서 뛰쳐나와 웰빙 트렌드에 맞춘 새로운 생태계를 만든 셈이다. 음반 시장을 바꾼 애플이나 체감형 게임기라는 새로운 시장을 만든 닌텐도와 다를 바 없는 전략 아닌가? 펩시

: 펩시와 코카콜라의 로고 변천사

코카콜라를 따라잡기 위한
펩시의 노력은
참 길고도 지루했다.

가 날카로운 통찰의 눈으로 새로운 생태계를 만들어가는 동안 코카콜라는 정상의 자리에서 여유를 부렸다. 부동의 1위에 매달린 시대착오적인 고정관념에 파묻혔다는 말이다.

펩시는 새로운 시장을 창출하면서 또다시 통찰력을 발휘했다. 콜라가 미국만의 음료가 아니듯이 비탄산음료나 스낵도 전 세계가 시장이 아닌가. 이런 통찰을 활용하려면 다문화를 수용할 수 있는 기업 구조가 필요했다. 인종과 국적을 초월한 다양한 조직 구성원이 필요하고 현지인의 문화가 녹아든 제품이 중요할 수밖에 없었다. 펩시는 기업의 모든 부문에 개방 정신을 심어나갔다. 인드라 누이가 보여준 다문화적 개방성은 펩시에 새로운 활기와 도전 정신을 불어 넣었다. 덕분에 코카콜라의 기업문화가 비밀스럽고 관료적이라면 펩시콜라의 기업문화는 개방적이고 편안한 대학 캠퍼스 냄새가 났다.

이런 펩시의 노력에 매출이 엄청난 반응을 보였다. 주식시장도 이에 화답했다. 1996년 코카콜라가 콜라전쟁에서 승리를 선언하던 해 펩시의 주가총액은 코카콜라의 절반에도 못 미쳤다. 펩시콜라는 창업 후 주식시장에서 단 한 번도 코카콜라를 따라잡은 일이 없었다. 그러던 것이 2005년에 들어서자 펩시콜라가 코카콜라를 역전해버렸다. 펩시콜라가 987억 달러, 코카콜라가 965억 달러의 주가총액을 기록한 것이다. 매출액도 마찬가지다. 2008년 펩시의 매출액은 433억 달러였고, 코카콜라는 이에 미치지 못하는 319억 달러에 불과했다.

웰빙 트렌드를 날카로운 통찰의 눈으로 내다본 펩시콜라는 콜라전쟁의 새로운 역사를 써내려갔다.

아이데오: 디자인 혁명

미국 샌프란시스코 28번 부두. '세계의 이노베이션 공장'으로 알려진 디자인 회사 아이데오IDEO가 이곳에 자리하고 있다. 아이데오의 샌프란시스코 사무실이야말로 혁신적인 디자인 활동을 생생히 느낄 수 있는 곳이다. 자유분방함, 상상과 창조, 사랑과 배려가 넘치는 샌프란시스코의 분위기를 이곳 아이데오 사무실에서도 고스란히 느낄 수 있다.

아이데오는 디자인 개념을 혁명적으로 바꾸었다. 디자인이라면 무엇보다 편안하면서도 세련된 미적 감각을 떠올린다. 그러나 아이데오에서는 다르다. 아이데오는 단순한 미학적 관점의 디자인에 머물지 않고 소비자의 보이지 않는 욕구까지도 만족시킬 수 있는 본질적인 문제를 다룬다. 이를 위해서는 단순히 '예쁜 디자인'을 넘어서 소비자의 '경험 설계' 차원의 디자인이 필요하다. 때문에 아이데오는 다양한 분야의 전문가로 구성되어 있다. 아이데오에서는 디자인은 물론 경영, 심리, 역사, 건축, 공학 등을 전공한 전문가들이 머리를 맞대고 문제의 핵심을 찾아낸다. 인간을 위한 디자인을 개발하려면 다양한 인재들이 폭넓은 시각으로 새로운 정보를 공유해야 한다는 것이 이들의 신념이다. 대표적인 사례로 일본의 자전거부품 회사인 시마노와 아이데오가 공동 개발한 인간 친화형 자전거를 들 수 있다. 아이데오는 심리학자, 공학자, 디자이너, 마케터 등 전문가로 팀을 꾸려서 오랫동안 소비자를 관찰한 끝에 새로운 자전거를 내놓았다. 결과는 물론 성공적이었다.

이 회사는 서비스 디자인 분야에서도 탁월한 능력을 발휘한다. 미국 앰트랙의 사례를 보자. 고속열차를 운행하는 앰트랙은 보스턴과 뉴욕을 오가는 승객을 두고 항공사와 경쟁 관계에 있었다. 이런 경쟁 관계에 종지부를 찍은 것은 교통 전문가가

예쁜 디자인을 넘어
경험 설계 차원의
디자인을 추구하는
아이데오는
사무실에서도
자유분방함과 배려가 넘친다.

: 아이데오 사무실 내부

아닌 디자인 전문 회사 아이데오였다. 그들은 문제의 본질을 기술이나 시간이 아닌 '서비스'에서 찾았다. 그리고 승객이 비행기에서는 경험할 수 없고 고속열차에서만 맛볼 수 있는 즐거움과 편리함을 마음껏 누리도록 서비스를 디자인했다. 다리를 마음껏 뻗을 수 있는 공간, 아늑한 식당, 컴퓨터로 서류를 작성·전송·프린트할 수 있는 시스템 등을 갖추었다. 앰트랙의 서비스 디자인은 성공적이었다. 디자인 하면 제품 디자인만 떠올리던 상투적인 생각을 깨고 아이데오는 효과적인 서비스 디자인에도 그들만의 노하우인 통찰력을 유감없이 발휘한 것이다.

아이데오의 통찰력은 제품이나 서비스 디자인 영역에만 머무는 것이 아니다. 최근에는 자신들의 디자인 과정을 기업 경영에 접목시키는 디자인 컨설팅에도 열을 올리고 있다. 경영 활동에 디자인 과정을 적용시켜서 기업 활동이 보다 창조적으로 이루어지게 하겠다는 것이 CEO 팀 브라운Tim Brown의 생각이다. 이를 위해 그는 아이데오에서 활동하는 디자이너 수백 명의 경험을 주의 깊게 관찰하고 분석함으로써 관찰, 브레인스토밍, 프로토타이프(시험용 모델), 정선精選, 실행이라는 디자인 컨설팅 5단계를 창안해 디자인 서비스 영역을 넓히고 있다.

아사히야마 동물원: "경험을 팝니다"

일본 홋카이도의 작은 도시 아사히카와. 겨울이면 기온이 영하 25도를 오르내리는 곳으로 일 년 중 절반은 도시가 눈으로 덮여 있어 글자 그대로 설국이 펼쳐진다. 이곳에 아사히야마 동물원이 있다.

동물원이 정상적으로 운영되려면 우선 많은 사람이 살고 있어야 하고 기후 등

자연환경이 쾌적해야 한다. 그러나 아사히카와의 인구는 고작 35만 명에 불과하고 기후 조건도 그리 좋지 못해 동물원은 한때 폐쇄 위기를 맞기도 했다. 그러다가 2007년 한 해에만 총 307만 명의 관람객이 다녀가는 기적이 일어났다. 관람객이 가장 적었던 해에 비해 무려 12배 이상 늘어난 셈이다. 도대체 그 사이에 무슨 일이 있었던 것일까?

동물원을 직접 돌며 확인하는 편이 속 시원하겠다. 우선 펭귄관이다. 아치형의 대형 유리 수조 안에서 펭귄들이 물을 가르며 관람객들의 머리 위를 획획 지나간다. 바깥에는 펭귄들이 뒤뚱거리며 관람객들과 산책을 즐기는 모습도 보인다. 아이도 어른도 펭귄과 함께 웃고 손을 흔들며 여간 즐거운 것이 아니다. 아사히야마 동물원에서는 우리 안에 박제처럼 앉아 있는 펭귄을 구경하는 것이 아니라 관람객과 함께 뛰노는 펭귄을 만나는 셈이다. 아사히야마의 펭귄은 더 이상 관람의 대상이 아니다. 이곳에서는 펭귄도 사람과 똑같은 생명체라는 사실을 실감하게 된다.

바다표범관도 둘러보자. 투명한 원형 기둥 속에 바다표범들이 물을 박차고 튀어 오르는 모습이 생생하다. 호기심 많은 바다표범이 관람객을 보기 위해 신나게 물길을 헤치며 다가오는 모습을 보면 누가 누구를 구경하는 것인지 헷갈릴 정도다.

저쪽 20미터 상공에는 어미 오랑우탄이 새끼를 배에 단 채 그물을 건너가는 모습도 보인다. 어라! 손도 흔든다. 그러고 보니 사람과 동물이 같이 어울려서 서로를 보고 즐기는 한판의 놀이마당에 들어선 기분이다. 이곳에서는 기존 동물원에서 느꼈던 것과는 확연히 다른 생생한 생동감을 느끼지 않을 수 없다.

아사히야마는 더 이상 과거의 동물원이 아니다. 우리 안에서 꼼짝도 않는 동물을 '보여주는 전시'가 아니라 동물의 야성 그대로를 보여주는 '행동 전시'가 이 동물원이 창출한 기적의 원동력이다. 이런 기적은 1995년 동물원장으로 취임한 고스게

아사히야마 동물원은 동물과의 '교감'을 내세워
부도 위기의 동물원에서
최고의 관광명소로 탈바꿈했다.

: 아사히야마 동물원

마사오(小菅正夫)가 동물원을 새로운 시각으로 관찰하여 얻어낸 결과물이다.

인간과 동물을 어떻게 볼 것인지를 오랫동안 상상한 끝에 그는 '인간과 동물의 교감'이라는 새로운 아이디어를 떠올렸다. 인간과 동물은 모두 소중한 생명체다. 동물을 계속 박제처럼 다룬다면 생명체의 생동감도 느낄 수 없고 사람과의 교감도 이끌어낼 수 없다는 생각 끝에 그는 '행동 전시'라는 독특한 발상을 떠올릴 수 있었다.

아사히야마는 행동 전시라는 새로운 가치를 창출함으로써 폐쇄 직전의 동물원을 부활시켰다. 아사히야마의 기적은 22년간 동물과 함께한 고스게 마사오의 경험과 상상력이 빚어낸 통찰력의 선물이다.

다윈은 갈라파고스제도에서 만난 코끼리거북과 핀치새를 통해 대자연의 위대한 드라마를 직접 보았다. 그는 작은 차이들을 관찰하고 거기에 무언가가 있음을 직관한 후 맬서스의 힌트를 통해 비약을 이루어냈다. 통찰의 눈으로 신의 세계에 들어섰기에 그는 종의 진화에 대한 38억 년의 비밀 코드를 풀 수 있었다. 모든 창조는 변화에서 시작된다는 단순하면서도 엄청난 대자연의 질서를 파헤친 것이다. 관찰력, 직관력, 상상력으로 풀어낸 다윈의 진화론은 엄청난 파급 효과를 불러왔다. 인류의 지성사에서 통찰의 눈이 얼마나 중요한지를 유감없이 보여준 최고의 사례다.

통찰의 지혜를 어떻게 키울 수 있을까? 이것이 이 장의 화두였다. 여기에서 만난 브랑쿠시와 몬드리안의 작품은 대상의 근원적인 본질을 통찰의 눈으로 찾아낸 명작 중의 명작이었다.

화가의 통찰력이 미술의 세계에서 중요하듯이 비즈니스의 세계에서도 시장의 본질을 꿰뚫는 통찰의 눈이 중요하다. '경영 23개 조'를 오래전부터 실천해온 일본 유니클로 야나이 다다시(柳井正) 회장의 사례를 생각해보자.

경영 23개 조의 제1조는 "고객이 원하는 것에 부응해서 고객을 창조하는 경영"이다. 야나이 회장의 화두는 이처럼 모두 소비자와 연결되어 있다. 고객을 통해 시장 상황을 통찰의 눈으로 꿰뚫고 있다는 말이다. 세계경제가 침체되자 그는 재빨리 시장의 속성을 재정의하여 명품 패션 시대의 퇴출을 선언하고 패스트 패션 시대를 열었다. 그가 생각하는 경쟁자는 의류 업체가 아니다. 야나이 회장은 소비자의 지갑이 언제 어떻게 열리는지를 곰곰이 생각한다. 음식점, 서점, 휴대전화, 자동차, 영화관 등 일상의 모든 소비처가 그의 관심 대상이다. 그러나 핵심은 지갑의 주인인 소비자다. 지갑을 여는 소비자야말로 그가 생각하는 진정한 경쟁자다. '고객을 창조하는 경영'이 되기 위해서는 고객에 대한 통찰의 눈이 더할 수 없이 중요하다는 것이 그의 신념이다. 2009년 10월 개장한 유니클로 파리 매장도 야나이 회장의 통찰력이 일구어낸 성공작이다.

이처럼 비즈니스의 세계는 통찰력에서 시작되고 통찰력으로 끝난다. 핵심을 꿰뚫는 힘, 이것이야말로 모든 업의 알파이자 오메가다.

| 통찰력: 보이지 않는 욕망을 읽어내는 눈 |

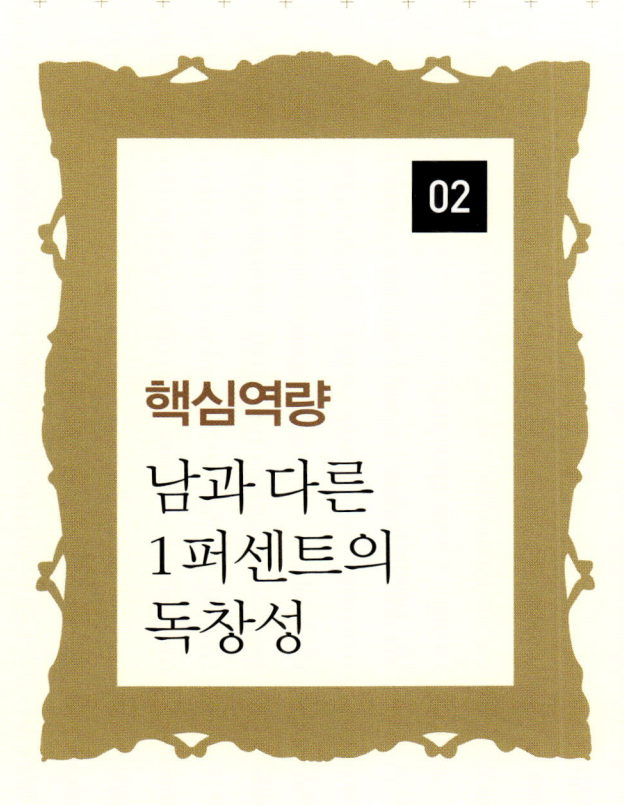

핵심역량

남과 다른 1퍼센트의 독창성

02

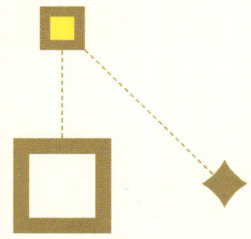

세잔, 고흐, 고갱은 당시 화풍과는 달리
대상을 눈에 보이는 대로 그리지 않고
자신만의 독특한 시선으로 사물의 본질을 찾았다.
비즈니스 세계도 마찬가지다.
남의 것을 흉내만 낸다면 절대로 살아남을 수 없다.

NASA도 찾는 오카노공업사

일본 도쿄 스미다 구에는 50평 규모의 전형적인 가내수공업 공장이 하나 있다. 일하는 사람은 불과 6명에 지나지 않고 사장의 공식 직함도 대표사원이다. 사장이 아니라 그냥 사원을 대표하는 사원이라는 뜻이다. 그런데 이 공장을 거쳐 간 주요 고객 중에는 세계적인 대기업은 물론 최첨단 기술을 자랑하는 미국의 국방성과 항공우주국(NASA)도 포함되어 있다. 첨단 기술 분야에서 둘째가라면 서러울 두 조직이 전투기의 부품이나 우주선의 티타늄 소재를 가공하다가 벽에 부딪치면 이 공장을 찾는다고 한다. 이곳이 바로 종업원 1인당 연간 10억여 원의 매출을 올리는 오카노공업사다.

이 회사는 아무도 거들떠보지 않는 특수 금형 기술 분야를 오래전부터 독창적인 핵심역량으로 키워왔다. 액이 새지 않는 리튬이온전지 케이스를 개발해서 휴대전화의 크기를 획기적으로 줄였는가 하면 주삿바늘의 굵기를 0.2밀리미터까지 줄인

"돈에 매달리면 노예가 된다.
하지만 몸에 붙은 기술과
일 잘하는 노하우는
쌓아두면 평생토록
나를 지켜줄 참된 '부'가 된다."

– 오카노 마사유키, 오카노공업사 대표

무통無痛 주사기를 내놓았다. 주사를 자주 맞아야 하는 당뇨병 환자 등에게 이 회사는 구세주 같은 존재다. 이 회사가 개발한 금형 제품은 세계적인 기업이나 연구소도 감히 따라갈 엄두를 내지 못한다고 한다. 이처럼 오카노공업사는 특수 금형 부문의 원천 기술을 핵심역량으로 보유하고 있기 때문에 작은 규모에도 불구하고 산업구조의 변화를 두려워하지 않는다.

오카노공업사의 사례에서 알 수 있듯이 독창적인 핵심역량은 환경 변화에 휘둘리지 않고 경쟁 기업을 확실하게 따돌릴 수 있는 독특한 자원과 능력의 조합을 의미한다. 따라서 다양한 기업 활동 중 어느 한 부문이 다른 기업에 비해 뛰어나다고 해서 그 부분을 핵심역량이라고 말할 수는 없는 것이다. 다른 기업과 뚜렷이 구분되는 가치를 소비자가 인정해줄 때만 비로소 독창적인 핵심역량의 의미가 살아날 수 있다.

핵심역량은 자동차로 치면 엔진이다. 이 엔진이 힘차게 움직이려면 핵심역량에 기업의 자원을 최대한 투입해야 한다. 이때 이용 가능한 자원은 한정되어 있기 때문에 핵심역량의 범위는 최대한 좁히는 것이 좋다. 2006년 대한상공회의소가 이른바 잘나가는 기업 350개를 분석해보니 약 80퍼센트가 두 개 이하의 핵심 사업에만 주력하는 것으로 나타났다. 결국 핵심역량의 바탕에는 선택과 집중의 논리가 깔려 있다는 의미다.

미시간 대학교 경영대학원 교수였던 프라할라드C. K. Prahalad와 런던 경영대학원의 게리 하멜Gary Hamel 객원교수는 《미래를 위한 경쟁(Competing for the Future)》에서 핵심역량의 중요성을 다음과 같이 강조했다.

> 르누아르, 피카소, 프리다 칼로, 샤갈 같은 화가들은 자신만의 독특한 화풍을 가졌기 때문에 회화의 대가로 인정받을 수 있었다. 기업 역시 마찬가지다. 경쟁사와 차별화되는 독창적 핵심역량을 가져야만 비즈니스 세계에서 성공할 수 있다.

실제로 미술사는 새로운 핵심역량(화풍)의 역사로 설명할 수 있다. 후기인상파 3인의 이력이 이 점을 잘 보여준다.

화풍: 화가의 핵심역량

후기인상파인 세잔, 고흐, 고갱은 모두 인상파의 영향을 받았다. 그러나 그들은 자신만의 독특한 미술 세계를 구축함으로써 새로운 회화의 세계를 열었다. 세잔은 입체파, 고흐는 표현주의, 고갱은 상징주의의 길을 열었다. 동일한 유파지만 화풍이 독특하다 보니 그 영향을 받아 탄생한 유파 역시 완전히 다를 수밖에 없었다.

이들의 작품을 통해 독창적인 핵심역량의 중요성을 다시 한 번 확인해보자.

세잔: 사물 속에서 구조를 꺼내다

최고의 현대 화가로 알려진 피카소는 세잔을 '모든 화가들의 아버지'라고 불렀다. 그만큼 세잔은 현대 회화에 거부할 수 없는 혁신의 물꼬를 터주었다. 당시 유럽은 인상주의에 열광했다. 어두운 아틀리에를 벗어나서 빛이 넘실대는 야외에서 시시각각 변하는 색채의 향연을 노래한 인상주의는 당시 미술계에 신선한 충격을 주기에 충분했다.

그러나 세잔의 생각은 달랐다. 시간과 장소에 따라 변하는 사물의 외형에 치중하다 보니 사물의 본질적인 구조와 형태가 제대로 살아나지 못하는 것이 늘 불만이었다. 세잔은 사물의 근원적인 모습을 되살리기 위해 대상을 새로운 조화와 질서로 재구성하여 화폭에 담기 시작했다. 연작인 〈생트 빅투아르 산〉 등을 통해 수많은 실험을 거듭한 끝에 세잔은 사물을 구형, 원통형, 원추형으로 단순화시켜서 자연의 모습을 재구성했다.

세잔은 정물화를 특히 많이 그렸다. 정물화는 대상을 자기 마음대로 재배치함으로써 새로운 조형 질서를 담아낼 수 있는 분야였기 때문이다.

〈커튼과 과일 접시 그리고 물병이 있는 정물〉은 세잔이 그린 이전의 정물화와는 상당히 다른 느낌을 준다. 정물화 속의 대상들을 철저하게 재배치하고 단순화시키다 보니 부자연스러운 느낌을 주기도 한다. 그러나 화면 전체에 담긴 절묘한 조화미와 생동감은 보면 볼수록 가슴을 뜨겁게 한다. 물병, 과일 접시, 식탁보, 커튼 등도 따로 떼어놓고 보면 거친 붓 터치로 무성의하게 그린 것 같지만 전체적으로 보면 전혀 그렇지 않다. 왜일까? 바로 세잔의 철저한 연출 덕분이다.

세잔의 작품에 등장하는 대상을 일상의 느낌으로 바라보아서는 곤란하다. 사과를 사과로 보고 사람을 사람으로 볼 필요가 없다는 말이다. 세잔의 그림에 등장하는

: 폴 세잔, 〈커튼과 과일 접시 그리고 물병이 있는 정물〉, 1899

대상은 근원적인 조형 질서를 찾기 위한 도구일 뿐이다. "달걀을 달걀로 보지 않는 데서 조각 공부는 시작된다."고 했던 조각가 헨리 무어Henry Moore의 말을 새삼 떠올리게 하는 대목이다.

> "달걀을 달걀로 보지 않는 데서 조각 공부는 시작된다."
> – 헨리 무어

대상을 보이는 대로 그리는 대신 대상의 본래 구조와 형태를 찾아 새로운 조형 세계에 담아냈기 때문에 세잔은 자신만의 독특한 미술 세계를 구축할 수 있었다. 이 같은 세잔의 작품 세계는 훗날 피카소에게 많은 영향을 줌으로써 입체파의 꽃을 피우는 데 큰 역할을 했다. 따라서 대상의 본질을 꿰뚫어보는 능력은 미술사에서 세잔의 역할을 돋보이게 해준 세잔만의 독창적인 핵심역량이다.

| 핵심역량: 남과 다른 1퍼센트의 독창성 |

고흐: 역동적인 유체역학의 세계

별을 사랑했던 화가가 있다. 유달리 그의 작품에는 별이 자주 등장하지만 그 별은 우리가 늘 보는 평범한 별은 아니다. 이글거리는 태양으로 보이기도 하고 밤하늘에 피어난 해바라기처럼 보이기도 한다. 밤하늘도 그냥 밤하늘이 아니다. 일렁이는 큰 물결이 서로 충돌할 것처럼 무섭게 휘몰아치는 폭풍우 속의 밤하늘이다. 고흐의 작품 〈별이 빛나는 밤〉이다. 이 작품은 뉴욕현대미술관이 자랑하는 걸작 중의 걸작이고 이곳을 찾는 뉴요커들이 가장 좋아하는 그림이라고도 한다.

고흐는 고뇌에 찬 자신의 영혼을 격렬한 붓질로 화폭에 담았다. 발작과 정신분열 증세로 생레미 정신병원에 입원한 후 그의 화풍은 깊이와 넓이를 더해갔다. 그는 요양기간 중 광기에 휩싸여 150여 점의 작품을 거침없이 토해냈다. 신경과민에 의한 발작이 언제 또 찾아올지 모른다는 불안감을 지워버리기라도 하듯이.

고흐만큼 자신의 내면세계를 화폭에 격정적으로 쏟아놓은 화가도 드물다. 그는 세잔처럼 사물의 내적 구조를 드러내는 대신 자신의 격정을 주관적 운동감으로 표현하는 길을 택했다. 세잔이 사물 자체의 본질적인 특성을 드러내는 데 치중했다면 고흐는 사물을 바라보는 화가의 시선에 집중했다고 할 수 있다. 두 화가 모두 '대상의 재현으로서의 미술'에 반대하는 후기인상파였지만 그것을 극복하는 방향은 크

빈센트 반 고흐, 〈별이 빛나는 밤〉, 1889

: 빈센트 반 고흐, 〈밀밭〉, 1890

〈밀밭〉은 고흐가 남긴 최후의 역작으로
그가 겪은 정신적 고뇌를 생생히 보여준다.
이 그림이 완성되고 3일 만에
고흐는 세상과의 인연을 스스로 끊었다.
오베르쉬르 우아즈의 하늘에
세 발의 총성을 남긴 채.

게 달랐다. 이는 개인적 경험과 타고난 기질을 특화한 일종의 핵심역량으로 실제 삶에서도 뚜렷하게 드러났다.

고갱: 고귀한 원시 관능의 색채

고갱 하면 남태평양 타히티 섬이 떠오른다. 고갱은 당시의 유럽이 겉멋에만 치우쳐 인간과 자연의 근원적인 문제는 거들떠보지 않는다고 생각했다. 실망한 고갱은 아를에서 고흐와 심하게 다툰 후 원시적인 자연과 생활을 동경하며 타히티로 갔다.

고갱은 지나치게 감각적인 표현을 강조하는 인상주의의 회화 정신에 싫증을 느꼈다. 대신 그는 인간의 건강한 정신세계와 상상력이 내재되어야만 그림의 진정한 가치가 살아날 것으로 믿었다. 고갱의 그림에서 문명사회의 흔적은 찾을 수 없는 반면 종교적 신비감과 원시의 야생성은 쉽게 눈에 뜨이는 것은 이런 이유 때문이다. 고갱은 이런 회화 정신을 평면성이 돋보이는 화폭에 뚜렷한 윤곽선과 강렬한 색채로 활달하게 노래했다.

고갱이 타히티에서 최초로 그린 〈이아 오라나 마리아〉는 원시적 생동감을 유감없이 보여주는 걸작이다. 남태평양의 태양이 빚어내는 원색의 틈새로 종교적 신비감과 타히티의 야생성이 강렬한 생동감을 뿜어내고 유럽의 가식적인 세련미와는 애당초 아무런 관계가 없는 순도 100퍼센트의 고갱표 마리아가 미소를 머금은 채 조용히 서 있다. 문명사회에 짓밟혀 만신창이가 된 고갱의 영혼은 지금도 외친다. "이아 오라나 마리아!"("마리아여! 저는 당신을 숭배합니다."라는 의미의 타히티 토속어.)

구조와 역동성을 강조한 앞의 두 대가와는 달리 고갱은 강렬한 단일 색면과 평

: 폴 고갱, 〈이아 오라나 마리아〉, 1891

"이 목가적인 섬과 원초적이고
순박한 주민에게 매료당했기 때문이지요.
고향으로 돌아왔다가
다시 떠나려는 이유도 그 때문입니다."

— 폴 고갱(타히티로 떠나기 전에 남긴 말)

면적 구성을 이용한 장식적인 회화를 선보인다. 그는 원시가 보존된 타히티제도에서 남과 다른 미술의 미래를 보았고 평생 그곳을 드나들며 자신만의 작품 세계를 완성해나간다. 그의 사후 세간의 관심을 끌었던 부분도 작품 자체의 가치보다는 원시 섬에 은둔한 그의 생애였다는 점에서 핵심역량에 대해서 다시 생각하게 한다. 고갱의 작품 세계는 프랑스 야수파에 큰 영향을 미쳤고, 상상력과 상징성을 요구한 그의 조형 철학은 훗날 상징주의로 불리는 나비파Nabis를 태동시키기에 이른다.

핵심역량의 선택과 집중

후기인상파의 세 화가는 미술계에 발을 들여놓기 전까지 각기 자기만의 세계를 걷고 있었다. 세잔은 법관을, 고흐는 목사를 준비하고 있었고 고갱은 주식중개인으로 활동하고 있었다. 하지만 그들 모두 자신에게 주어진 예술적 능력을 감지하고 인생의 기로에서 결정적인 선택을 한다. 그들은 기존 화단의 트렌드를 그대로 따르지 않고 예술적 영감을 자신만의 방식으로 표출함으로써 완전히 새로운 화풍을 열어젖혔다.

이들 세 화가는 인상주의가 끝나갈 무렵 활동했기 때문에 후기인상파로 불리지만 사실 그들은 인상주의와는 완연히 다른 자신들만의 예술 정신을 구축한 개척자들이었다. 이후 등장한 야수파, 표현주의, 입체파 등 수많은 현대미술의 계파들이 이들에게서 막대한 영향을 받았다는 점에서 이들은 전통의 끝인 동시에 시작이기도 했다. 이들이 주어진 길을 따라 평범한 법관, 목사, 주식중개인으로 살았다면, 또 기존 화단에 순응한 채 그저 그런 화가로 만족했다면 미술사는 상당히 달라졌을 것이다.

미술사가 보여주는 이 같은 핵심역량의 선택과 집중 논리는 회화의 세계에서만 끝나지 않는다. 기업의 핵심역량도 마찬가지다. 기업의 핵심역량이 중요한 이유는 그것이 경영전략과 직결되기 때문이다. 핵심역량을 선택하는 것이 나침반이라면 그것에 집중하는 것은 항해술이다. 언제 어떤 역량을 선택할지, 또 그 역량을 키우기 위해 보유 자원을 어떻게 운용할지 제대로 결정하지 않는다면 똑같은 물자와 선원을 보유하고도 무사히 항해를 마치지 못한다. 다시 말해 같은 자원을 갖고도 어떤 배는 폭풍우를 뚫고 신대륙을 발견하는가 하면 어떤 배는 암초에 걸려 좌초될 것이다. 기업이 직면하는 대부분의 환란은 물자나 시간의 부족보다는 이런 선택과 집중의 문제에서 비롯된다. 이것이 바로 '핵심역량이 기업의 생사와 미래를 결정한다'는 말이 추상적인 구호에 그치지 않는 이유다.

두산중공업: 미래 사막지구의 오아시스를 꿈꾸다

아랍에미리트 토호국 후자이라로 가는 길. 양탄자 아래로 16만 평의 광활한 땅에 들어선 후자이라 발전담수플랜트가 손에 잡힐 듯이 보인다. 버려진 사막에 녹색의 생명이 피어나기 시작한 것은 바로 이 담수플랜트 덕분이다. 아랍에미리트로부터 일괄공급 방식으로 발전·담수 프로젝트를 수주한 두산중공업이 순수 우리 기술로 건설한, 1일 생산량 50만 톤 규모의 담수플랜트다.

1978년 두산중공업이 처음으로 서아시아 담수 사업에 발을 디뎠을 때 관심을 가진 사람은 아무도 없었다. 담수화 기술이라고는 전혀 없었으니 어쩌면 당연한 일이었다. 두산은 부족한 기술력에도 오기로 열사의 바람을 버텨냈다. 1991년 걸프전 당시 위험을 느낀 대부분의 기업이 서아시아를 떠났지만 두산은 아랑곳하지 않고 끝까지 자리를 지켰다. 전쟁의 위험보다는 약속된 납기를 지키겠다는 고집이 그들을 남게 한 것이다. 이런 일로 두산에 대한 서아시아의 신뢰감은 깊어지고 두산의 담수 사업 경험도 쌓여갔다.

창업 100주년을 맞던 1996년 7월. 두산그룹은 새로운 100년을 내다보고 과감한 구조조정을 시작했다. 그룹의 주축이었던 식음료 사업체를 정리하고 중공업 위주로 기업 구조를 대폭 바꿔나간 것이다. 이듬해 찾아온 외환위기로 대부분의 기업들이 몸을 사릴 때 두산은 오히려 공격적으로 나섰다. 물 만난 고기마냥 중공업 부문으로 사업을 확장한 것이다.

두산그룹은 2001년 한국중공업을 인수하고 2005년 말에는 역삼투압 방식의 담수화 원천 기술을 보유한 미국 AES사의 미주지역 수처리 사업 부문도 사들였다. 역삼투압 방식은 해수에 압력을 가해 여과막을 통과시킴으로써 담수를 얻는 것이다. 두산그룹은 뒤이어 영국의 미쓰이밥콕을 인수함으로써 발전소의 핵심설비인 보일러 설계 및 엔지니어링 원천 기술도 확보했다. 미쓰이밥콕의 원천 기술은 당시 두산이 20~30년이 걸려도 개발하기 힘든 귀중한 기술이었다. 2009년에는 발전용 터빈 원천 기술을 보유한 체코의 스코다파워를 인수함으로써 발전 3대 핵심 기술인 보일러·발전기·터빈 기술을 모두 확보하기에 이르렀다.

고생 끝에 낙이 온다는 말처럼 두산중공업의 담수 사업에 숨통이 트이기 시작한 것이다. AES사에서 확보한 역삼투압 방식은 세계 최대인 사우디아라비아 쇼아이바 담수플랜트 확장 공사를 수주하는 데 도움이 되었다. 뿐만 아니라 이미 완공한 쿠웨이트의 시비아 담수플랜트는 물론이고 슈웨이크 역삼투압방식 담수설비도 수주했다. 또한 아랍에미리트 슈웨이하트 지역의 2단계 해수담수화 프로젝트 등 대규모의 담수플랜트 공사들도 연이어 따내는 개가를 올렸다.

: 두산중공업 후자이라
발전담수플랜트

"비싸도 사갈 수 있는 우리만의 기술이 필요하다."
— 박용현, 두산그룹 회장

    그 결과 두산중공업은 2007년 세계 담수설비 시장의 43퍼센트를 점유했고 2008년 4월에는 물 전문 조사기관인 영국의 GWI Global Water Intelligence로부터 '올해의 담수기업' 최우수상을 받았다. 미국의 경제지 〈비즈니스위크〉가 전 세계 2500여 상장 기업을 대상으로 '월드 베스트 2009'를 선정한 결과 두산중공업은 4위에 오르는 기염을 토하기도 했다(1위는 닌텐도, 2위는 구글, 3위는 애플이었다).

    두산중공업이 담수 사업으로 이룬 성과는 인수합병으로 확보한 원천 기술과 자체 기술이 결합된 핵심역량의 승리다. 1996년 구조조정 당시 100년 앞을 내다보고 중공업 부문에 모든 자원을 투입한 핵심역량의 집중 논리가 보기 좋게 들어맞은 셈이다. 실제로 박용현 두산그룹 회장은 이렇게 말한 바 있다. "비싸도 사갈 수 있는 우리만의 기술이 필요하다. 진정한 글로벌 기업이 되려면 시장을 선도하는 고부가가치 핵심 기술 개발에 모든 역량을 집중해야 한다."

    두산중공업은 담수플랜트라는 핵심 기술로 죽음의 땅을 생명의 땅으로 바꾸었다. 단순히 비즈니스 차원으로 해석할 일만은 아닌 것 같다. 죽은 땅이었던 사막을 생명의 땅으로 둔갑시켜서 새로운 가치를 창출한 원동력을 마련했으니 말이다. 앞으로도 수자원의 가치는 점점 커질 것이다. 이상 기후와 온난화 등으로 10년 후면 17억 명이 물 부족에 시달리게 되리라는 예측도 있다. 두산중공업이 담수플랜트를 핵심역량으로 선택하고 이 부문에 자원을 집중한 것은 핵심역량의 선택과 집중이 얼마나 중요한 경영전략인지를 잘 보여주는 사례다.

선택: 우리는 어디로 갈 것인가?

앞서 말했듯이 핵심역량의 나침반은 소비자다. 더 정확히 말하면 소비자의 보이지 않는 욕구를 정확하게 읽어내는 것이 핵심역량을 선택하는 열쇠가 된다. 그런데 핵심역량을 선택할 때 상상해야 할 소비자는 현재의 소비자가 아니라 미래의 소비자다. 그들의 미래 욕망과 그것이 만들어내는 시장이야말로 기업의 내일이 걸린 전쟁터다. 그러나 미래의 시장 상황을 미리 내다보는 것이 그렇게 쉬운 일은 아니다. 특히 창조사회로 접어든 요즘은 미래 예측이 더욱 어렵다. 아니 더 정확히 말하면 미래 예측 자체가 불가능하다고 보는 것이 맞을지도 모르겠다. 왜 그럴까?

산업사회는 기술 발전에 바탕을 두었기 때문에 변화가 비교적 연속적이었다. 그래서 과거와 현재의 정보를 가지고 미래를 예측하는 것이 어느 정도 가능했다. 그러나 창조사회는 급진적인 혁신을 통해 불연속적으로 진화한다. 오늘의 기술이나 트렌드가 내일의 모습을 알려주는 단서가 되지 못한다.

애플사의 스티브 잡스는 이런 미래 예측의 특성을 잘 알고 있었기에 파괴적인 혁신을 마다하지 않았고 예측이라는 말도 아예 거부했다. 현대 경영학의 진정한 구루인 피터 드러커Peter Drucker도 오래전에 이 사실을 간파했다. 이들의 생각대로 미래는 이제 예측의 대상이 아니라 창조의 대상이다.

그렇다면 어떤 방법으로 핵심역량을 선택해야 할까? 결국 예리한 눈으로 시장을 바라본 후 직관력과 상상력을 동원할 수밖에 없다. 음악 시장의 판도를 혁명적으로 바꾼 애플사의 아이팟이 어디에서 나왔는가? 바로 스티브 잡스의 날카로운 관찰과 상상력에서 나왔다. 그는 이미 존재하던 MP3 플레이어 시장과 음악 시장을 철저히 분석하고 소비자들의 잠재된 욕구를 아이팟이라는 형태로 구현해냈다. 따로 존재하던 두 시장 '사이'에 새로운 거대 시장이 있음을 직감하고 이를 실현하기 위해 4대 메이저 음반사와 한 곡당 99센트로 가격 협상을 이뤄냈다.

따라서 미래의 핵심역량을 제대로 선택하려면 현재 시장에 대한 철저하고 과학적인 분석을 토대로 직관력과 상상력을 최대한 발휘하여 소비자의 보이지 않는 욕구를 찾아야만 한다. 말하자면 객관적이고 논리적인 분석 결과를 활용하되, 여기서 멈추지 말고 이를 뛰어넘어 소비자의 속마음까지 읽어내야 한다는 말이다.

> "시장조사는 하지 않았다.
> 벨이 전화기를 발명할 때
> 시장조사를 했던가?"
> – 스티브 잡스

아이팟 이전에도 MP3 시장은 존재했다.
아이리버 등 빼어난 디자인의
작은 MP3 플레이어들은 승승장구한 반면,
음악 시장은 고사 직전이었다.
덩치가 크고 비싼 아이팟은
MP3 플레이어로는 매력이 없었지만
아이튠즈라는 혁신적인 플랫폼을 내장하면서
플레이어 시장과 음악 시장 사이에
다리를 놓게 된다.
전혀 다른 두 시장을 하나의
디바이스 안에 묶어놓은 데
아이팟의 혁명성이 있었다.
잡스가 본 미래 시장은
플레이어의 디자인이 아니라
사용자 경험의 디자인(음악을 쉽게 사서
쉽게 듣는다)에 달려 있었다.

이렇게 핵심역량을 선택하는 원리는 창업에도 적용할 수 있다. 창업에 필요한 핵심역량을 얻기 위해서는 우선 시장에 진입할 수 있는 요인을 관찰하고, 이 요인을 효과적으로 달성할 수 있는 구체적인 방법을 찾아야 한다. 물론 다양한 성공 사례를 통해 이 방법을 찾을 수도 있겠지만 직관력과 상상력을 최대한 활용하는 것도 큰 도움이 된다. 기존의 성공 사례에 너무 집착하다 보면 차별화된 방법을 찾기가 쉽지 않기 때문이다.

안철수연구소는 차별화된 핵심역량을 내세워서 정보통신 시장에 성공적으로 진입한 대표적인 사례다. IT 붐을 타고 우후죽순처럼 춘추전국시대를 열었던 정보통신 시장이니만큼 뚜렷이 구별되는 차별적 역량 없이는 발붙이기가 쉽지 않았을 것이다.

안철수는 정보통신 시장을 오랫동안 관찰한 끝에 컴퓨터 바이러스 문제가 심각해질 날이 곧 오리라는 사실을 꿰뚫어보았다. 관찰과 상상력으로 미래 시장의 본질을 정확히 읽어낸 것이다. (물론 그런 미래가 '언제' 올 것인지에 대한 통찰 역시 매우 중요하다. 자신의 자원이 소진되기 전에 시장이 열린다는 판단이 서야 한다.) 당시에는 어느 누구도 이런 점을 감지하지 못했으니 이보다 더 좋은 차별적 역량이 또 어디 있겠는가? 의대생이었던 안철수는 이 역량을 키우기 위해 잠을 줄여가며 백신프로그램 개발에 몰두했다. 새벽 3시에 일어나서 6시까지 프로그램을 개발하고 컴퓨터 잡지에 백신프로그램과 관련된 글도 열심히 썼다.

이런 노력으로 어느 누구도 넘볼 수 없는 안철수만의 핵심역량을 쌓아 '안철수컴퓨터바이러스 연구소'를 설립했다. 초기에는 자금이 제대로 돌지 않아 많은 어려움을 겪었지만 힘든 시기는 그리 오래가지 않았다. 의사의 길을 접고 백신프로그램을 무료로 공급하는 비영리법인을 가지고 싶었던 그의 뜻을 하늘이 알아준 것일까?

1999년 초 수많은 컴퓨터가 다운되면서 안철수의 핵심역량을 유감없이 발휘할 수 있는 절호의 기회가 왔다. 그동안 고생한 보람을 한꺼번에 느낄 수 있는 순간이었다. 덕분에 안철수연구소는 세계 수준의 백신프로그램 개발 능력을 인정받는 기업으로 성장했다.

집중: 우리는 어떻게 거기로 갈 것인가?

핵심역량의 집중이란 핵심역량을 선택한 뒤 여기에 기업이 보유한 자원을 집중적으로 투입하는 것을 의미한다. 두산중공업의 경우를 다시 생각해보자. 두산그룹은 과감한 구조조정을 통해 식음료 부문을 정리하고 기업의 자원을 중공업 부문으로 돌렸다. 이 집중된 힘을 활용해서 그들은 담수 사업에 필요한 기술을 효과적으로 확보할 수 있었다. 2001년 한국중공업 인수를 시작으로 과감히 진행된 M&A가 바로 여기 해당된다.

기업의 자원은 한정적이기 때문에 모든 분야에 마음껏 투입할 수 없다. 따라서 소수 분야에 자원을 집중해야 하고 그렇기 때문에 '핵심' 역량일 수밖에 없다. 이 같은 자원 집중화 논리는 이미 오래전부터 유용한 경영전략으로 많이 활용되어왔다. 1970년대 기업 간의 경쟁이 치열해지면서 새로운 경영전략들이 쏟아져 나와 과거의 전략들은 뒷방 신세가 되었지만 자원 집중화 논리는 아직도 귀한 대접을 받는다.

독일 경영학자 헤르만 지몬Hermann Simon은 잘 알려지지는 않았지만 탁월한 경영 성과를 올린 세계 2000여 개 기업을 조사하고 그 결과를《히든 챔피언》이라는 책으로 발간했다. 이 책에서 그는 이들 기업의 성공 비결로 자원 집중화를 꼽았다. 히든 챔피언이 되려면 힘을 분산하는 다각화 전략보다 기업의 자원을 핵심역량에 쏟는 집중화 전략이 더 효과적이라는 것이다.

반면 유럽 인시아드의 이브 도즈Yves Doz 교수는 요즘처럼 변화의 속도가 빠른 상황에서 핵심역량에만 집중하다 보면 망하기 십상이라고 주장한다. 시장이 앞을 내다볼 수 없을 만큼 불연속적으로 변하기 때문에 지금까지 한 우물을 파며 공을 들였던 사업이 하루아침에 물거품이 될 수도 있다는 논리다. 새로운 산업이 빈번하게 출현하고 산업 수명이 급격히 짧아지는 최근 상황을 볼 때 충분히 일리 있는 주장이다.

그렇다면 기업을 책임진 CEO는 자원을 어떻게 배분해야 할까? 이 문제는 다음 "핵심역량 변화"에서 자세히 알아보기로 하자.

핵심역량 변화: 우리는 언제 배를 바꿔 타야 하는가?

이브 도즈의 지적대로 기업의 환경이 너무 급속히 변하다 보니 불확실한 요인이 점점 커지는 것은 사실이다. 하지만 이것이 바로 핵심역량의 부정으로 이어질 수는 없다.

2009년 대한상공회의소와 지식경제부가 발표한 〈장수기업에서 배우는 위기 극복 전략 보고서〉에도 핵심역량의 중요성이 잘 드러난다. 국내 상장 기업 중 기업의 나이가 60세 이상인 21개 기업의 장수 요인을 조사해보니 한 우물 경영이 중요한 요인으로 조사되었다. 이외의 장수 요인으로 CEO의 위기 극복 능력, 연구개발, 노사 화합 등이 꼽혔다. 환경 변화에 대비하되, 회사의 주력으로 삼을 '중심'은 여전히 필요하다는 것이다. 컨설팅 회사인 베인앤드컴퍼니Bain & Company의 크리스 주크Chris Zook가 환경 변화에 적응하면서 기존의 핵심역량을 최대한 활용할 수 있는 대안을 제시한 것도 이런 맥락으로 이해할 수 있다.

　이 같은 다양한 정황을 고려할 때 핵심역량 논리는 다음과 같이 정리할 수 있다. 즉 미래 시장에 대비하여 핵심역량을 선택하고 장기적인 환경 변화에 따라 핵심역량을 변화시키면서 여기에 기업 자원을 집중 투입하자는 것이다.

　그렇다면 핵심역량의 변화로는 구체적으로 어떤 것들이 있을까? 핵심역량 변화는 핵심역량의 확장·고도화·전환으로 나눌 수 있다.

확장: 기존의 것을 다양화 하라

　핵심역량 확장은 기존의 핵심역량을 활용한 제품과 동일한 계열의 제품을 다양하게 개발하는 것이다. 특정 제품이 시장에서 한계를 드러낼 때 비교적 쉽게 새로운 시장을 창출할 수 있는 효과적인 방법이다. 무슨 말이냐고? 소비자의 다양한 시각에 눈높이를 맞추면 기존 핵심역량만 제대로 활용해도 다양한 제품을 얼마든지 생산·판매할 수 있다는 말이다. 탐나는 방법이 아닐 수 없다.

　잠시 생각을 정리할 겸 빛의 변화에 탐닉했던 인상주의 시절로 거슬러 가보자. 무겁고 어두운 갈색 톤을 벗고 밝게 빛나는 자연의 빛을 묘사하는 것이 인상주의의 장기다. 인상주의 화가들에게 이는 사실주의의 벽을 부수고 회화사에 새로운 지평을 연 창조적 핵심역량임이 분명하다. 에두아르 마네Édouard Manet, 클로드 모네Claude Monet, 오귀스트 르누아르Auguste Renoir를 위시한 수많은 인상주의 화가들은 어두운 아틀리에를 박차고 햇빛이 내리쬐는 자연으로 뛰쳐나왔다. 산, 나무, 강 등의 자연환경이나 거리의 일상생활 모두 그들의 핵심역량을 뽐낼 수 있는 훌륭한 소재들이었다. 모네가 연작으로 그린 〈수련〉이 그렇고 르누아르의 〈물랭 드 라 갈레트〉가 그렇다. '빛'이라는 핵심역량의 재발견은 시각예술에 엄청난 확장성을 가져다주었다.

어두운 화실에 우아하고 정숙한 자세로 꼿꼿이 앉은 모델만이 그림의 소재가 될 수는 없었다. 시시각각으로 변하는 빛의 연출을 담는 다양한 대상들이 모두 그림의 소재가 되다 보니 인상파의 작품들은 고정된 오브제에 식상한 사람들에게 신선함 그 자체였다. 때마침 개최된 파리 만국박람회는 수많은 사람들에게 인상주의를 널리 알리는 계기가 되었다. 초기에는 인상주의 기법에 익숙하지 않아 외면했던 사람들까지 빛의 아름다움과 일상 속의 다양한 소재에 친근감을 느끼면서 인상주의의 인기는 결국 상종가를 쳤다. 인상주의는 빛의 변화를 예리하게 짚어내는 자신들만의 핵심역량을 활용하여 수많은 걸작들을 남겼다.

인상주의가 보여준 핵심역량의 확장은 비즈니스 세계에도 똑같이 적용된다. 앞서 말했듯이 기업의 핵심역량 확장은 기존의 핵심역량을 활용하여 기존 제품과 같은 계열의 제품을 다양하게 생산하는 것을 의미한다. 예를 들면 이런 경우다.

밀폐 용기에 액화가스와 내용물을 함께 넣어 가스의 압력으로 내용물을 분사하는 것을 에어로졸 기술이라고 한다. 이 에어로졸 기술을 보유하고 있으면 1회용 라이터는 물론 부탄가스, 살충제, 헤어스프레이, 방향제 등과 같은 유사 계열의 제품을 얼마든지 만들 수 있다. 이처럼 같은 계열의 제품을 다양하게 생산하기 위해서는 다양한 제품을 꿰뚫는 핵심 기술이 가장 중요한 문제로 떠오른다. 제조업의 성공 비결은 바로 이런 핵심 기술을 보유하고 있느냐에 달려 있다.

카메라 제조업을 예로 들어보자. 현재 디지털카메라 분야에서 세계 1위인 캐논은 1937년 창업 이후 지금까지 렌즈광학 기술을 최고의 핵심역량으로 키워왔다. 캐논은 아날로그 시대에도 광학 분야의 강자였고 디지털 시대에도 역시 강자다. 그들은 업종을 구분하지 않고 이 핵심역량을 활용하여 다양한 제품을 개발했다. 캐논의

모든 화가들이 어두운 아틀리에에 갇혀 있을 때
모네와 르누아르는 태양이 내리쬐는 자연으로 뛰쳐나와
다양한 소재를 그렸다.

1
2

1 오귀스트 르누아르, 〈물랭 드 라 갈레트〉, 1876
2 클로드 모네, 〈수련〉, 1906

주력 상품인 카메라, 복사기, 프린터 모두 렌즈광학 기술이라는 핵심역량을 활용한 제품이며 반도체 제조장비, 의료장비 등도 맥을 같이한다.

마찬가지로 비타 500으로 재미를 본 광동제약은 제약 시장 외에 음료 시장으로 핵심역량을 확장하여 옥수수 수염차 등 같은 계열의 음료 제품을 시장에 내놓았다. 2008년 광동제약의 매출액을 보면 기존 제약 부문의 매출액보다 음료 부문이 더 높다. 핵심역량 확장 전략이 제대로 먹혀들었다는 이야기다.

전통주류 제조업체인 국순당 역시 핵심역량을 막걸리로 확장하고는 때마침 불어닥친 막걸리 열풍에 힘입어 기존 전통주의 매출 하락을 보기 좋게 상쇄했다. 기존 시장이 한계를 드러낼 때 핵심역량 확장 전략이 효과적인 해결책이 될 수 있음을 보여주는 사례다.

페인트 시장은 블루오션과 레드오션의 문제를 모두 해결한 사례다. 최근 몇 년간 건축 붐이 잦아들면서 건축용 페인트 시장은 포화 상태에 이르렀다. 그러자 노루표페인트는 유지 기간을 3배로 늘린 건축용 페인트를, KCC는 벽면의 미세한 틈새를 막아주는 제품을, 삼화페인트는 날카로운 물질에 긁혀도 흠이 잘 나지 않는 특수 페인트를 시장에 선보임으로써 레드오션을 돌파했다. 핵심역량을 이용해서 시장을 분할한 경우다.

한편 기존 핵심 기술을 확장해서 수익성이 뛰어난 조선용 페인트로 비즈니스 환경을 바꾼 경우도 있었다. 돌고래가 매끄러운 피부를 유지하는 것에 착안한 KCC는 여기에 나노 기술까지 접목하여 선체 표면에 수중 동식물이 붙는 것을 막아주는 제품을 내놓았다. IPK 역시 선체에 클로렐라 등이 붙지 않게 함으로써 6퍼센트 정도의 유류 절감 효과를 얻을 수 있는 제품을 개발했다.

고도화: 진화를 멈추지마라

핵심역량 고도화는 아직 충분히 활용하지 못한 핵심역량과 비핵심역량을 최대한 이용하여 새로운 성장 추진력을 얻는 것이다. 베인앤드컴퍼니의 크리스 주크는 최근 출간한 《멈추지 않는 기업》에서 핵심역량과 비핵심역량에 숨은 자산을 활용하여 새로운 시장을 창출하는 것을 핵심역량 재정의라 불렀다. 핵심역량 고도화와 같은 개념으로 볼 수 있다.

핵심역량 고도화는 미술계에서도 그 실마리를 찾아낼 수 있다. 추상화 이론을 제시한 바우하우스 출신의 바실리 칸딘스키Wassily Kandinsky를 생각해보자.

칸딘스키는 원래 모스크바 대학교에서 법학과 경제학을 전공했다. 그는 이 분야에서 쌓은 학문적 업적 덕분에 법학 교수로 초빙되었지만 뮌헨 아즈베 미술학교에 입학하여 본격적인 화가의 길로 들어섰다. 모네의 〈짚더미〉와 바그너Richard Wagner의 〈로엔그린〉에서 받은 깊은 감명을 떨쳐낼 수 없었기 때문이다. 특히 그가 모스크바 궁전극장에서 들은 〈로엔그린〉은 악기와 악기가 빚어내는 색깔의 이중주를 선명하게 보여주었다. 그리고 이 경험은 칸딘스키의 작품 세계가 전환하는 결정적인 밑거름이 되었다.

1908년 칸딘스키는 중요한 체험을 한다. 바깥에서 스케치를 마치고 생각에 잠긴 채 화실 문을 연 그는 지금까지 느껴보지 못한 형언할 수 없는 아름다움을 본 것이다. 무엇을 그렸는지 모를 정도로 뚜렷한 형체도 주제도 없었지만 찬란한 색채가 어우러져 묘한 감동을 주는 그림이 그의 눈에 들어왔다. 가까이 가서 살펴보니 이젤에 거꾸로 걸려 있는 자신의 그림이었다.

칸딘스키는 이 체험을 통해 대상의 객관적인 묘사는 대상의 본질적인 아름다움을 느끼는 데 방해가 된다는 사실을 깨달았다. 이 일이 있고 2년 동안 칸딘스키는 빌헬름 보링거Wilhelm Worringer의 《추상과 감정이입(Abstraktion und Einfühlung)》을 읽으면서 새로운 미술 세계를 찾는 고통스런 시간을 보냈다.

그리고 그는 수채로 그린 최초의 추상화를 발표했다. 칸딘스키는 대상의 외형 대신 점, 선, 면, 색채 등 순수한 조형적 요소만으로도 대상이 주는 내적 감정을 표현할 수 있음을 깨달은 것이다. 이는 미술사에 추상회화가 처음으로 등장한 세기적 변환점이었다. 1902년에 발표한 〈오래된 도시〉와 1923년에 발표한 〈컴포지션 Ⅷ〉은 완전히 다른 회화 세계를 극명하게 보여준다.

이처럼 사실풍의 풍경화가 추상화로 급격히 반전된 것은 1908년 화실에서의 체험이 절대적 역할을 했다. 이 체험을 통해 칸딘스키의 예술 정신이 한 단계 더 고도화되면서 추상미술의 새 역사를 열었다.

이런 '재정의'는 비즈니스 세계에서도 오랜 전통을 가진다. BMW의 수석 디자이너는 자동차를 단순한 교통수단이 아니라 고객의 정서와 감성에 부합하는 모빌아트(mobile art:이동예술)라고 말한다. 할리데이비슨은 자신들이 모터사이클을 만드는 제조업체가 아니라 라이프스타일을 창조하는 회사라고 말한다.

미슐랭(미쉐린)은 한술 더 뜬다. 미슐랭 하면 예전에는 자동차 타이어가 먼저 생각났는데 언제부터인지 '레드북'으로 알려진 〈미슐랭 가이드〉가 먼저 떠오른다. 미슐랭이 타이어 제조업체인지 여행 전문 서비스 업체인지 분간하기 어려울 정도다.

이번에는 핵심역량 고도화가 진행되는 자세한 과정을 혼다의 사례를 통해 알아보자. 도쿄에서 차를 타고 2시간 정도 들어가면 도치기 현에 도착한다. 이곳에 혼다 테마파크인 트윈링 모테기가 자리 잡고 있다. 도쿄 돔구장의 약 140배에 달하는 부지에 혼다가 심혈을 기울여서 1997년 개장한 곳이다. 자동차 경주용 레이싱 서킷,

1
2

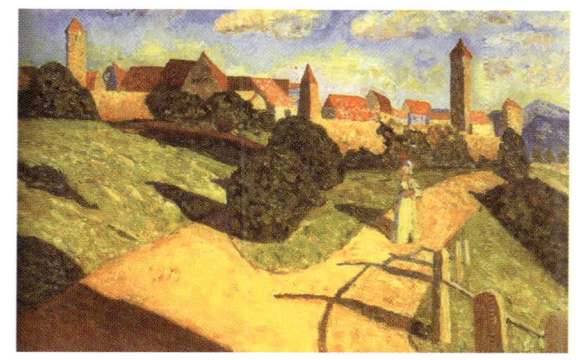

1 바실리 칸딘스키, 〈오래된 도시〉, 1902
2 바실리 칸딘스키, 〈컴포지션 VIII〉, 1923

과감한 생략과 강렬한 색채의 사용.
칸딘스키의 등장은 미술사의 세기적 변환점이었다.

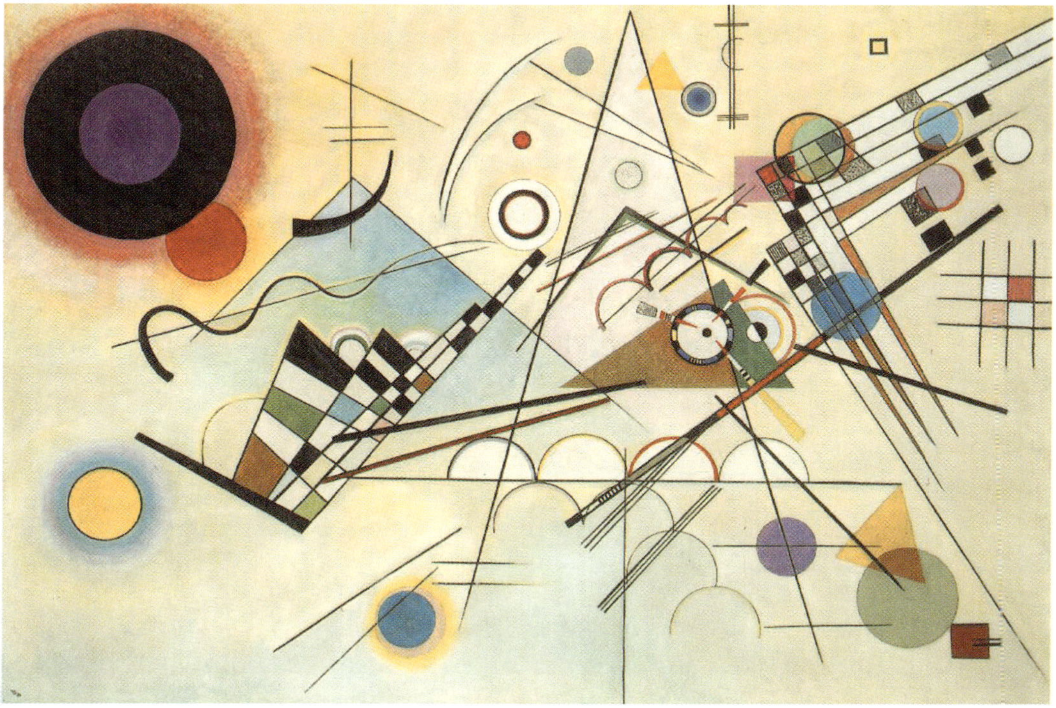

혼다의 제품들을 전시한 컬렉션홀, 어린이 체험 공간인 팬펀랩도 있다. 혼다 하면 으레 오토바이와 자동차가 떠오를 것이다. 그런데 트윈링 모테기에는 비행기와 로봇도 전시되어 있어 새삼 놀라게 된다. 아니, 오토바이와 자동차를 만드는 회사가 비행기와 로봇도 만든다는 말인가?

혼다는 원래 소형 엔진을 주로 만들던 연구개발 중심의 작은 회사였다. 그러다가 1948년 혼다기연공업주식회사로 사명을 바꾸고 혼다모터 A형이라는 오토바이를 생산·판매하면서 본격적인 비즈니스 세계로 들어섰다. 뒤이어 오토바이 제조 기술을 더욱 발전시켜서 시빅과 어코드 자동차를 생산했다. 이 두 차종은 2006년 당시 혼다의 자동차 누적생산량의 52퍼센트를 차지하면서 혼다의 명성을 드높인 대표적 제품이다.

혼다의 꿈은 여기서 끝나지 않았다. 혼다는 '엔진' 개발에서 '모빌리티mobility'라는 새로운 개념으로 핵심역량을 고도화시켰다. 인간의 이동성과 관련된, 보다 나은 기술을 연구하고 개발할 것을 다시 한 번 다짐한 것이다. 2000년 초 처음으로 모습을 드러낸 인간형 로봇 '아시모'는 이 같은 핵심역량의 재정의를 잘 보여주는 혼다의 대표적 작품이다.

얼마 전에는 아시모가 오케스트라를 지휘해서 세계 언론의 주목을 받았던 적도 있다. 사람의 행동과 다를 바 없는 아시모의 자연스러운 동작들은 무릎, 발목, 팔꿈치, 손목 등에 26개의 관절이 탑재되어 있기 때문에 가능하다고 한다. 소형 엔진이라는 핵심역량만을 고집했다면 꿈도 꿀 수 없는 일이다. 모빌리티로의 핵심역량 고도화가 혼다를 이렇게 바꾸어놓은 것이다. 그러나 여기서 혼다의 발걸음이 멈춘 것은 아니었다.

혼다가 제작한 비행기가 곧 하늘을 누비게 된다고 한다. 2006년 개발 완료된

'혼다제트'는 출시 전에 이미 100여 대가 팔렸다고 한다. 7~8인용 혼다제트가 시속 780킬로미터의 속도로 하늘을 나는 모습을 볼 날도 머지않았다.

인간의 생활을 좀 더 풍요롭게 만들겠다는 혼다의 정신은 결국 핵심역량을 더욱 진화시켜 아시모와 혼다제트라는 '모빌리티'의 고도화를 구현하기에 이르렀다.

혼다는 기술력이 강한 기업이다. 아무리 덩치가 큰 기업이라도 혼다의 야무진 기술 개발 능력 앞에서는 기를 펴지 못한다고 한다. 창조적인 연구개발 활동은 오랫동안 진화된 혼다의 유전자다. 새로운 기술과 창의적 가치를 고집스럽게 갈구하는 혼다의 유전자는 창업자 혼다 소이치로(本田宗一郎) 회장의 경영 철학에도 잘 드러나 있다.

그는 실패를 꾸짖기보다는 오히려 권장한다. "원숭이가 자만심과 방심으로 나무에서 떨어졌다면 용서할 수 없지만 새로운 방법을 시도하다가 나무에서 떨어졌다면 고귀한 경험으로서 장려할 만하다."

"성공과 평범의 차이는 아주 근소하다. 일을 99퍼센트 마무리했을지라도 성공 열쇠인 1퍼센트를 더하지 않으면 그것은 실패하고 만다."

— 혼다 소이치'로, 혼다 회장

: 혼다에서 개발한 인간형 로봇 아시모

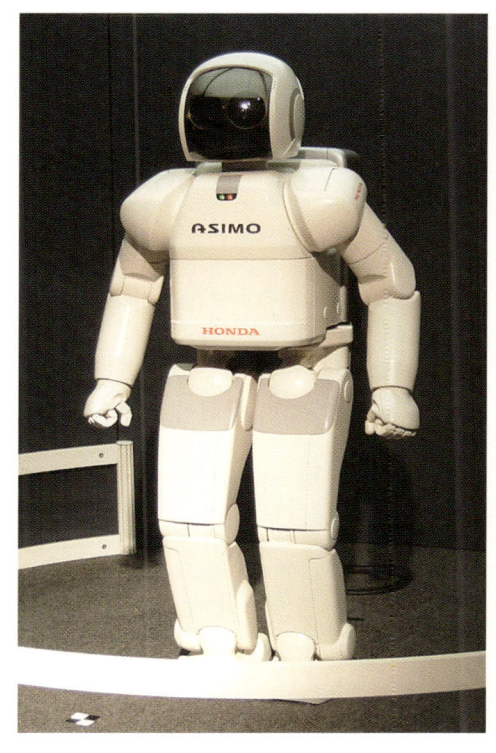

전환: 변화를 모색하라

핵심역량 전환은 기존 핵심역량과는 완전히 다른 새로운 분야의 기업 역량을 개발하는 것이다. 쉽게 말해 주력 업종을 바꾸는 것이다.

핵심역량 전환은 비즈니스 세계에서는 흔히 볼 수 있는 일이다. 환경이 바뀌면 기업도 당연히 바뀌어야 살아남을 수 있기 때문이다. 만약 환경 변화가 기업의 패러다임을 모조리 바꾸어야 할 정도로 심각하다면 기존 핵심역량도 완전히 변해야 할 것이다.

그러나 이 문제는 결코 단순하지만은 않다. 기업의 근간이 바뀌는 상황이니 신중한 접근과 치밀한 준비가 무엇보다 중요하다. 그렇다면 어떻게 접근하는 것이 가장 바람직할까?

1970년 프랑스 남부의 포르 바카레스에서 국제조각심포지엄이 열렸다. 여기에 출품한 한국의 추상조각가 문신의 작품 〈태양의 인간〉은 세계 조각계로부터 최고의 격찬을 받았다. 세계 각국에서 살롱전과 국제전 초청이 쇄도했다. 1992년 프랑스 정부는 문신을 세계적 조각가인 영국의 헨리 무어, 미국의 알렉산더 콜더Alexander Calder와 함께 초대해서 '세계 3대 거장전'을 열었다. 문신을 세계적인 조각가로 인정한 것이다.

조각가 문신은 원래 도쿄미술학교 서양화과에서 회화를 공부하고 인상파의 영향을 받은 사실적인 그림을 주로 그렸다. 1950년 작인 〈생선〉을 보면 사실주의 화가의 길을 걸은 그의 작품 세계를 강하게 느낄 수 있다.

꾸준히 그림을 그리던 문신은 1961년 단돈 50달러를 들고 프랑스로 떠났다. 생계가 막막했던 문신은 우여곡절 끝에 파리 라버넬 성 보수 공사에 참여했다. 3년에 걸친 공사에서 그는 석공, 미장이, 목수 등으로 일하면서 자신에게 조각가의 재능

사람들은 변화가 '새로운 것'이라고 생각하지만 진정한 변화는 가진 것 위에서 이루어질 때 가능해진다. 문신 역시 평면회화의 토대가 없었다면 조각가로 명성을 날리기 어려웠을 것이다.

1
2

1 문신, 〈생선〉, 1950
2 문신, 〈무제〉, 1980년대

이 있음을 알아차렸다. 평면회화에서 빛을 뿜은 그의 역량이 조각의 세계로 발을 들이는 일대 전환이 일어난 것이다. 회화에서 꾸준히 갈고닦은 드로잉 역량은 '좌우대칭 symmetry'을 지향하는 그의 조각에 활기찬 생명을 불어넣었다. 1980년대에 제작한 추상조각 〈무제〉는 그의 대칭미를 명쾌하게 보여준다.

결과적으로 보면 문신은 조각으로 핵심역량을 전환하기 위해 평면회화에서 착실히 준비 과정을 밟은 준비된 조각가였던 셈이다. 문신은 평면회화에서 조각으로 핵심역량을 전환하면서 조각미술의 세계적인 거장이 되었다. 물론 평면회화에서 치열하게 준비한 모든 노력이 핵심역량 전환에 큰 도움이 된 것은 두말할 필요가 없다.

지금은 세계적인 정보통신 업체인 노키아는 원래 목재 공장으로 출발한 작은 기업이었다. 목재 공장에서 펄프와 제지로 몸집을 키우다가 전자산업에 진출하는 등 변신에 변신을 거듭하여 현재는 세계 1위의 휴대전화 제조업체로 자리 잡았다. 이처럼 노키아는 핵심역량을 성공적으로 전환시킨 대표적 기업 중 하나다.

이런 노키아가 최근 핵심역량의 전환이 아닌 고도화 계획을 발표하여 눈길을 끌고 있다. 경쟁이 치열한 휴대전화 시장에서 그동안 제대로 활용하지 못했던 숨은 자산을 이용해서 부가가치가 높은 소프트웨어와 콘텐츠 시장에 진입하겠다는 뜻을 밝힌 것이다. 급속한 환경 변화가 핵심역량 전환에 가까운 핵심역량 고도화를 이끌어낸 것이다.

한편 15년 전 잘나가던 종합화학 회사가 지금은 세계 최대의 농산물 종자 회사로 탈바꿈한 사례도 있다. 이 회사가 주로 취급하는 품목은 유전자 변형으로 얻어낸 농산물 종자다. 이 회사의 제품은 찬성론자로부터는 식량 문제의 해결책으로 환영받지만 환경론자로부터는 거친 항의를 받기도 한다. 시간이 지나야 정확한 평가가 나올 것 같다. 어쨌든 석유화학에서 유전공학으로 핵심역량을 전환한 성공 사례로 손꼽히는 이 회사는 바로 미국의 농업생명공학 회사인 몬산토다.

2008년 몬산토는 약 14조 원의 매출에 순이익도 매출액의 약 18퍼센트에 이르는 2조 5000억 원을 올려 세상을 깜짝 놀라게 했다. 몬산토가 앞으로 핵심역량을 또 어떻게 변화시켜 나갈지 눈여겨봐야 할 것 같다.

그러나 여기서 반드시 유의해야 할 점이 있다. 목재 공장에서 휴대전화 업체로 변신한 노키아가 그 과정에서 많은 어려움을 겪었듯이 새로운 업종으로의 전환은 자칫 큰 위험을 불러올 수 있다. 따라서 핵심역량의 전환을 꿈꾸는 기업은 대단히 신중해야 한다. '살아 있는 경영의 신'으로 불리는 교세라그룹 명예회장 이나모리 가즈오(稻盛和夫)의 말을 들어보자.

"자신의 전문 분야 외에 손을 대는 것은 어느 정도 힘이 붙기 전에는 자제해야 합니다. 그러나 상당한 힘이 축적된다면 다른 분야에 진출해도 무방하겠죠. 새로운 일에 도전할 때는 안심하고 돌아갈 수 있는 성부터 쌓아야 합니다."

가즈오 명예회장이 말한 "안심하고 돌아갈 수 있는 성"이란 바로 양손잡이 조직을 뜻한다. 양손잡이 조직은 기존 사업 영역을 지키면서 새로운 핵심역량 사업을 개척할 때 활용할 수 있는 효과적인 방법이다. 기존 핵심역량을 완전히 새로운 역량으로 전환하기 위해서는 업종 전환에 따른 위험을 완충시켜줄 장치가 반드시 필요한데 양손잡이 조직이 바로 그 장치가 될 수 있다는 말이다. 이를테면 현재의 핵심 사업 조직을 오른손잡이 조직으로, 새로운 핵심역량을 개발하는 팀을 왼손잡이 조직으로 운영하는 것이다. 이때 오른손잡이 조직은 일상적인 기업 활동을 통해 왼손잡이 조직이 창조적 활동을 할 수 있도록 버팀목 역할을 해주어야 한다.

1970년대 오일쇼크를 겪으면서 몬산토는 석유화학을 대체할 새로운 핵심역량을 찾기 시작했다. 1980년대 몬산토는 생명공학 분야를 새로운 사업 영역으로 결정하고 철저한 준비 끝에 1995년 회사의 핵심역량을 석유화학에서 생명공학으로 전환했다. 이 15년의 준비 기간 중에 기존의 석유화학 사업은 새로운 핵심역량인 생명공학이 성공적으로 자리 잡을 수 있도록 아낌없는 지원을 했다.

조각가 문신 역시 오른손의 드로잉 능력이 받쳐주지 않았다면 험난한 조각가의 길을 견뎌내지 못했을 것이다.

강소기업의 필살기

지금쯤이면 이런 생각이 들 것이다. 핵심역량과 관련된 대부분의 사례들이 대기업 위주라고. 물론 그렇다. 지금까지 사례로 든 기업들은 일본의 오카노공업사를 제외하고 모두 대기업이었다. 그러나 핵심역량의 특화는 중소기업에 더욱 중요하고 절실한 문제일 뿐만 아니라 오히려 더 유리한 점도 많다. 어차피 대기업보다 자원이 적으므로 자원의 규모보다는 자원 활용의 효율성을 최대한 살리는 전략이 필요하다는 말이다. 대기업이 관심을 두지 않는 틈새시장에서 특수 금형설계 분야를 핵심역량으로 키운 오카노공업사가 좋은 예다.

이런 식으로 틈새시장에 적합한 특수 분야를 핵심역량으로 키워서 괄목할 만한 성과를 낸 한국의 중소기업이 많다.

KOTRA(대한무역투자진흥공사)가 발표한 '세계시장을 누비는 강소제품' 보고서를 보면 틈새시장에 적합한 핵심역량을 키워서 해외시장 진출에 성공한 다양한 중소기업을 만날 수 있다. 이렇게 작지만 강한 강소기업들의 성공 비결은 우수한 기술력과 시장의 본질을 꿰뚫는 통찰력에서 찾을 수 있다.

1997년 창업 후 단 한 번도 적자를 기록하지 않은 휴맥스의 경우를 보자. 이 회사의 성공 비결은 방송수신 장비인 셋톱박스에만 기업의 역량을 집중함으로써 틈새시장을 철저히 공략했다는 점이다. 핵심역량의 개념이 정확히 반영된 경우다.

또 자동차 사이드미러용 전열 히터를 생산하여 2008년 무역의 날에 수출탑을 받은 중소기업도 있다. 당시 환율을 적용하여 539억 원의 수출고를 올린 강소기업 썬텍이 바로 그 주인공이다. '백미러히터'는 사이드미러에 생기는 성에와 이슬을 없애주는 제품으로 국산 자동차는 물론 벤츠, BMW, 도요타 등 외국 유명 자동차에도 채택되었다. 썬텍 역시 이 기술을 핵심역량으로 현재 세계시장을 60퍼센트 이상 점유하고 있다. 영국과 미국의 막강한 경쟁업체조차 밀어낸 틈새시장의 핵심역량으로 나무랄 데 없는 사례다.

2010년 나로호 발사로 인공위성에 대한 관심이 부쩍 높아졌을 때 쎄트렉아이라는 작은 우주산업체가 사람들의 입에 오르내렸다. KAIST 인공위성센터 연구원일 때 한국 최초의 위성인 우리별 1호를 제작하여 지구 궤도에 올린 박성동 사장이 이끄는 회사다.

쎄트렉아이는 박 사장이 1999년 동료 연구원과 함께 설립한 회사로 인공위성을 수출하는, 전 세계에 4개뿐인 회사 중 하나다. 쎄트렉아이는 2008년 7월 말레이시아의 라작샛과 두바이의 두바이샛을 우주에 안착시킴으로써 핵심역량인 위성 기술을 유감없이 보여준 글자 그대로 강소기업이다. 틈새시장도 이런 틈새시장이 없다. 첨단 위성 기술이 없다면 흉내도 낼 수 없는 난공불락의 시장이다. 세계 최고라

휴맥스와 쎄트렉아이.
사람들에게 널리 알려진 기업은 아니지만
이 두 기업은 단 하나의 핵심역량으로
전 세계시장에 군림하는 강한 기업이 되었다.

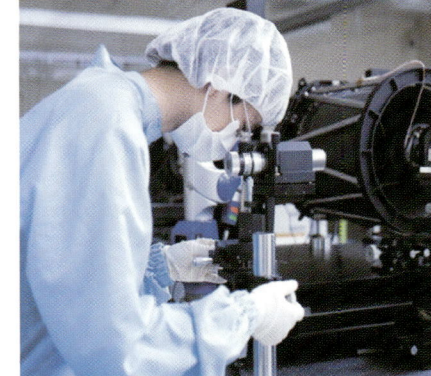

1
2

1 휴맥스
2 쎄트렉아이

고 자부하는 위성카메라 기술이 쎄트렉아이의 핵심 기술이자 발전 비결임은 두말할 필요도 없다. 인력의 90퍼센트가 연구원인 쎄트렉아이는 중소형 지구관측위성으로 승부를 걸겠다는, 핵심역량의 집중이 돋보이는 강소기업이다.

오토바이 헬멧 시장의 기린아인 HJC나 자동차 부품인 벨로스만으로 세계적인 경쟁력을 인정받은 SJM 등 틈새시장에 대한 핵심역량으로 흔들리지 않는 강소기업들은 얼마든지 있다.

제조 기술력만 핵심역량일 수는 없다. 디자인과 같은 감성적 요인으로 세계시장을 파고든 중소기업도 쉽게 찾아볼 수 있다. 문제는 소비자의 보이지 않는 욕구를 얼마나 정확하게 읽어내는가다. 또 쉽게 채워지지 않는 소비자의 은밀한 욕구를 아낌없이 감쌀 수 있는 핵심역량을 얼마나 배양했는지가 열쇠다.

디자인을 핵심역량으로 키워서 세계적인 캐릭터 완구 브랜드가 된 오로라월드, 모자 하나에만 30년간 공을 들인 다다C&C 등은 모두 감성의 오묘함을 제품에 녹일 줄 아는 작지만 강한 기업이다.

기업의 혼

핵심역량은 기업의 혼과 같다. 영혼이 없는 사람을 생각할 수 없듯이 핵심역량이 없는 기업도 상상할 수 없다. 흘러간 산업사회에서라면 남의 기술을 모방하여 기업의 생명을 이어갈 수도 있겠지만 창조사회에서는 꿈도 꿀 수 없는 일이다.

이런 냉엄한 룰을 미술계는 오래전부터 철칙으로 삼았다. 지금부터라도 미술계를 다시 반추해볼 것을 권한다. 이른바 미술계의 거장들 중 자신만의 독창적인 회화 세계 없이 남의 작품을 모방만 했던 작가가 단 한 사람이라도 있는가?

　　세계 최고의 조각가 로댕Auguste Rodin은 브랑쿠시에게 조수 자리를 제안했다. 무명의 조각가였던 브랑쿠시에게 로댕의 제안은 성공을 보장하는 튼튼한 밧줄이나 다름없었다. 그러나 그는 로댕의 제안을 거절했다. 거목 밑에서는 어떤 나무도 자랄 수 없다는 것이 거절의 이유였다. 자신만의 독창적인 핵심역량을 꿈꾸었기에 브랑쿠시는 조각의 역사를 다시 쓸 수 있었다.

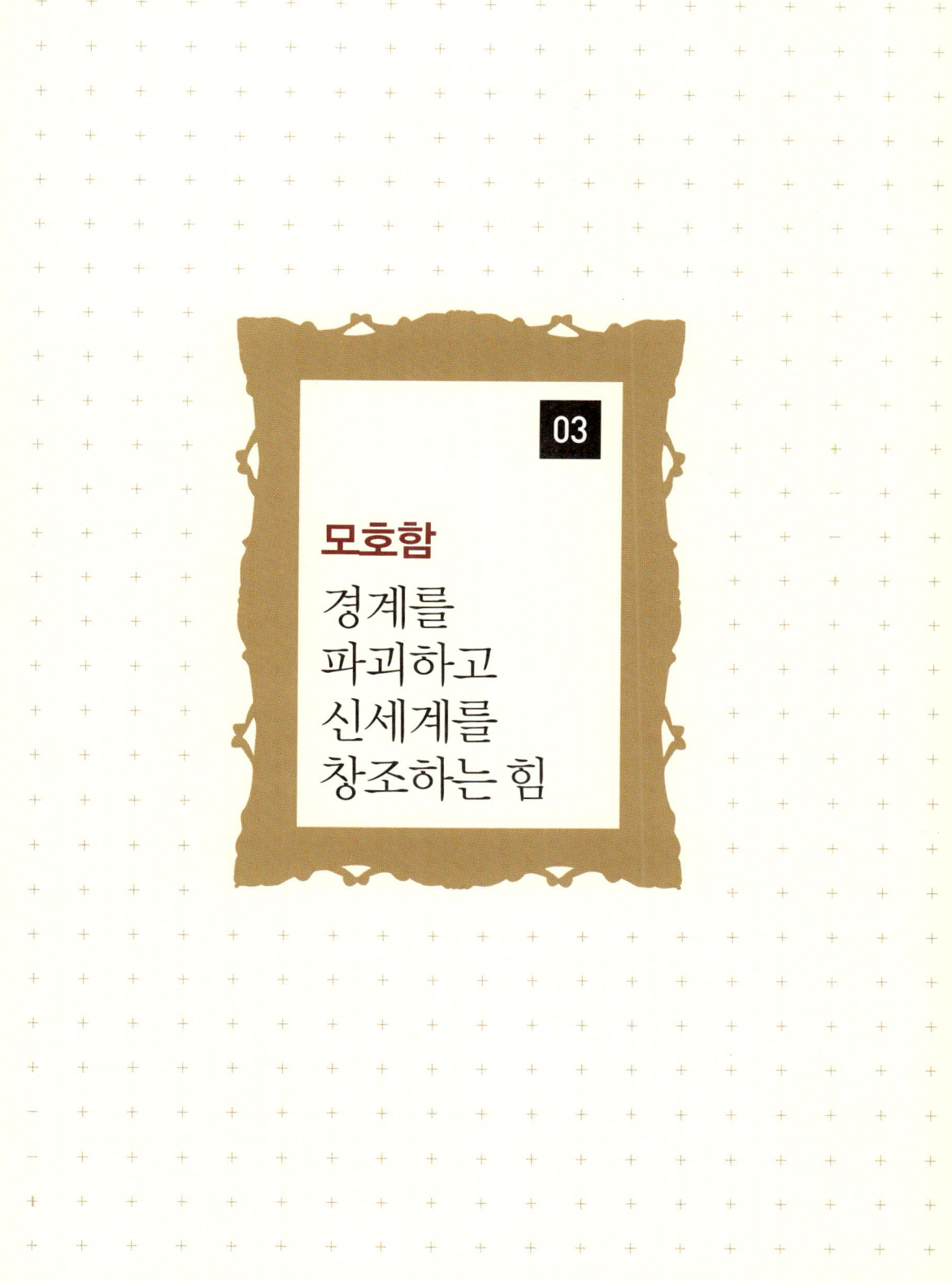

03

모호함

경계를
파괴하고
신세계를
창조하는 힘

칼 안드레, 정광호는
작품이 가진 일상의 가치 경계를 허물어 백지 상태로 돌렸다.
모호한 세계가 만든 새로운 공간에서
상상력은 무한히 커질 수 있었고,
무한한 가능성을 열어 창조의 통로와 맞닿았다.

월드컵 4강의 힘

2002년 6월 4일 초여름 밤. 부산 아시아드 경기장은 붉은 물결로 출렁였다. 1954년 스위스 월드컵 이후 단 한 번도 본선에서 이기지 못했던 한국의 바람은 간절했다. 더도 말고 덜도 말고 한 번만 이겨봤으면 하는 소망이 모두의 마음에 해일처럼 일렁거렸다.

경기 시작 26분. 이을용의 크로스를 받은 황선홍이 논스톱 발리킥으로 폴란드 골네트를 흔들었다. 선제골의 열기는 부산 아시아드 경기장을 넘어 광화문 네거리를 불태웠다. 한국 월드컵 대표팀은 완전히 새로운 모습이었다. 역동적이고 박진감 넘치는 시원시원한 경기 운영에서 모두들 눈을 뗄 수가 없었다. 그리고 후반 8분 유상철의 20미터 미사일 포가 골네트를 다시 흔들었다. 월드컵 본선에서 처음으로 승리하는 기적 아닌 기적이 일어났다.

거리는 뜨거운 용광로로 변했다. 나머지 게임에서도 한국 축구는 펄펄 날았다.

| 모호함: 경계를 파괴하고 신세계를 창조하는 힘 |

: 2002년, 월드컵 4강 신화를 만든 주역들

2002년 대한민국의 월드컵 4강 신화는
기존의 선수 선발 기준을 백지화하고
오로지 선수의 기량에 기반한
새로운 선발 기준을 제시했기에 가능했다.

상상도 하지 못한 일이 그라운드에서 연이어 일어났다. 빗장수비 카테나치오catenaccio로 유명한 아주리 군단 이탈리아를 뿌리치고 8강에 오른 한국은 무적함대 스페인마저 격침시키면서 4강에 합류했다.

한 사회연구소의 조사에서 2002월드컵은 평생 잊지 못할 최고의 사건으로 뽑혔다. 한국을 보는 외국의 눈도 달라졌다. 스위스 국제경영개발원(IMD)은 그동안 한국의 국가 이미지는 30위권 수준이었지만 월드컵 이후 10위 초반으로 올라섰다고 발표했다.

이런 기적 같은 일은 어디에서 비롯되었을까?

48년 동안 본선에서 한 번도 이기지 못한 한국 축구가 16강을 넘어 4강까지 올라선 소용돌이 속에 거스 히딩크Guss Hiddink 감독이 있다는 데 이견을 달 사람은 없다. 따지고 보면 한국 축구는 그대로인데 변한 것은 오직 감독 한 사람밖에 없다.

한국 월드컵 대표팀 감독을 맡은 그는 단호한 어조로 이렇게 말했다.

"수십 년간 실패한 프로그램으로 16강에 갈 수는 없다. 결코 쉬운 길로 가지 않겠다."

상당히 의미심장한 말이 아닐 수 없다. 그동안 한국 축구가 안고 있던 고질적인 폐습을 완전히 백지 상태로 되돌리겠다는 뜻이 아닌가? 자신의 말대로 히딩크는 수십 년간 한국 축구계를 지배해온 가치 기준을 허물고, 백지 상태에서 한국 축구를 다시 세우겠다는 의지를 보였다.

히딩크는 16강에 진입하는 데 필요한 네 가지 요인으로 전술, 기술, 체력, 정신력을 꼽았다. 이 네 가지 요인을 갖추기 위해 우선 선수 선발이 중요한 과제였다.

당시 한국 축구의 병폐 중 가장 심각한 것은 관행처럼 이루어지던 연고, 파벌, 외압 등에 의한 선수 선발이었다. 이런 고질병을 없애기 위해 히딩크는 선수 선발에 대한 전권을 사전에 약속받고 감독직을 수락했다. 그는 문제점이 드러난 기존의 선수 선발 기준을 백지 상태로 돌리고 새로운 선발 기준을 제시했다. 그는 과거의 명성이나 학벌, 관련 협회의 추천이나 압력에 휘둘리지 않았다. 오로지 선수 개인의 능력만이 선발 기준이었다. 그 결과 박지성, 이영표, 송종국, 이을용, 김남일 등 신선한 피가 대표 팀으로 수혈되었고 한국 팀은 변하기 시작했다.

게임 질서도 백지 상태로 돌렸다. 특히 전술 부분이 그랬다. 그동안 한국 축구는 정해진 포지션에서 자기 역할을 기계처럼 우직하게 수행하는 것만으로도 훌륭한 대접을 받았다. 그러나 히딩크는 이를 과감히 파괴했다. 그는 네덜란드 축구를 상징하는 멀티플레이어를 키워 끊임없이 변하는 창의적인 축구 질서를 만들었다.

부임 초기에는 간섭과 우려의 목소리는 물론이고 가볍지 않은 비난의 목소리도 들려왔지만 그는 흔들리지 않고 한국 축구의 기존 가치를 단호히 허물고는 그 위에 16강 진입에 필요한 새로운 가치 구조를 세웠다. 물론 이것만으로 한국 축구가 기적같이 4강에 진입했다고 보기는 어렵다. 관련 협회의 전폭적인 지지와 붉은 악마를 비롯한 전 국민의 뜨거운 성원도 빼놓을 수 없는 성공 요인이었다. 그러나 기존의 가치 기준을 원점으로 되돌리고 새로운 축구 질서를 만든 그의 혁신 없이는 모든 일이 불가능했을 것이다.

새로운 가치의 기반을 조성하려면 기존의 가치 기준을 모조리 파괴함으로써 어디에도 걸릴 것 없는 백지 상태로 되돌려야 한다. 여기서 다룰 주제인 '모호함'이란 바로 그런 원점의 백지 상태를 의미한다.

수사가 미궁에 빠질 때마다 노련한 수사관이 습관적으로 하는 말이 있다. 바로 "원점에서 다시 시작하자."는 말이다. 과거의 수사 기록에 얽매이다 보면 새로운 돌파구를 찾을 수 없기 때문이다.

미궁에 빠진 수사를 원점에서 다시 시작하는 것처럼 히딩크 감독 역시 한국 축구를 원점에서 다시 시작했다. 그러기에 그는 어디에도 얽매이지 않고 새로운 가치를 만들어낼 수 있었다.

경계의 파괴가 만든 모호함의 세계

미니멀리즘을 대표하는 칼 안드레Carl Andre의 조각 작품 〈144개의 납판〉은 한눈에도 우습기 짝이 없는 조각 아닌 조각이다.

이 작품의 재료는 똑같은 모양과 크기를 지닌 144개의 정사각형 납판이다. 이 납판은 주위에서 쉽게 구할 수 있는 산업용 소재다. 같은 크기의 납판을 가로세로 똑같이 12개씩 배열했으니 완성된 작품 역시 정사각형이다. 표현 행위를 최소화해서 작품의 간결성을 극대화하는 미니멀리즘 정신을 잘 보여주는 셈이다. 따라서 이 작품에서 다양한 표현 행위를 찾는 것은 거의 불가능하다.

미니멀리즘 작가들이 다양한 표현 방법을 거부하는 이유는 작가의 표현 의도

144개의 납판이 줄지어 놓여 있다.
단순한 사물인가?
아니면 예술 작품인가?

: 칼 안드레, 〈144개의 납판〉, 1969

를 최대한 줄이기 위해서다. 그러다 보니 미니멀리즘 작품은 과연 이것이 예술 작품인지 아니면 일상적인 사물인지를 구분하기가 쉽지 않다. 말하자면 미술과 사물의 경계에 아슬아슬하게 서 있는 느낌이다.

일상적인 시각으로 본다면 이 작품은 그저 평범한 납판에 불과하다. 그러나 미니멀리즘 작가들의 이야기는 다르다. 외형으로 드러난 미적 솜씨란 기교에 불과할 뿐이지 인간의 영혼에 호소하는 힘은 미미하다고 말이다. 따라서 인간과 사물이 진정으로 교감하려면 장식적인 냄새가 나는 인위적 기교는 최소화하고 사물의 본래 모습을 강하게 드러내야 한다는 것이다. "어떤가? 조각이라는 미술 작품도 따지고 보면 단순히 하나의 사물에 불과한 것 아닌가?" 하고 말이다.

이 작품의 피상적인 형상을 보면 단순한 산업용 납판이 놓여 있는 것에 불과하지만 작가의 창조적 의도가 녹아들어 있다는 생각을 하면 사물과 작품 어느 한쪽으로만 단정 짓기가 쉽지 않다. 한마디로 사물과 작품의 경계가 파괴된 모호한 상태가 만들어진 셈이다.

조각과 회화의 경계 파괴

안드레의 〈144개의 납판〉이 조각에서 높이를 제거함으로써 조각에 대한 우리의 선입견을 깬다면 그보다 더 과격한 방식으로 조각의 존재 방식에 끊임없이 문제를 제기해온 작가가 있다. 바로 정광호다. 다음에 소개하는 것은 그의 작품 〈꽃(The Flower)〉과 〈항아리(The Pot)〉다.

사물인가, 이미지인가?
그것도 아니라면 조각인가?

1
2

1 정광호, 〈항아리〉, 2008
2 정광호, 〈꽃〉, 2010

구리선으로 촘촘히 이어나간 꽃잎의 맥을 따라 다양한 공간들이 2차원 평면으로 무한히 뻗어간다. 평면을 따라 구리선으로 꽃잎을 형상화하고 있으니 평면회화로 봐도 좋겠다. 그러나 꽃잎을 이루는 구리선은 공간을 차지하면서 이미지를 만들어내고 있으니 공간 속에 존재하는 조각이라고 해야 옳을 법하다.

그렇다면 도대체 무엇이란 말인가? 그림인가? 아니면 조각인가? 작가의 말을 직접 들어보자.

"지금까지 내가 만들고자 한 것은 사물도 아니고 이미지도 아니지만 그렇다고 사물과 이미지를 떠나 있는 것도 아니다. 굳이 그것을 말할 수 있다면 사물과 이미지 사이로 좁혀 들어가는 것이라고밖에는 다른 도리가 없을 것이다."

작가의 말대로 그의 작품은 어느 한 영역에만 머무는 것이 아니라 사물과 이미지의 경계를 허물어 두 영역을 아우르는 새로운 질서 속에 존재한다. 다시 말해 그의 작품은 단순한 사물(또는 회화)과 조각의 틈새라는 새로운 영역에 속한다고 볼 수 있다.

작품 〈꽃〉도 그렇지만 특히 〈항아리〉 같은 경우는 조각의 내부가 훤히 보일 뿐만 아니라 텅 비어 있어서 조각의 무게감마저 찾을 수 없다. 어디가 조각의 안이고 밖인지도 구분할 수 없다. 조각이 갖는 기존의 통념을 벗어나서 가도 한참을 간 셈이다. 그렇다고 조각의 물성마저 저버린 것은 아니다. 형상을 이루는 구리선이 3차원 공간 속에 버젓이 존재하고 있으니 조각의 영역을 쉼 없이 넘나들고 있음을 알 수 있다.

이제 조금 전에 들었던 작가의 육성에 기대어 이런 생각을 해보는 것도 괜찮겠다. 회화의 환영과 재료의 물성을 공존시키면서 조각과 회화의 경계선을 모호하게 만들어버린 새로운 실험 정신으로 보자고 말이다. 즉 회화와 조각이라는 기존 경계를

?+!=?

인테러뱅interrobang은 물음표(?)와 감탄부호(!)가 결합된 문장부호로서 1962년 미국 광고 회사의 마틴 스펙터Martin Specter가 처음 사용하기 시작했다. 인테러뱅은 모호한 공간에서 쏟아내는 무수한 질문(?)에 상상력을 동원하여 스스로 감탄(!)을 마다하지 않는 새로운 세계를 찾아내는 것을 의미한다.

허물어 모호한 세계로 만든 뒤 새로운 창조 공간을 자유롭게 떠다녀보자고 말이다.

모호함, 호기심, 질문

히딩크 감독이 한국 축구를 원점에서 다시 보았듯이 조금 전 만난 작가들 역시 작품이 지닌 일상의 가치 경계를 허물어 모호한 백지 상태로 되돌려버렸다. 칼 안드레는 사물과 예술의 경계를 없애버렸는가 하면, 정광호는 조각과 그림의 장벽을 벗어나서 두 영역을 자유롭게 넘나들었다.

모호함은 기존 가치 경계를 파괴하여 모든 기준을 백지 상태로 되돌린 것을 의미한다. 경계가 파괴된 원점의 백지 상태는 새로운 공간을 가지게 된다. 모호함이 가져다준 이 새로운 공간에서 시인은 시를 쓰고, 화가는 그림을 그리고, 과학자는 새로운 법칙을 창조한다. 이런 의미에서 본다면 모호함의 세계란 창조를 위해 날개를 펴는 상상의 유희 공간이다.

이 새로운 공간은 기존의 어떤 가치 구조도 거부하기 때문에 마치 아무런 때가 묻지 않은 어린아이의 천진난만함과 같다. 이런 천진난만함은 아무런 가치 기준에도 얽매이지 않아 무한한 가능성을 열어가는 창조의 통로와 맞닿아 있다.

너무 잘 알려져 있는 사례지만 폴라로이드 카메라는 '모호함의 미학'을 제대로 보여준다. 편광필름 기술을 개발한 에드윈 랜드Edwin Land는 네 살짜리 딸에게서 "왜 사진을 지금 볼 수 없나요?"라는 투정 섞인 질문을 받고 생각에 잠겼다. 어린 딸의 단순한 질문은 랜드에게 사진 현상에 대한 기존의 가치 경계를 허무는 순간이 되어주었다. 말하자면 모든 것을 원점으로 되돌려서 모호한 상태로 만들었다는 이야기

"모호한 것들을 껴안으라.
그리고 그 안으로 들어가서
모호함의 정체를 파헤쳐라."

- 다 빈치

다 빈치의 육성을 들어보니 그 역시 모호함의 미학을 즐긴 것이 분명하다. 이런 사실은 작품 〈모나리자〉에도 잘 드러난다. 사람의 표정은 입매와 눈초리에서 결정된다고 한다. 다 빈치는 부드러운 색채로 윤곽을 희미하게 하는 스푸마토 기법으로 입매와 눈초리를 불분명하게 처리함으로써 표정을 모호하게 했다. 〈모나리자〉에게서 떠올리는 신비의 미소에는 다 빈치의 이런 비밀스러운 의도가 녹아 있다. 슬픔과 기쁨, 유혹과 순수함, 무상함과 영원함이 공존하는 듯한 〈모나리자〉의 미소는 어쩌면 영원히 풀 수 없는 다이달로스의 미궁일지도 모른다.

| 1 | 2 |

1 레오나르도 다 빈치, 〈자화상〉, 1512
2 레오나르도 다 빈치, 〈모나리자〉, 16세기

아이들이 그린 것 같은 천진한 그림으로 유명한 파울 클레는 "예술은 눈에 보이지 않는 것을 보듯이 하는 것"이라고 말했다.
기존의 관계들에 사로잡힌 어른들의 눈에는 그 하나를 제외한 다른 관계들은 보이지 않는다. 때로는 눈을 감아야 답이 보인다.

파울 클레, 〈무제〉, 1914

다. 그는 이 공간에서 상상력을 동원함으로써 결국 사진 기술에 일대 혁명을 몰고 온 폴라로이드를 개발했다.

뱁슨 경영대학원: 모호함을 교육하다

모호함에 대한 대처 능력이 경영자의 중요한 자질로 떠오른 것은 이미 오래전의 일이다. 1980년대 미국 경영자협회는 모호함에 잘 대처하는 경영인일수록 사업에 성공할 가능성이 높다는 연구보고서를 발표했다. 당시와 지금의 창조사회를 비교해보면 모호함에 대한 경영자의 자세도 엄청나게 달라져야 할 것 같다. 과거에는 모호함에 대해 지혜로운 자세를 가질 것을 환기시킨 정도였다면 지금은 모호함을 적극적으로 껴안고 그 상황을 즐기는 자세가 절실히 필요하다. 창조를 위해서라면 모호한 상황을 스스로 만들어서 창조를 위한 새로운 공간을 얻어야 하기 때문이다. 이런 점에서 뱁슨 경영대학원과 크랜필드 경영대학원이 시사하는 바가 크다.

매사추세츠 뱁슨 경영대학원은 기업가정신(창업) 교육 부문에서 가장 우수한 곳으로 평판이 높다(17년간 1위를 차지했다). 이곳에서 핵심이 되는 교육 방법은 경영자가 갖추어야 할 자질을 예술을 통해 가르치는 것이다.

새로운 시장 기회를 찾아내고 새로운 방법으로 업무를 혁신하는 일이야말로 요즘 경영자가 풀어야 할 가장 중요한 숙제다. 이 숙제를 풀기 위해서는 일상의 일일지라도 새로운 눈으로 관찰하고 새로운 방법으로 문제를 해석하는 능력을 배양해야 한다. 뱁슨 경영대학원은 이런 능력을 발휘하는 사람이 바로 예술가라는 사실에 주목했다. 경영자에게 예술가의 눈을 심어주는 것, 바로 이것이 뱁슨 경영대학원의 교육 철학이다.

그들은 이런 교육 철학을 달성하기 위해 "모호함이 당신의 친구(Ambiguity is your friend)"라는 캐치프레이즈를 내걸었다. 학생은 다양한 예술 분야를 전공한 교수들의 지도를 받으면서

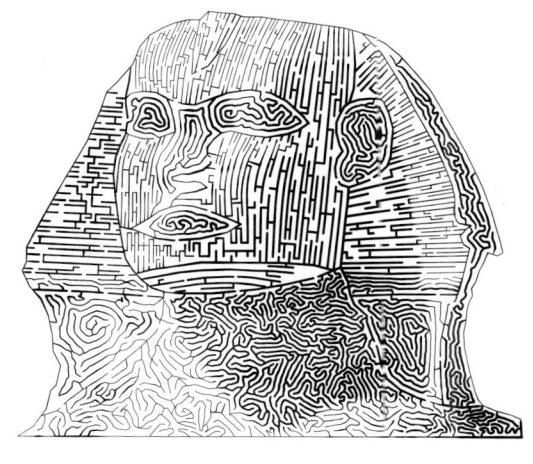

경영이란 미로 속에서 스스로 답을 찾는 과정

"창업자란 끝이 보이지 않는 동굴을 걷고 있는 사람이다."
– 뱁슨 경영대학원 제프리 교수

"미래 예측에 매달려서 모든 것을 예상 계획대로만 실행하면 사업에 실패할 가능성이 높아진다. 예측보다는 현실과 부딪쳐서 다양한 오류를 고쳐나가는 것이 훨씬 현명하다."
– 뱁슨 경영대학원 도나 켈리 교수

| 모호함: 경계를 파괴하고 신세계를 창조하는 힘 |

예술 활동을 직접 경험한다. 물론 교수는 학습 과정마다 모호한 경영 환경을 수시로 학생들에게 제시하고 학생은 이를 극복하는 방법을 스스로 찾아낸다. 이런 교육 과정 덕분에 불확실한 미래 상황을 해결하는 지혜를 터득하고, 색다른 교육 분야를 경험할 때마다 왕성한 호기심을 느낄 수 있다. 그 결과 환경에 부합되는 새로운 문제를 학생 스스로 만들어내고, 상상력을 동원해서 새로운 시각으로 문제를 해결하는 능력도 키울 수 있다.

영국의 크랜필드 경영대학원도 뱁슨 경영대학원과 비슷한 교육 과정을 운영한다. 이 대학원은 상상력을 불러일으키는 혁신적인 교육 방법을 개발하여 성공적으로 리더십 교육을 실천해간다. 이들은 영국 글로브 극단의 도움을 받아 다른 사람에게 영향력을 미치는 방법이라든지 통솔력 같은 리더십의 기술적 문제를 효과적으로 교육하고 있다.

오티스 엘리베이터: "문제는 속도가 아니야!"

그렇다면 이런 식의 발상을 통해 정말 제품이나 브랜드의 혁신을 가져온 사례들이 있을까? 물론 있다. 우리가 매일 타는 엘리베이터 속에도 이런 '모호함의 아이디어'에서 나온 획기적인 혁신 사례가 들어 있다.

세계적인 엘리베이터 회사 오티스의 사례다. 지금이야 44층을 단 17초 만에 오르내리는 초고속 엘리베이터도 등장했지만 초창기만 해도 기술력이 약해 엘리베이터의 속도 문제가 줄곧 고민거리였다. 엘리베이터의 속도를 높이기 위해서는 상당한 비용과 시간이 드니까 말이다. 당시 회사의 임직원들은 대부분 기술 개발을 통해 속도를 올려야 한다는 생각에만 빠져 있었다.

그러나 실상 이 문제를 해결한 것은 기술 개발자가 아니라 엘리베이터를 관리하는 여성이었다. 그녀가 제안한 방법은 엘리베이터 안에 거울을 다는 것이었다. 그러자 전에는 우두커니 서서 느리게 오르내리는 층수만 바라보던 사람들이 거울에 비친 자기 모습을 들여다보기 시작했고, 곧 출근길에 거울을 보면서 화장을 고치고 옷매무새를 다듬는 것이 일상이 되었다. 엘리베이터 속의 시간은 '지루하게 기다리는 시간'에서 '잽싸게 외모를 다듬는 시간'으로 바뀌었다. 사람들은 더 이상 엘리베이터가 느리다고 불평하지 않았다. 만약 기술 개발자들이 그랬듯이 '고객의 불만=속도'라는 선입견에만 집중했다면 이런 결과는 나오지 않았을 것이다. 다행히도 그 여성은 기술에 대해 아는 바가 전혀 없었기에 고객의 입장에서 모든 가능성을 열어놓고 생각할 수 있었고, 결국 '고객의 불만=지루함'이라는 진짜 원인을 알아낼 수 있었다. 모든 가능성을 열어놓는다는 것, 모호함이 주는 중요한 가치다.

본죽: 죽은 환자식이 아닌 건강식

웰빙 붐을 타고 인기가 높은 본죽의 사례를 보자. 죽은 원래 적은 재료로 보다 많은 사람이 배불리 먹을 수 있도록 조리한 것이다. 그런데 언제부터인가 죽은 환자나 노약자를 위한 음식으로 자리 잡았다. 이런 사실을 모르는 사람은 없다. 그래서 수많은 외식 업체가 나타났어도 죽만 전문으로 파는 외식 체인은 없었다.

하지만 본죽은 누구나 알고 있던 이 사실을 문제 삼았다. "죽은 꼭 환자만 먹어야 하는가? 건강한 사람도 먹을 수는 없을까? 아니, 오히려 아픈 사람에게 권하는 음식은 그 어떤 음식보다 건강식이 아닐까?" 죽에 대한 기존의 가치 경계를 허물고 새로운 가능성의 공간을 여는 질문이었다. "왜 안돼?"라는 대답을 얻은 그들은 상상력을 동원해서 다양한 메뉴를 개발하고 죽에 웰빙 이미지를 심었다.

병원 인근에만 있던 죽집이 주택가는 물론 사람들의 왕래가 잦은 도심지에도 들어섰다. 낙지김치죽, 게살죽, 바지락죽 등 요리의 느낌이 나는 메뉴들로 직장인들의 점심시간을 붙잡았다. 본죽은 국내시장은 물론 일본, 미국 등 해외시장으로 뻗어 나가면서 한국의 음식 문화를 알리는 첨병 역할도 톡톡히 해낸다. 기존의 가치 구조를 원점으로 되돌려서 모든 가능성의 세계를 열어젖힌 모호함의 미학을 보여주는 또 다른 사례다.

모호함의 미학과 광고

파리 센 강에는 30여 개의 다리가 있다. 퐁네프 다리도 그중 하나다. 퐁네프 다리는 특별히 아름답거나 기억할 만한 이야기를 간직하고 있지도 않다. 그런데 이 다리를 기억하는 사람은 의외로 많다. 평범하기 짝이 없는 이 다리에 많은 사람이 관심을 가지는 이유를 굳이 찾는다면 두 가지다.

하나는 1991년 개봉했던 〈퐁네프의 연인들〉이라는 영화다. 이 영화가 개봉된 후 퐁네프 다리는 파리를 찾는 젊은 연인들의 필수 코스가 된 지 오래다.

퐁네프 다리가 사람들의 관심거리가 되는 데 커다란 역할을 한 또 다른 이벤트가 있다.

영화가 개봉되기 6년 전 설치 미술가인 크리스토와 잔 클로드 부부가 이 다리

: 천으로 가린 퐁네프 다리

잊혀졌던 퐁네프 다리가 거대한 천 하나로
사람들의 관심을 받기 시작했다.
천으로 다리가 가려지자
사람들은 그 모호함에 궁금증을 갖기 시작했고
이후 퐁네프 다리는 파리의 명물로 새롭게 자리 잡았다.

를 천으로 감싸버린 것이다. 15일 동안 천으로 둘러싸인 퐁네프 다리를 두고 수많은 논란과 흥분이 뒤따랐다.

전에는 누구도 관심을 주지 않던 다리를 둘러싸고 수많은 말들이 오갔다. "다리를 해체하는 건가?" "보수공사를 하는 건가?" "큰 문제가 없는 다리니 난간에 장식을 할지도 몰라" 등등. 의문은 꼬리에 꼬리를 물었다.

| **모호함**: 경계를 파괴하고 신세계를 창조하는 힘 |

보름 후 퍼포먼스 마지막 날 다리를 감싼 천이 걷혔다. 보름 동안 천으로 감싸여 있었다는 사실을 제외하면 예전과 달라진 것이 없는 모습이었다. 그런데 이상한 일이 일어났다. 사람들이 다리를 보는 눈이 달라진 것이다. 어느 누구도 눈길을 주지 않던 다리가 이제는 온갖 화제를 몰고 오면서 사람들의 마음속으로 비집고 들어왔다. 천으로 시각이 차단되자 이전의 모든 이미지가 백지 상태로 돌아가면서 모호함의 세계가 펼쳐졌다. 모호한 세계는 다시 숱한 궁금증과 호기심을 유발했고, 퐁네프는 파리의 새로운 관심거리로 되살아났다. 센 강을 가르는 많은 다리 중 유독 퐁네프 다리가 영화의 무대가 된 것도 따지고 보면 크리스토와 잔 클로드의 퍼포먼스 덕분은 아닌지 모르겠다.

베네통: 원색 이질성의 충격

모호함의 미학이 가져다주는 이런 효과를 비즈니스 광고에 접목시킨 것이 바로 티저광고다. 티저광고의 핵심은 호기심을 유발하기 위해 애매한 메시지나 이미지를 활용하는 데 있다. 이 메시지와 이미지의 기본 속성은 모호함의 미학에 뿌리를 내리고 있다. 몇 가지 사례를 보자.

2006년 10월 10일 오후 7시 파리 조르주 퐁피두 국립미술문화센터 1층. 황홀한 조명이 춤추는 로비에 150미터의 특설 무대가 설치되어 있다. 무대 위에서 남녀 모델이 특유의 몸짓으로 관객을 사로잡는다. 탄성과 한숨 소리에 휘말려 모델도 관객도 모두 한 몸이 된다.

이 패션쇼는 의류 업체인 베네통이 창립 40주년을 맞아 준비한 것이다.

베네통 광고는 그야말로 의문투성이다. 낯선 구도와 원색 대비로 보는 사람들의 호기심을 자아내며 강렬하게 각인되는 효과를 불러일으킨다.

베네통 이미지에 걸맞게 모델의 패션도 온통 원색의 물결이다. 패션쇼가 끝나고 백발의 동안 루치아노 베네통Luciano Benetton이 무대 위로 나와 관객에게 인사를 건넨다.

"베네통이 성장할 수 있었던 원동력은 무엇인지요?"

베네통 회장이 미리 준비한 듯 바로 대답한다.

"호기심입니다."

베네통은 어린 시절부터 호기심에 가득 차 있었다. 소년 가장으로 양복점에서 일할 때의 이야기다. 베네통은 자투리 천으로 나비넥타이를 만들어 매고 다녔다. 당시 이탈리아는 2차 대전 패전국이었다. 암울한 사회 분위기 탓인지 옷 색깔도 검은색 아니면 회색이 주류였다. 그런데 베네통의 나비넥타이는 빨강, 노랑, 파랑 등의 자투리 천으로 만든 것이다 보니 화려하다 못해 요란할 정도였다.

이것이 나이 든 양복점 주인에게 곱게 보일 리 없었다. 서커스 광대 같다는 핀잔을 들었지만 베네통은 원색에 대한 호기심을 굽히지 않았다. 그는 아끼던 악기 콘서티나와 동생의 자전거를 팔아 낡은 편물기를 한 대 구입했다. 그리고 이 편물기로 화려한 원색의 스웨터를 짜서 팔기 시작했다. 온통 무채색인 세상에서 원색에 대한 호기심을 포기할 수 없었던 루치아노 베네통의 발상은 대성공이었다.

베네통의 호기심은 어디에서 나왔을까? 그 답은 바로 '모호함의 미학'이다. 베네통은 당시 의류업계의 고질적인 생각들을 허물고 어떤 것도 결정되지 않은 모호한 상태로 만들었다. 그는 이 낯선 공간에 끊임없는 질문을 쏟아내면서 원색에 대한 호기심을 불러일으킨 것이다.

제품 개발에 활용된 이런 모호함의 미학은 베네통의 독특한 광고 기법에도 잘 녹아 있다. 베네통의 광고는 한마디로 의문투성이다.

신부와 수녀가 입을 맞추는 장면, 흑인 여자의 젖을 빠는 백인 아기, 기름에 범벅이 된 오리, 심지어는 베네통 자신의 누드 사진 등이 버젓이 광고에 등장한다. 물론 사회적 이슈에 초점을 모은 것이라지만 의류와는 아무 관계도 없는 광고이다 보니 궁금증만 쌓일 뿐이다. 베네통 광고에 담긴 이 모호함은 결국 사람들의 머릿속에 수많은 물음표를 각인시키고 호기심을 불러일으켜서 엄청난 광고 효과를 몰고 왔다.

베네통과 비슷한 사례가 한국에도 있었다. SK텔레콤의 휴대전화 광고인 TTL 광고의 콘셉트 역시 '모호함'이었다.

TTL광고는 신세대의 왕성한 호기심에 초점을 맞춘 광고 전략으로 한때 세간의 화제가 됐다. 광고 내용의 모호함도 관심거리지만 TTL이 무엇을 의미하는지에 대한 궁금증도 더해갔다. 이 궁금증은 신세대뿐만 아니라 기성세대에게까지 신드롬처럼 번져나갔다.

당시 SK텔레콤은 시장을 확대하기 위해 신세대를 회원으로 끌어들여야 했다. 그러나 그때만 해도 스피드 011은 기성세대가 사용하는 통신 서비스로 알려져 있었기 때문에 쉬운 문제가 아니었다. 이것을 해결하기 위해 마케팅 본부는 고심 끝에 신세대의 호기심을 끌어내는 것이 중요하다는 결론을 내렸다. 그렇다면 단순한 직접광고보다 모호한 광고 내용이 찰떡궁합 아닌가.

이런 광고 콘셉트를 반영하기 위해 SK는 광고 모델도 신인으로 썼고, 화면도 어항, 물고기, 죽은 사과나무 등 모호한 콘텐츠로 구성했다. 결과는 대성공이었다. 덕분에 SK는 당초 목표의 두 배가 넘는 100만 명의 회원을 확보할 수 있었다.

베네통과 TTL의 사례에서 알 수 있듯이 '모호함의 미학'이란 비즈니스 광고뿐만 아니라 일반 광고에도 아주 유용하게 활용할 수 있는 효과적인 발상이다.

| 모호함: 경계를 파괴하고 신세계를 창조하는 힘 |

애플: 세계 제일의 가십공장

2010년 1월 말 샌프란시스코 예르바 부에나 센터. 세계의 시선은 애플 CEO 스티브 잡스가 대중 앞에 처음으로 선보이는 아이패드에 쏠려 있었다. 아이패드에 대한 사전 정보를 어디에서도 찾을 수 없었기 때문에 사람들의 관심은 클 수밖에 없었다. 수많은 추측과 루머가 들끓었으나 애플은 침묵만 지켰다. 제휴 업체 역시 입을 다물었다. 그러다 보니 애플 제품에 대한 정보와 루머를 전문으로 다루는 맥루머닷컴macrumors.com이나 애플인사이더닷컴appleinsider.com 같은 희한한 사이트까지 등장했다.

애플은 신제품에 대한 정보를 명확히 알리는 법이 없다. 모든 정보를 모호함 속에 파묻어 궁금증과 호기심을 유발하는 철저히 계산된 신비주의 마케팅 전략 때문이다. 2005년 음반 시장을 뒤흔든 아이팟을 소개할 때도 이 원칙은 그대로 지켜졌다. 청바지의 동전주머니를 뒤져 아이팟을 꺼낼 때까지만 해도 아이팟에 대해 들은 사람은 단 한 명도 없었다. 2008년 맥북에어나 2009년 아이폰3G를 발표할 때도 애플의 비밀주의는 그대로였다. 심지어 개발 중이던 아이폰4 프로토타입이 직원의 실수로 세상에 먼저 공개되었을 때도 애플은 논평을 자제하고 반환 요청만 했다. 아이폰4에 대한 세간의 관심은 그 어느 때보다 높아졌음은 물론이다.

애플은 강력한 브랜드 파워와 세상을 깜짝 놀라게 하는 독창적 제품을 보유했기에 신비주의 마케팅도 효과가 뛰어날 수밖에 없다. 하지만 단지 제품만 판매하는 것이 아니라 사용자의 경험도 판다고 자부하기에 이런 모호함은 애플의 브랜드 이미지에 크게 기여한다. 무궁무진하게 새로운 어떤 것이 들어 있을 것 같은 제품 기대감, 이제는 의식(ritual)이 되다시피 한 애플의 신제품 발표회, 전통적인 산업 분야의 경계를 넘나드는 제품 라인업 등 애플은 모호함과 신비주의를 한껏 이용하는 회사다. 이런 모호함이 불러온 궁금증과 호기심은 기대 이상의 멋진 결과를 가져다준다.

모호함의 '리셋 효과'

이제까지 살펴보았듯, 모호함이란 기존의 연결고리들을 끊어내는 작업이다. 기존의 연결고리란 과거의 해법, 즉 문제를 풀기 위해 예전에 제시됐던 솔루션이다. 강을 건너기 위한 퐁네프 다리, 환자를 위한 죽이 그런 솔루션들이다. 이런 연결고리들은 일정한 기능을 수행하기 때문에 특수한 상황이 아닌 한 그것들을 새롭게 바라보기는 어렵다. '강을 건너게 한다'는 기능을 떼면 다리는 다리가 아니게 된다. 상식의 관점에서는.

예술가는 이 지점에서 'Why Not?'이라고 묻는 사람이다. 이제는 기업가도 그래야 한다. 모든 것을 해결 이전 상황으로 돌려놓고 다시 문제 상황과 마주해야 한다. 새로운 해답을 적기 위한 칠판 지우기, 성공 공식을 리셋reset하는 '버림의 작업', 이것이 모호함의 본질이다. 그리고 이것은 다음 장에서 보게 될 '일상타파'와 함께 새로운 솔루션을 위한 공간을 마련한다.

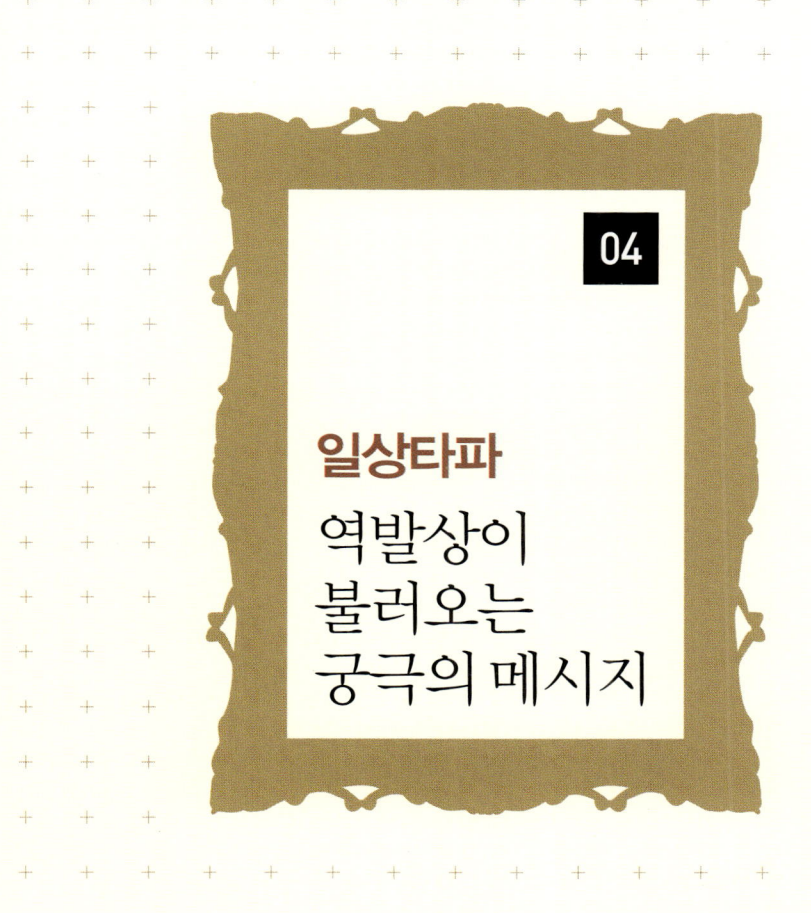

일상타파

역발상이
불러오는
궁극의 메시지

04

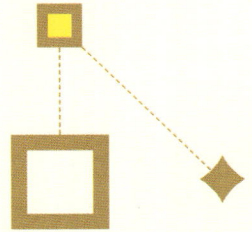

마르셀 뒤샹은 변기로, 메레 오펜하임은 찻잔으로
고정관념을 타파해 새로운 예술의 경지를 열었다.
일상을 타파하는 발상 전환은
새로운 돌파구를 찾아주기도 하고,
기존의 가치를 파괴해 더 큰 가치를 제시하기도 한다.

뒤샹의 〈샘〉: "이것도 미술이라고?"

마르셀 뒤샹Marcel Duchamp의 작품 〈샘〉이 전시된 파리국립미술관. 작품 앞에 서 있는 사람들은 하나같이 벌레 씹은 얼굴이다.

"아! 이건 해도 해도 너무한다."

처음 이 작품을 대하는 대부분의 사람들이 같은 반응을 보인다. 남자 화장실에서 매일 마주치는 이 소변기를 어떻게 미술 작품이라고 할 수 있는가! 게다가 작가가 직접 만들지도 않은 실제 변기를 가져다둔 것뿐인데 어떻게 작품이라고 할 수 있단 말인가! 정말 모를 일이다. 현대미술이 관객을 무시한다는 말은 종종 들었지만 이건 무시가 아니라 아예 작정하고 모독하는 것 같다. 종잡을 수 없는 미술 세계다.

뒤샹은 1차 대전이 불러온 대량 살상과 파괴에 회의를 느끼고 기존의 사회 통념에 반기를 든 다다이즘Dadaism의 대표 화가다. 화가 장 아르프Jean Arp가 취리히의

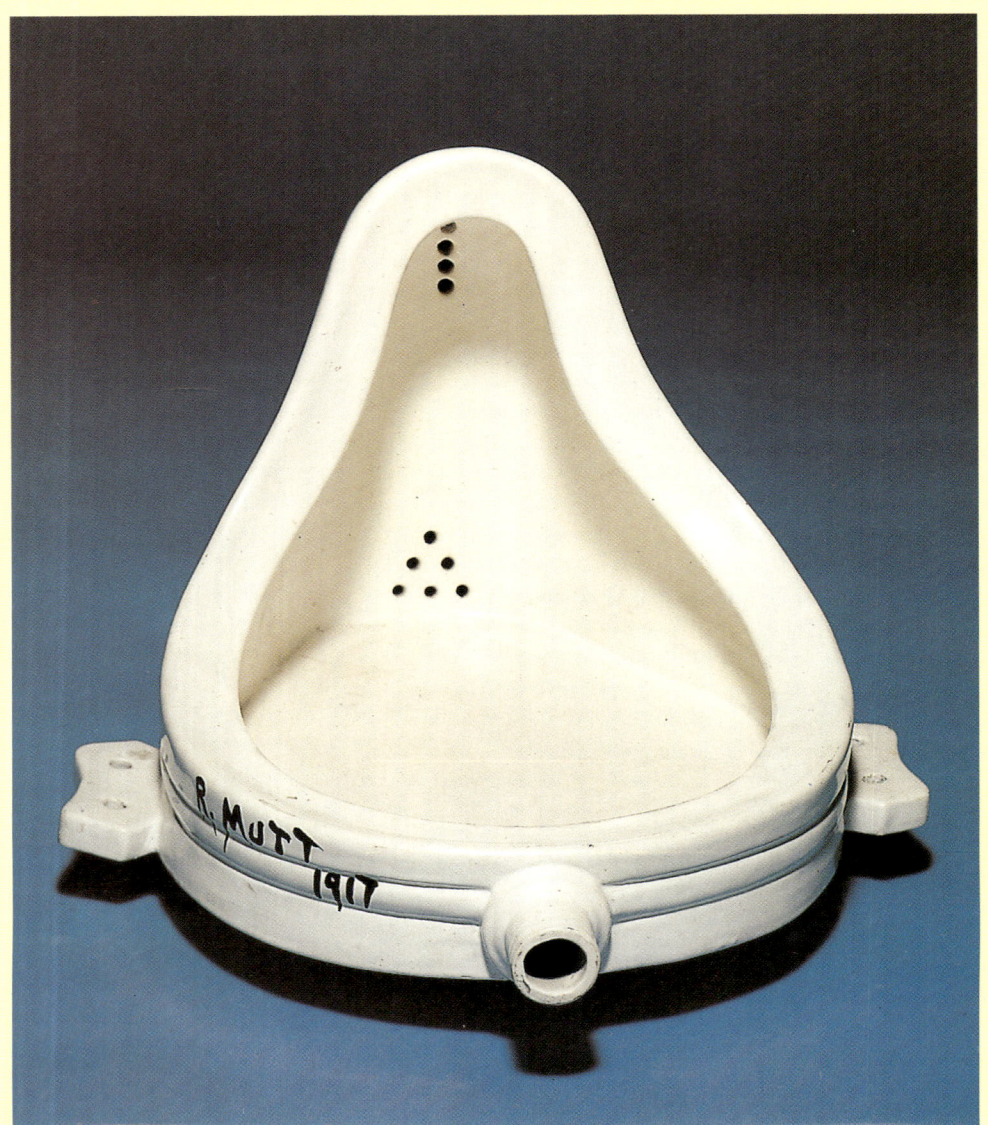

: 마르셀 뒤샹, 〈샘〉, 1917

이것도 예술이라고?
화장실에서 변기를 하나 가져다놓았을 뿐인데?

그런데 그래서 예술이다. 화장실에 있으면 단순한 변기에 불과하지만 변기는 화장실에 있어야 한다는 고정관념을 깨고 공간을 옮겨 왔을 때 이 변기는 하나의 예술 작품으로 뒤바뀔 수 있는 것이다.

카바레 볼테르에서 "기존의 모든 것을 부정한다."는 선언을 하면서 시작된 다다이즘은 뉴욕으로 건너가 미국이 현대미술의 중심지가 될 발판을 마련해주었다.

뒤샹의 〈샘〉은 이런 다다이즘의 대표적 작품이다. 〈샘〉은 뉴욕에서 열린 제1회 앙데팡당 전에 처음 출품되었을 때 심한 푸대접을 받았다. 앙데팡당 전은 원래 어떤 작품도 심사하지 않고 전시하는 것이 원칙이었는데 유독 이 작품만은 반도덕적인 표절작이라는 이유로 전시가 거부되었다. 그도 그럴 것이 상품으로 판매되는 소변기를 사서 R. 머트R. Mutt라는 서명만 하고 출품했으니 아무리 새로운 실험정신에 목말라 하던 뉴욕 미술계라도 반발할 수밖에 없었다.

이런 뉴욕 미술계의 반응에 뒤샹은 유명한 〈리처드 머트 사건〉이란 글로 반박하고 나섰다.

소변기가 불결하다는 이유로 전시가 거부되었다면 이것은 소변기에 대한 고정관념이 불결한 것이고 실제 출품된 소변기라는 실물은 이러한 관념과는 달리 아주 깨끗한 것이다. …… 소변기를 그대로 그리지 않았다고 전시를 거부했다면 그것을 가장 잘 표현한 것은 무엇이란 말인가? 바로 소변기 그 자체가 아닌가?

뒤샹은 마지막으로 아주 의미심장한 말을 또 던졌다.

소변기를 직접 그리거나 만들지 않았다고 해서 전시를 거부했다면 직접 그리거나 만드는 것만이 창조의 전부인가? 이미 있는 것을 선택해서 보여주는 것은 창조가 아닌가?

작가가 직접 그리거나 만드는 것에만 의미를 부여했던 미술 세계에 뒤샹은 과감한 도전장을 던졌다. 뒤샹은 창조 활동을 크게 확대해서 직접 그리거나 만드는 것부터 독특한 시각으로 선택을 하는 창조적인 정신 활동까지도 예술의 영역에 포함시켜야 한다고 주장한 것이다.

이런 뒤샹의 미술 정신은 당시 미술계에 엄청난 충격을 주었다. 그는 창조의 개념이 어떤 대상을 '선택'하는 경지로까지 확대되는 현대미술의 새로운 지평을 열어준 것이다. 알타미라 동굴벽화가 그려질 때부터 미술계를 지배해왔던 끈질긴 고정관념을 통쾌하게 깨부순 쾌거가 아니고 무엇이겠는가?

'선택'이라는 개념을 제시한 뒤샹의 〈샘〉을 보다 보면 이런 시 구절이 떠오른다.

내가 그의 이름을 불러주기 전에는
그는 다만
하나의 몸짓에 지나지 않았다.

내가 그의 이름을 불러주었을 때
그는 나에게로 와서
꽃이 되었다.
- 김춘수, 〈꽃〉에서

시인이 이름을 불러주자 꽃이라는 생명이 태어났듯이 뒤샹의 '선택'을 받은 소변기도 예술 작품으로 새로운 생명을 가지게 된 셈이다. 뒤샹의 〈샘〉은 예술의 진정한 가치는 창조 활동의 결과물에만 있지 않고 그 과정에도 존재한다는 것을 통쾌하

빈 볼펜 케이스에 소비자가 고른 볼펜 심을 끼울 수 있게 한 미쓰비시의 스타일핏 멀티펜 시리즈.

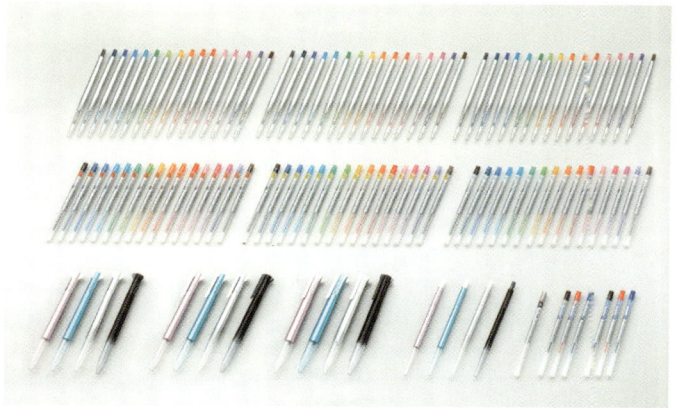

'선택'이라는 상품

때로는 '선택' 자체가 상품이 되기도 한다. 최근 멀티펜 시장은 '완제품 펜을 판다'는 고정관념을 과감히 버리고 소비자가 심의 색깔을 선택해서 조합할 수 있는 상품을 개발해 인기를 얻고 있다. 거의 비슷한 사양의 노트북에 다른 가격을 붙인 애플의 정책 역시 마찬가지다. '선택'은 예술인 동시에 마케팅이다.

애플의 맥북은 검은색이 흰색보다 200달러 가량 더 비싸다. 사양의 차이는 거의 없지만 소비자들이 검은색을 선호하기 때문이다.

게 보여준다.

오펜하임: 일상을 넘어 경이로움으로

여기는 다시 뉴욕현대미술관. 소장 작품이 풍부하여 색다른 생각을 펼치기에 더할 수 없이 좋은 곳이다. 여기서 메레 오펜하임Méret Oppenheim의 작품 〈오브제 혹은 모피로 덮인 찻잔〉을 만나보자.

보이는 대로 모피로 감싼 찻잔과 받침과 찻숟가락이 작품의 전부다. 뒤샹의 〈샘〉이 소변기 하나만으로 이루어진 반면 이 작품은 세 부분으로 구성되어 그럴싸해 보일지도 모르지만 황당하기는 마찬가지다. 찻잔과 모피의 원래 기능과 목적이 완전히 없어졌기 때문이다.

찻잔과 모피. 굳이 두 대상의 연결고리를 찾는다면 몸을 따뜻하게 해준다는 점 밖에 없다. 냉정하게 생각해보면 두 대상은 완전히 다른 별개의 사물일 뿐이다. 그런데 공통점을 중심으로 두 사물을 결합시키는 순간 각자가 가진 본질적인 기능은 사라져버렸다.

찻잔으로 차를 마시고 모피로 몸을 감싼다는 너무나 일상적인 생각을 이 작은 작품이 하루아침에 깨부순 것이다. 우리는 그 앞에서 찻잔의 '액체를 담을 수 있음', 모피의 '입을 수 있음'이야말로 기능의 본질이었음을 새삼 깨닫는다. 단지 찻잔 모양이라서, 털이 달려서 유용했던 것이 아님을 말이다.

이처럼 단 한 번도 의심하지 않았던 일상의 생각들이 이 작품 앞에서 무참히 무너져 내린다. 그렇다면 모피로 감싼 이 찻잔으로 무엇을 할 수 있단 말인가? 그 대답

: 메레 오펜하임, 〈오브제 혹은 모피로 덮인 찻잔〉, 1936

이 작품은 오펜하임이 파리의 한 카페에서 파블로 피카소와 그의 연인 도라 마르와 나누었던 대화에서 비롯되었다. 피카소는 털로 가장자리를 두른 오펜하임의 팔찌를 보고 모든 것을 모피로 덮어버리면 어떻겠느냐고 제안했다. 이에 오펜하임은 찻잔과 받침까지 모피로 감싸는 아이디어를 떠올리고는 백화점에서 찻잔, 받침, 찻숟가락을 사서 영양의 털로 감싸버렸다. 그러니까 이 작품은 그리 오래 구상한 작품이 아니다.

은 전적으로 감상자의 생각에 달려 있다. 하지만 다시 한 번 보자. 이 작품에는 뭐라고 말할 수 없는 시각적 쾌감이 있다. 로트레아몽Comte de Lautréamont의 말처럼 "해부대 위에서 우산과 재봉틀이 우연히 만난 것처럼 아름답다."고는 할 수 없을지라도 말이다.

〈샘〉과 〈오브제 혹은 모피로 덮인 찻잔〉은 일상의 틀에 갇혀 있는 고정관념을 파괴하는 것이 또 다른 창조의 원천이 된다는 사실을 잘 보여준다. 너무나 당연한 말이지만 이런 사실이 미술 세계에서만 통용되는 것은 아니다. 비즈니스 활동이나 평소 생활에서도 일상성을 타파하는 발상의 전환은 새로운 세계를 열어나가는 원동력이 되어준다. 이는 귀가 따갑도록 들어온 말이 아닌가.

매슈 본의 〈백조의 호수〉: 가장 중요한 것을 바꿔라

2007년 7월 4일 오후 7시 30분.
서울 LG아트센터. 장마철답게 비가 계속 내린다.
이번에 감상할 작품은 차이콥스키Pyotr Tchaikovsky의 〈백조의 호수〉다. 백조로 변한 오데트 공주와 지그프리드 왕자의 사랑 이야기를 담은 세계 최고의 발레 작품이다. 그런데 입구에 붙어 있는 포스터를 보니 좀 심상치 않다.
공연 팸플릿을 자세히 살펴보자. 이런 글들이 눈에 들어온다.

Think New.
모든 것은 변한다.

130년 동안 백조는 여자였다.

그렇다. 130년 전의 차이콥스키 원작을 새롭게 재해석한 매슈 본Matthew Bourne의 댄스 뮤지컬 〈백조의 호수〉를 보기 위해 다들 이곳을 찾은 것이다.
포스터의 "Think New(새롭게 생각하라)"를 보고 떠오르는 말이 없는가? 애플 사의 스티브 잡스가 한 "Think Different"와 같은 뜻의 말이 아닌가? 그렇다. 매슈 본은 130년 동안 변하지 않은 〈백조의 호수〉 각본을 비틀고 뒤집어서 1960년대 영국 왕실의 이야기로 'Think New' 했다.
그뿐만이 아니다. 정작 충격을 준 것은 백조 역의 우아한 프리마돈나를 격투기 선수 같은 남자 무용수로 바꿔치기한 데 있다. 130년 동안 무수한 사람들이 〈백조의 호수〉를 쉼 없이 만났지만 근육질의 남자 무용수가 우아한 백조 역을 맡으리라는 생각은 어느 누구도 하지 않았다. 심장이 멎는 것 같은 충격이 아닐 수 없다. 발레가 사라지지 않고 음악이 끝나지 않는 한 오데트 역의 백조는 영원히 여자 무용수의 몫이라고 철석같이 믿어오지 않았는가? 그런데 이 고정관념을, 아니 고정관념이라기보다는 절대 변할 수 없는 철칙을 매슈 본은 보기 좋게 깨버렸다. 어떻게 보면 뒤샹이나 오펜하임과는 비교도 할 수 없는 엄청난 반전이다. 백조가 남자일 수 있다니 말이다.
그렇다면 〈백조의 호수〉에 녹아 있는 이런 고정관념을 송두리째 비틀고 뒤엎어버린 이 작품에 대해 관객은 어떤 반응을 보였을까?
먼저 중견 기업을 운영하는 여성 CEO의 말이다.

"사실 저는 몇 년 전 영국 코벤트가든에서 〈백조의 호수〉를 봤습니다. 저도 주인공 백조 역은 발레리나가 맡는 것이 너무나 당연하다고 생각했습니다. 그런데 오늘은 남자 무용수인 발레리노가 주인공 백조 역을 하기에 처음에는 어리둥절하고 이상했죠. 그러나 극이 전개되고 시간이 흐르자 백조로 등장한 남자 무용수들의 힘찬 동작, 경쾌한 스텝, 무대를 압도하는 카리스마에 점점 빠져드는 것을 느꼈습니다. 팽팽한 긴장감이 극에 달하다가 일시에 폭발해버리는 엄청난 에너지를 연출하기에는 남자 무용수가 제격이라는 사실을 어느 순간 분명히 깨달았습니다. 차이콥스키의 고전 발레에만 익숙해져 있는 우리에게 매슈 본은 정말 신선한 충격을 주었다고 봅니다."

또 다른 사람의 이야기.

〈백조의 호수〉 하면 공주와 왕자의 순애보 같은 러브스토리만 줄곧 생각했습니다. 사실 이런 스토리가 바뀔 거라고는 꿈에도 생각 못했죠. 그런데 오늘 감상한 매슈 본의 극본은 상당히 가슴에 와 닿습니다. 단순한 사랑 이야기를 넘어 진정한 자아를 찾아가는 주인공 왕자의 이야기가 신선하면서도 인상적이더군요.

매슈 본의 〈백조의 호수〉에 대한 반응은 가히 폭발적이다. 1995년 초연된 이후 영국과 미국의 공연 시장에서 가장 롱런한 무용극으로 네 차례의 한국 공연 역시 매진 사례를 이어나갔다.

: 매슈 본의 〈백조의 호수〉 중 한 장면

지금까지 보던 〈백조의 호수〉와는 많이 다르다.
여자 발레리나가 우아한 포즈를 취하는 대신
근육이 울퉁불퉁한 남자 발레리노들이
격투기를 하는 듯한 동작을 취하고 있다.

경로의존성: 고정관념이라는 족쇄

일상성의 타파는 이미 익숙해져 있는 기존의 가치 구조를 파괴하여 기존 가치에 새로운 가치를 더하는 것을 말한다. 이 일은 결코 쉽지는 않다. 경영이론가인 톰 피터스Tom Peters는 《혁신 경영》에서 "세상에서 가장 어려운 일은 사람들로 하여금 새로운 아이디어를 수용하게 하는 것이 아니라 과거의 아이디어를 잊게 하는 것"이라고 말한다.

스탠퍼드 대학교의 경제사학자 폴 데이비드Paul David 교수와 브라이언 아서Brian Arthur 교수는 경로의존성(path dependency)이라는 개념을 들어 기존의 생각이나 행동을 변화시키는 것이 얼마나 어려운지를 설명한다.

자주 거론되는 우주로켓의 사례를 들어보자. 2007년 8월에 발사된 우주왕복선 엔데버 호의 연료탱크에는 두 개의 솔리드 로켓 부스터가 붙어 있었다. 로켓 발사를 책임지고 있는 기술자들은 이 연료탱크를 더 크게 만들고 싶었지만 말 두 마리의 엉덩이 크기를 벗어날 수 없었다. 왜 그럴까? 대답은 의외로 간단하다. 심각한 기술적 문제가 아니라 철로 때문이다. 공장에서 만든 추진 로켓은 철로를 이용하여 발사대로 운반된다. 이때 추진 로켓의 크기가 철로 폭보다 크면 터널을 통과할 수 없다. 따라서 추진 로켓을 철로 폭에 맞춰 설계할 수밖에 없었다.

철로 폭은 말 두 마리의 엉덩이 크기와 같다. 그 유례를 알려면 2000년 전 로마 시대로 거슬러 올라가야 한다. 로마는 말 두 마리가 끄는 전차가 달릴 수 있도록 유럽 전역에 길을 만들었다. 이때부터 유럽의 표준도로는 말 두 마리의 엉덩이 폭에 맞게 설계되었고 산업혁명 당시 영국은 이 도로 위에 철로를 깔았다. 이렇게 말 두 마리의 엉덩이 크기로 유럽의 철로 폭이 결정되자 미국도 그대로 따랐다. 결국 말 두

철도의 영국과 자동차의 미국

일상성에 안주하느냐 과감히 모험을 감행하느냐는 때로 국민성에 영향을 미친다. 전통을 중시하는 영국은 기차로 산업혁명을 일궈내며 한때 세계의 공장으로 군림했지만 곧 자동차와 프런티어 정신으로 대표되는 미국에 추월당했다. 컨베이어벨트를 도입한 포드의 혁신적인 생산방식은 자동차를 서민들의 상품으로 만들었고 자동차는 당시 최고의 운송수단이었던 철도를 제치고 미국을 대표하는 아이콘이 되었다.

: 포드 모델 T, 1908

: 조지 스티븐슨의 로켓 호, 1829

마리의 엉덩이 크기가 지닌 경로의존성은 로마 시대에서 시작하여 중세와 근대를 거쳐 우주과학 시대에도 그대로 적용되었다. 경로의존성이 얼마나 무서운지를 실감할 수 있는 사례다.

그러나 이렇게 무서운 경로의존성도 일상을 벗어난 아이디어 하나로 깨부술 수 있고, 그 결과로 새로운 세계를 얻을 수도 있다.

라듐을 발견한 퀴리 부인의 이야기가 그 본보기다. 퀴리 부인은 라듐을 찾기 위해 4년 동안 거의 비슷한 실험을 무려 5676회나 했지만 매번 실패만 거듭했다. 1898년 12월 26일에도 라듐의 존재를 확인하지 못한 채 실망스럽게 밤을 지새우던 퀴리 부인의 머릿속에 이런 생각이 떠올랐다. 실험 후 남는 라듐의 양이 아주 적다면 눈에는 보이지 않아도 실험용기 바닥에는 깔려 있을지 모르겠다고. 실험실로 곧장 달려간 퀴리 부인은 작은 용기 밑바닥에서 은은히 뿜어 나오는 푸른빛을 확인할 수 있었다. 라듐이 인간의 역사에 처음으로 모습을 드러내는 순간이었다. 수많은 실험에서 라듐의 결정체를 관찰할 생각만 하던 퀴리 부인이 마지막 실험에서 빛을 확인하는 것으로 방법을 바꿈으로써 얻어낸 결과였다.

이 같은 경로의존성 사례들에서 보듯이 기존의 가치 질서를 거부하는 것은 쉬운 일이 아니다. 그러나 경영 환경이 급변하는 경우라면 퀴리 부인처럼 일상을 벗어난 새로운 아이디어로 그 변화를 적극적으로 받아들여야 한다. 핵심역량도 환경의 변화에 따라 진화하는 마당에 과거의 생각이나 행동에 얽매여서 새로운 세계를 보지 못한다면 퇴보만이 있을 뿐이다.

생물학에는 '단속평형'이라는 모형이 있다. 이 모형에 따르면 어떤 상태는 상당 기간 안정성을 유지하다가 환경이 급변하면 안정성이 파괴되면서 새로운 균형 상태가 만들어진다고 한다. 기업도 살아 있는 생물과 같다. 생물학에 적용되는 단속평형 모형처럼 기업 환경이 변하면 기존의 생각이나 행동을 의도적으로 허물고 새로운 가능성의 문을 열어야 한다.

여기는 스페인 구겐하임 빌바오미술관.

직선의 단순미 대신 곡선의 유연한 아름다움이 돋보인다. 금빛으로 환하게 물든 외벽이 눈부시다. 미술관의 외벽은 비행기 외장재인 티타늄으로 덮여 있어서 밝은 날은 금빛으로, 흐린 날은 은빛으로 반짝인다.

빌바오는 인구 35만 명의 작은 항구도시로 1980년대 초반까지만 해도 제철소와 조선소가 밀집된 공업도시였다. 그러나 1980년대 중반 철강업이 쇠퇴하면서 실업률이 30퍼센트에 달하는 절망의 도시로 변하고 말았다. 바스크 주정부는 쇠락의 길로 들어선 빌바오를 살리기 위해 머리를 맞댔다. 철광 광산이 문을 닫으면 연관 산업도 몰락할 수밖에 없다는 철칙이 일상의 생각이었지만 바스크 주정부는 이런 통념을 깨고 새로운 가능성의 문을 열었다. 그들이 내린 결론은 뜻밖에도 빌바오를 문화예술 도시로 탈바꿈시킨다는 것이었다. 폐광, 녹슨 제철소, 매연에 덮인 공업도시를 문화예술 도시로 바꾸겠다는 생각은 너무나 상식을 벗어나서 실현 가능성에 의문을 품지 않는 사람이 없었다. 그들은 핵심 사업으로 뉴욕에 소재한 세계적인 구겐하임미술관 분관을 빌바오에 유치하기로 했다. 이 계획이 본격적으로 추진되면서 반대가 줄을 이었지만 바스크 주정부는 엄청난 노력 끝에 1997년 미술관을 개관했다.

구겐하임 빌바오미술관이 가져온 효과는 예상 밖이었다. 미술관을 건립하면 연간 45만 명의 관람객이 다녀갈 것으로 예상했으나 개관 일 년 만에 136만 명이 몰려들었다. 구겐하임 빌바오미술관이 유럽 관광객의 필수 코스로 자리 잡으면서 '빌바오 효과'라는 말이 등장할 정도였다.

: 스페인 구겐하임 빌바오미술관

건축가 프랭크 게리가 스케치했다는 구겐하임 빌바오는
작품보다 미술관이 더 유명해졌다.
7년 동안 예산의 1400퍼센트에 달하는 비용이 더 들어갔지만
도시 자체를 문화관광 도시로 뒤바꾸며
엄청난 관광객을 불러모았다.

그뿐만이 아니다. 영국 템스 강 옆의 화력발전소를 개조한 테이트모던갤러리, 폐쇄된 기차역을 재활용한 파리의 오르세미술관, 쓰레기 산과 낡은 정수장을 생태공원으로 탈바꿈시킨 서울의 난지도 하늘공원이나 선유도 생태공원도 마찬가지다. 버려진 장소에서 새로운 가치를 찾아 스토리를 부여하자 어두웠던 공간이 새로운 의미를 갖게 되었다. 성공적인 '공간 재활용'의 사례들 역시 우리가 일상의 고정관념을 깨부수었을 때만 얻을 수 있는 가치들이다.

닌텐도 게임기: 오락의 본질은 무엇인가

2009~10년 전 세계는 금융파동으로 몸살을 앓았다. 잘나가던 기업들도 매출액이 뚝 떨어져 긴축경영에 들어가면서 너도나도 위기라고 입을 모았다. 이런 불황 속에서도 2006년 이후 3년간 매출과 이익이 4배 가까이 오른 기업이 있다면 분명 믿기 힘들 것이다.

2008년 매출액을 보니 27조 원에 이르고 영업이익만 해도 매출액의 30퍼센트가 넘는 8조 원이다. 감탄을 금할 수 없다. 미국의 경제주간지 〈비즈니스위크〉가 소니와 삼성전자를 제치고 '2008년 세계 최고의 혁신 기업' 7위로 선정한 이 기업은 1889년 일본 교토에서 허름한 가내수공업체로 출발한 닌텐도다.

닌텐도의 창업자 야마우치 후사지로(山内房治郎)가 처음 만든 것은 화투였다. 회사명이 '하늘의 뜻에 맡겨라'라는 뜻의 닌텐도(任天堂)가 된 것도 이 때문이다. 창업자의 증손자 야마우치 히로시(山内博) 명예회장이 뒤를 이으면서 닌텐도는 본격적인 성장 궤도에 오른다. 1970년대 야마우치는 닌텐도의 업을 '오락산업'으로 재정의하고 완구 사업에 뛰어들었다. 1980년대에는 세계 최초로 휴대용 전자게임기인 '게임앤드워치'를 출시하는가 하면 가족용 게임기 '패미콤', '게임 큐브' 등을 연이어 시장에 내놓음으로써 명실상부한 게임업계의 대부가 되었다. 순풍에 돛을 단다는 말은 2000년 이전의 닌텐도를 두고 한 말이었다.

그러나 호사다마라는 말처럼 2000년 초 경쟁사인 소니와 마이크로소프트의 공격에 닌텐도는 힘없이 주저앉고 말았다. 소니의 '플레이스테이션 2'와 마이크로소프트의 '엑스 박스' 등 화려한 그래픽을 앞세운 가정용 게임기의 등장으로 닌텐도는 설 자리를 잃은 것이다. 위기의 닌텐도를 다시 살리기 위해 야마우치는 2002년 스스로 경영 일선에서 물러나고 당시 42세이던 컴퓨터 마니아 이와타 사토루(岩田聰)를 사장으로 영입했다. 극소수의 천재들이야말로 닌텐도가 바라는 인재라고 늘 강조했던 야마우치의 결단이었다.

이와타의 영입으로 닌텐도는 새로운 활력을 찾았다. 닌텐도는 과거는 모두 잊고 새로운 가능성을 찾기 위해 시장으로 다시 눈을 돌렸다. 통찰의 눈으로 시장을 철저히 파헤치기 시작한 것이다. 어려운 시기를 견뎌내면서 닌텐도가 얻은 결론은 의외로 간단했다. "모든 사람이 쉽게 즐길 수 있게 하자."는 것이다. 쉽게 즐기기 위해서는 현실적이어야 한다는 생각을 하자 소니와 마이크로소프트의 정교하고 화려한 가상현실 게임이 다시 보이기 시작했다.

"그래! 소비자가 진정 원하는 것은 가상현실이 아닐 수 있다. 소비자는 자신이 직접 행동할 수 있는 좀 더 현실적인 것에 만족을 느낄 것이다."

이 같은 결론을 내린 닌텐도는 날개를 달았다. 엄청난 개발 비용이 드는 화려

"우리가 시장을 창조하고 있는데 시장조사가 무슨 필요가 있느냐!"

– 야마우치 히로시, 닌텐도 명예회장

한 가상현실보다는 이미 개발이 완료된 동작인식 기능을 활용하는 것이 효과적이라는 생각이 든 것이다. 소비자가 직접 몸을 움직임으로써 작동시킬 수 있는 게임기를 개발하면 운동 효과도 있고 게임의 재미도 커질 것이 분명했다.

통찰의 눈으로 시장을 읽어낸 닌텐도의 다음 전략은 게임에 대한 기존의 가치 구조를 전환하는 것이었다. 이를 위해 닌텐도는 우선 게임에 대한 나쁜 인식을 바꾸기 시작했다. 대부분의 사람들은 게임이 폭력적이라서 교육에도 좋지 못하고 청소년 건강에도 해롭다고 생각했다. 닌텐도는 운동 효과와 두뇌 개발을 강조함으로써 이런 부정적인 시각을 깨버렸다. 즉 게임기를 건강에 도움이 되고 가족의 화목을 돕는 유익한 개념으로 바꾼 것이다.

닌텐도는 게임기 시장도 다시 정의했다. 이와타 사토루 사장은 "우리의 경쟁 상대는 경쟁업체들이 아니라 게임을 하지 않는 사람들"이라고 규정한 것이다. 게임 시장에 대한 그의 지론은 확고하다. 게임에 관심이 없는 사람을 끌어들이면 거대한 시장을 형성할 수 있어서 엄청난 수요가 창출된다는 것이다. 게임 시장에 대한 종전의 인식이 발상의 전환을 통해 완전히 뒤바뀐 셈이다.

게임기 시장의 본질을 정확히 읽어내고 역발상을 통해 기존의 가치 구조를 혁신시킨 닌텐도의 노력은 결국 '닌텐도DS'와 '위Wii'를 탄생시켰다. 2000년 초 소니와 마이크로소프트의 공격에 허를 찔린 닌텐도는 두 제품이 대성공을 거두면서 과거의 영광을 다시 찾았다. 닌텐도DS는 1억 대 이상, 위는 5000만 대 이상의 누적 판매 실적을 달성하고 있다. 지금 이 시간에도 영국 엘리자베스 여왕은 위로 볼링을, 할리우드 스타 앤젤리나 졸리Angelina Jolie는 '위 핏Wii Fit'으로 몸매를 관리하고 있을지도 모를 일이다.

닌텐도, 소니, 마이크로소프트는 게임기 시장에서 숙명의 라이벌인 모양이다.

닌텐도에 밀린 소니와 마이크로소프트가 다시 역공을 준비하고 있기 때문이다. 게다가 스마트폰이 빠르게 보급되면서 기존 게임기 시장의 판도가 흔들릴 조짐도 보인다. 그래서 닌텐도의 수성 전략이 무척이나 궁금해진다. 닌텐도가 스마트폰 게임과 차별화되는 자신들만의 게임기와 소프트웨어 개발에 박차를 가하고 있다니 향후 게임 시장의 향배가 무척 궁금해진다.

스피도의 '레이저 레이서': 불편한 수영복

2009년 로마 세계수영선수권대회에서 쏟아진 세계신기록은 모두 43개. 역대 최다 신기록이 배출되었던 1976년 몬트리올올림픽의 29개보다도 훨씬 많은 수치다. 이를 두고 수영계는 첨단 수영복이 만든 '기술 도핑' 덕분이라고 입을 모았다. 첨단 수영복이 기록에 이렇게나 큰 영향을 미칠까?

2008년 베이징올림픽 당시 수립된 세계신기록은 25개였는데 그중 23개가 스피도 사의 '레이저 레이서LZR Racer'를 입은 선수들이 세운 것이다. 박태환 선수도 이 수영복을 입고 400미터 자유형에서 금메달을 땄고 수영의 천재라는 마이클 펠프스Michael Phelps도 이 수영복을 입고 8관왕이 되었다. 그러나 2009년 로마 세계수영선수권대회에서는 사정이 달라졌다. 레이저 레이서의 스피도와 경쟁하던 아레나와 제이키드가 개발한 첨단 수영복을 입은 선수들이 신기록을 쏟아내면서 LZR은 스포트라이트에서 밀려났다. 남자 자유형 200미터에서 아레나의 'X-글라이드'를 입은 무명의 파울 비더만Paul Biedermann이 펠프스를 제치자 첨단 수영복에 대한 논란은 더욱 거세졌다.

: 스피도의 LZR을 입은 펠프스

수영복은 편해야 한다는 고정관념을 버려라.

급기야 국제수영연맹은 2010년 1월부터 첨단 수영복 착용을 금지하는 조치를 취했다. 물을 통과시키는 섬유 재질의 수영복만 인정하고 전신 수영복도 착용하지 못하게 했다. 수영복 제조 기술이 수영 기록을 뒤흔든다면 신기록은 의미가 없다는 생각 끝에 내린 결단이었다.

첨단 수영복이 기록에 어떤 영향을 미쳤든 논란의 불씨를 처음 지핀 것은 스피도의 LZR이다. 이 제품은 미국 항공우주국과 오스트레일리아·뉴질랜드·일본·포르투갈 등의 기업, 대학, 연구소 등이 공동으로 개발한 것이다. LZR이 개발되기까지 그 이면에는 고정관념을 깨고 새로운 세계를 연 역발상의 지혜가 묻어 있다.

수영복은 편해야 한다. 그래야 자유자재로 몸을 놀려 최고의 속도를 낼 수 있기 때문이다. 수영복을 제조하는 전문 업체의 생각 역시 마찬가지였다. 그런데 스피도는 이런 고정관념을 보기 좋게 깨뜨렸다. 그들은 몸을 지지하는 골격근이 안정되어야만 신체가 유선형을 유지하여 물의 마찰 저항을 줄일 수 있다는 사실을 알아냈다. 스피도는 골격근을 안정시키기 위해 그동안의 고정관념인 '편함' 대신 역발상을 통한 '불편함'을 선택했다. 즉 선수의 몸을 압박하여 골격근을 안정시키고 몸의 굴곡을 줄여 물의 저항을 최소화하는 수영복을 만든 것이다.

이 불편하기 짝이 없는 수영복은 입는 데만 10분이 넘게 걸리고, 입은 후에는 마치 코르셋처럼 몸을 죈다고 한다. 스피도의 이런 파격은 다른 경기복들을 생각해보면 더욱 대단한 것이다. 육상, 사이클, 체조 등 선수의 근력을 이용하는 종목의 경우 모든 경기복은 '선수의 활동을 방해하지 않는다'는 대명제에 여전히 순종하고 있기 때문이다. 이 거대한 일상의 상식에 도전함으로써 수영은 '수중 기록경기'라는 자신만의 조건을 조용히 드러냈다.

불황을 헤쳐가는 일상성 타파 제품들

불황은 기업으로서는 심각한 경영 환경의 변화다. 불황이 닥치면 대부분의 기업은 긴축경영이나 내실경영으로 위기를 돌파하려 한다. 그러나 최근에는 이러한 시각이 많이 바뀌고 있다. 불황일수록 과감한 공격경영으로 새로운 돌파구를 찾는가 하면 기존의 가치 구조를 파괴하여 소비자에게 더 큰 가치를 제시하기도 한다.

이 사례들은 무엇보다 시장 통찰력에 바탕을 둔다. 기존의 가치 구조를 변화시킬 때도 시장에 대한 통찰의 눈을 소홀히 하지 않는다는 이야기다. 이 사례들이 보여주는 가치 구조의 변화는 크게 세 가지 방법으로 이루어진다. 즉 제품의 기능을 재정의하는 방법, 시장을 재정의하는 방법, 시간을 재정의하는 방법이다.

불황에도 일상성을 타파하여 새로운 가능성을 열어가는 사례들을 알아보자.

피츠 껌, 야사시이 식초, 다카라: 제품의 기능을 재정의하라

일본 롯데의 '피츠Fit's' 껌은 껌이 지닌 기능을 다시 정의함으로써 시장의 잠재적 욕구를 만족시킨 대표적 사례다. 4년 연속 껌 매출이 줄어들자 롯데는 젊은층을 겨냥하여 그 이유를 면밀히 분석했다. 껌이라면 잘근잘근 씹는 맛이 제격이라는 것이 일상적 생각이다. 그런데 분석 결과 껌이 딱딱해서 씹으면 씹을수록 턱이 피곤하다는 반응이 나왔다. 이 문제를 해결하기 위해 롯데 측은 '씹는다'는 종래의 기능을 재해석했다. 껌이 딱딱하지 않도록 부드러운 껌 베이스를 쓰고 젊은층이 좋아하는 향기를 첨가했다. 오래 씹어도 부드러운 촉감을 느낄 수 있고 은은한 향기도 끝까지 남는 껌을 만든 것이다. 이 피츠 껌은 2009년 3월 출시 후 불과 3주 만에 2000만 개가 판매되면서 한때 물량이 딸릴 정도로 인기를 끌었다.

: 오래 씹어도 부드러운 피츠껌

마찬가지로 식초 역시 강한 신맛이 나야 제 기능을 다하는 것으로 알려져왔다. 식품 회사 미츠칸은 식초 판매가 부진을 면하지 못하자 자체 분석을 통해 신맛과 냄새가 너무 강해서 사람들이 식초를 꺼린다는 사실을 알아냈다. 그들은 신맛이 덜한 대신 달고 부드러운 식초를 개발했다. 여기에 드레싱을 첨가하여 여러 요리에 쓸 수 있는 식초 샐러드드레싱까지 만들었다. 이 '야사시이 식초'는 2009년 2월 출시된 후 10주 만에 약 100만 병이 판매되면서 히트 상품으로 선정되었다.

한편 맥주와 위스키 제조업체로 유명한 일본 산토리 사는 전통적으로 주류 시장에서는 강세를 보였으나 음료 시장에서는 늘 고전했다. 일본의 건강음료 시장은 포카리스웨트가 부동의 1위를 차지하고 있었다. 다른 음료와 마찬가지로 포카리스웨트의 기본 개념은 몸이 필요로 하는 각종 성분을 마셔서 보충하는 것이었다. 따라서 텔레비전 광고 역시 모두 '마시는' 장면을 연출한다.

그러나 산토리는 건강음료가 지닌 이런 일상적인 관념을 벗어던지고 몸에 불필요한 나쁜 성분을 몸 밖으로 '배출'시키는 데 새로운 가치 구조를 심었다. 기존의 가치 질서를 허물고 새로운 가능성의 세계를 연 셈이다. 산토리는 이런 개념에 걸맞게 소변을 보는 장면을 텔레비전 화면에 내보냈다. 그 결과 산토리 사의 '다카라 DAKARA'는 20년 동안 건강음료 시장에서 부동의 1위를 차지했던 포카리스웨트를 일년 만에 추월하는 놀라운 실적을 거두었다.

요미요미, 닥터 유, 공짜 소프트웨어: 시장을 재정의하라

채소나 과일 주스는 오래전부터 시간에 쫓기는 직장인을 대상으로 한 제품이었다. 특별히 달지 않으면서 채소 냄새만 나는 주스는 여간해서 아이들은 좋아하지 않기 때문이다. 건강에 대한 관심은 없고 단맛에 대한 욕망만 가득한 아이들의 입맛 앞에서 건강음료는 번번이 고배를 마셔왔다.

그런데 이런 오랜 관념을 깨고 매일유업은 유아 및 아동 음료 시장을 건강음료로 재정의하여 '요미요미'라는 채소과일 주스를 내놓았다. 사과, 당근 등 일곱 가지 이상의 채소와 과일을 주원료로 하여 빨강, 노랑, 초록의 유아 및 아동 주스를 만든 것이다. 물론 시장의 요구에 맞게

∶ 어린이 주스 요미요미

인공첨가제는 넣지 않고 아이 혼자 편하게 빨아먹을 수 있는 스파우트 파우치팩을 이용했다. 채소나 과일 주스가 가지는 일상적인 시장의 범주를 깨고 새로운 시장을 창출한 사례 중 하나다.

아이스바 또는 초코바처럼 기다란 막대 모양의 과자는 아이들의 간식용으로 인기 있다. 그래서 '과자' 하면 떠오르는 이미지는 '달고 몸에 안 좋은 것'이다. 오리온은 이 과자 시장을 '영양 설계'라는 비전으로 재정의했다. 과자도 고른 영양을 갖춘, 충분히 훌륭한 영양식으로 포지셔닝할 수 있다고 생각한 것이다.

: 영양 과자 닥터 유

그래서 등장한 것이 '닥터 유Dr. You'다. 케이크와 칩에서부터 에너지바에 이르기까지 기존의 제품 형태는 유지하되 '영양 설계'라는 새로운 가치를 부여해서 대대적으로 런칭했다. 그러다 보니 대상 역시 기존의 아동에서부터 성인에까지 확대되었다. 특히 '닥터 유 활력 에너지바'는 성인 남성층을 새롭게 공략하기 위해 추성훈을 모델로 내세우기도 했다. 레드오션이 된 초코바 시장 대신 가능성이 남아 있는 기능성 바 시장을 타깃으로 삼은 것이다.

오리온은 브랜드 출시 2년 만에 매출 1000억 원을 돌파했다. '과자=어린이'라는 단단한 사슬을 끊고 새로운 시장과 소비자를 찾아낸 덕분이다.

지적재산권 문제로 조용할 날이 없는 IT 시장에서 소프트웨어를 공짜로 마음껏 쓸 수 있게 한 괴짜 회사가 있다. 1991년 개발된 리눅스Linux 컴퓨터운영체제(OS)

를 무료로 운영하면서 매년 두 자릿수의 성장률을 기록하는 레드햇이 그 주인공이다. 레드햇은 발상의 전환을 통해 주요 제품인 리눅스 시스템을 마음대로 사용할 수 있게 했다. 대신 이 시스템을 정상적으로 운영하는 데 필요한 각종 서비스를 판매하여 수익을 올린다. 소프트웨어 소유권에 대한 기존의 폐쇄된 시스템을 개방한 새로운 비즈니스 모델인 셈이다.

리눅스가 내다본 미래 IT 시장의 가치 구조는 한마디로 요약할 수 있다. 소프트웨어 인프라는 결국 공개된다는 것이다. 각종 IT 기기와 서비스가 웹을 기반으로 융합되면 이를 지원할 수 있는 소프트웨어는 필연적으로 공개될 수밖에 없다는 것이 리눅스의 판단이다. 이 점은 리눅스만의 판단은 아닌 것 같다. 구글을 한 번 보자. 폐쇄적인 아이폰 운영체제로 스마트폰 생태계를 주름잡는 애플에 구글은 개방적인 운영체제인 안드로이드로 맞서고 있다(안드로이드 역시 리눅스 기반의 스마트폰 운영체제다). 구글은 2000만 줄에 이르는 프로그램 코드를 공개해 누구나 마음대로 쓰고 개선할 수 있게 했다. 물론 개방과 폐쇄 전략 모두 일장일단이 있으니 현재로서는 어느 쪽이 승리할지 예측하기가 쉽지 않다. 전문가의 판단에 따르면 단순히 어느 한쪽으로 쏠리는 현상은 일어나지 않을 것 같다.

이 와중에 개방과 폐쇄의 혼합 전략으로 인기를 끌고 있는 것이 클라우드 컴퓨팅이다. 클라우드 컴퓨팅은 모든 소프트웨어와 데이터를 대형 서버에 저장해 마치 구름(cloud)처럼 하늘에 띄워놓고 네트워크로 연결된 지상의 사용자가 일정한 수수료만 지불하면 자기 것처럼 자유롭게 쓸 수 있게 한 것이다. 따라서 컴퓨터와 소프트웨어를 직접 준비하는 데 소요되는 엄청난 비용을 줄일 수 있다.

미국의 제약사 일라이 릴리는 아주 복잡한 단백질 구조를 계산해야 하는 문제에 봉착했다. 예전 같으면 이 문제를 해결하기 위해 슈퍼컴퓨터와 관련 소프트웨어

"1000억 달러 산업이 어느 날 갑자기 사라질 수 있는 것, 이것이 바로 오늘의 현실이다. 무언가 디지털화할 수 있는 것은 결국 공짜 버전이 나오고 만다. 공짜 버전이 제공하지 못하는 것을 제공하라. 제품을 파는 시대에서 서비스를 파는 시대로 바뀌고 있다."

— 크리스 앤더슨, 《프리》의 저자

가 필요했다. 여기에 소요되는 비용만 해도 2억 달러에 준비 기간도 10주나 걸린다. 그런데 일라이 릴리는 이 문제를 클라우드 컴퓨팅으로 간단하게 해결했다. 소요 경비는 2억 달러의 0.04퍼센트에 해당하는 89만 달러에 불과했다.

미국 가트너그룹의 맥도널드Mark McDonald 부회장에 따르면 기업의 정보책임자 중 클라우드 컴퓨팅에 관심을 가진 사람은 2009년 5퍼센트에서 2010년 37퍼센트로 급증했다고 한다. 클라우드 컴퓨팅은 스마트폰, 3-스크린 등과 함께 다음 미디어 세상을 이끌어갈 주요 키워드로 꼽힌다. 실제로 아마존과 마이크로소프트 등 기존의 미디어 유통 업체는 자신의 정체성을 상당 부분 '클라우드 컴퓨팅' 업체로 수정 중이다.

클라우드 컴퓨팅과 무료 소프트웨어. 이 모두 이전의 소프트웨어 개발-판매의 사슬 안에서는 생각하지도 못했던 개념들이다. 뛰어난 엘리트들이 최고의 소프트웨어를 개발해 판매한다는, 바로 이 사슬을 끊어낸 후에야 비로소 애플리케이션 생태계와 집단 지성이 작동했다는 사실은 유료 제품-시장 모델에서 살아온 우리에게 의미하는 바가 크다.

나이트 미용기, 클래펌 극장, 체어맨 광고: 시간을 재정의하라

피부 관리는 여성에게 중요한 문제다(요즘은 남자도 마찬가지다). 그런데 시간에 쫓기다 보면 따로 피부 관리에 시간을 내기가 여간 힘들지 않다. 뷰티숍에서 보내는 시간 때문에 중요한 일을 할 수 없게 된다면 피부 관리에 대한 관심은 자연히 줄어들 수밖에 없다. 피곤한 몸에 수면 시간도 부족하니 따로 피부 관리에 시간을 내기란 쉽지 않은 일이다. 이쯤 되면 시간이 얼마나 중요한 가치를 지니는지 하루에도 몇 번이고 뼈저리게 느끼게 된다.

이런 시간 가치를 제품에 녹여낸 미용 제품이 인기를 끌고 있다. 바로 일본 파나소닉의 '나이트 스티머 나노케어'라는 미용기기다. 피부에 수분을 공급해주는 기존의 스티머 미용기기는 15분 정도 얼굴을 직접 대고 있어야 한다. 번거롭기도 하지만 시간에 쫓기는 경우라면 사용하기가 어려울 수밖에 없다. 파나소닉은 통찰의 눈으로 문제를 정확히 집어내고 새로운 가능성을 찾기 시작했다. 문제는 '미용기기 앞에 붙들려 있는 시간'이 아닌가? 결국 그들은 타이머를 활용해 잠을 자는 동안 저절로 스팀이 피부에 분사되는 미용기기를 개발했다. 잠을 자면서도 피부 관리를 할 수 있으니 글자 그대로 일석이조인 셈이다. 제품이 지닌 기존 가치에 시간 가치까지 더해졌으니 소비자로서는 대만족이었다. 2008년 11월 출시 이후 재고부족까지 겪으면서 4개월 만에 연간 판매 목표 12만 개를 가볍게 돌파해버렸다.

이에 고무된 파나소닉은 한 발 더 나갔다. '데이모이스처 나노케어'라는 수분 분사용 소형 미용기기를 출시한 것이다. 이 제품은 일을 하면서도 사용이 가능하다. 나이트 스티머 나노케어가 '피부 관리에 빼앗기는 시간'을 '잠자는 시간'으로 해소했다면 신제품인 데이모이스처 나노케어는 '잠자는 시간' 마저 해방시켰다. '피부 관리 따로, 일 따로'라는 기존의 관념을 바꾸어 일을 하면서 동시에 피부 관리를 할 수 있는 새로운 세계를 연 것이다.

이렇게 멀티태스킹을 가능하게 하는 상품을 소개하다 보니 재미있는 사례가 생각난다.

옆 사람과 자유롭게 대화하고, 요란하게 팝콘을 먹고, 전화가 울려도 개의치 않고, 아이가 울어도 눈치 볼 필요가 없는 극장이 있다면 믿겠는가? 영국 런던에 실제로 있다. 게다가 이 극장의 손님은 계속 늘어난다고 한다. 바로 런던에 있는 클래펌 극장의 '엄마와 아기를 위한 상영회'가 그렇다.

클래펌 극장은 아기 엄마들이 극장에서 마음껏 영화를 즐길 수 있는 프로그램을 마련했다. 이 프로그램이 진행되는 날이면 아기 엄마들로 극장이 가득 찬다고 한다. 수다도 떨고, 아기도 돌보고, 영화도 관람할 수 있으니 스트레스 풀기에는 딱이 아닌가? 물론 극장 직원들이야 일거리가 많아 힘들겠지만 이 프로그램 덕분에 극장 수입은 크게 늘어났다고 한다. 극장은 조용해야 한다는 고정관념을 뒤엎은 유쾌한 발상전환이다.

겉보기에 CEO는 멋지고 화려하다. 그러나 뿌듯한 성취감에 하늘을 나는 기분을 느낄 때도 있지만 외롭고 힘든 시간도 늘 함께한다. CEO에게 가장 힘든 시간은 중요한 결정을 눈앞에 둔 경우다. 단 한 번의 의사결정으로 기업의 운명이 뒤바뀌는 경우가 허다하니 말이다. 이런 CEO의 심정은 루비콘 강을 눈앞에 두고 주사위를 던지는 카이사르Julius Caesar의 심정과 비교될 수밖에 없다.

더 이상 결정을 미룰 수 없는 CEO가 한 명 있다. 그는 오늘 아침 회사에 출근하자마자 주사위를 던져야 한다. 그의 뉴런 세포는 극도로 예민해진다.

회사로 가는 차 안. 어려운 결정을 앞두고 생각을 정리하는 마지막 순간.

"그 어느 때보다 중요한 결정을 내리는 아침. 이분의 깊은 생각을 깨울까 숨소리조차 아끼며 달리는 체어맨입니다."

쌍용자동차의 광고 문구다. 이보다 더 긴박한 순간이 또 있을까. 이 광고는 다

: 체어맨 광고

른 제품처럼 '시간을 아껴준다'에 중점을 두지 않는다. 대신 '당신의 시간은 더할 나위 없이 소중하다'는 메시지를 담아 다른 자동차와 차별화했다. 소비자의 시간 가치를 재정의함으로써 'VVIP만 타는 차'라는 콘셉트를 부각시켰다.

중후한 고급 세단이라는 평범한 광고 메시지를 뛰어넘어 순간의 시간 가치를 일깨워주는 일상성 타파의 멋진 사례가 아닐 수 없다.

여행은 일상의 굴레를 벗어나 새로운 경험을 쌓을 수 있는 기회라는 말이 빈말은 아닌 모양이다. 우리는 네 번째 화두인 '일상타파'에 대해 알아보기 위해 미술관에서 뒤샹과 오펜하이머의 작품을, 공연장에서 매슈 본의 〈백조의 호수〉를 만나보았다. 덕분에 새로운 가치를 이끌어낼 수 있는 지혜의 눈을 갖게 되었다. 대상이 갖는 기존의 관념을 깨부수고 새롭게 다가설 때 미처 깨닫지 못한 싱싱한 생명이 눈을 뜬다는 사실을 알게 된 것이다. 고마운 일이다.

이 선물을 가지고 돌아간 기업 현장에는 일상타파라는, 예술의 발상전환 논리가 곳곳에 녹아들어 있었다.

매슈 본은 "130년 동안 백조는 여자였다."고 말했다. 제임스 다이슨James Dyson은 선풍기를 두고 "127년 동안 아무것도 변하지 않았다."고 말했다.

그래서 매슈 본은 백조를 남자로 바꾸었다. 다이슨은 한술 더 떠서 선풍기의 날개까지도 없애버렸다. 그는 100년 동안 꿈쩍도 하지 않은 진공청소기의 먼지봉투도 없앴다.

업무에 관해 이야기할 때 그가 가장 많이 쓰는 말 중 하나는 '다른(different)'이다. '다른' 환경을, '다른' 방법을, '다른' 일을 늘 강조하는 것이 그의 어법이다.

그는 미국과 유럽에서 비틀스만큼이나 유명한 다이슨 가전회사의 창업자로 '영국의 스티브 잡스'라는 별명을 가지고 있다. 그는 언제나 일상의 틀을 벗어나 자유롭게 상상하고 행동하는 공학도이자 디자이너다.

어떤가! 시인이 부르는 노래가 꼭 그러하지 않던가. 일상의 구태의연한 말들을 새롭게 조립하고 낯선 이미지를 불어넣어 새로운 세계를 경험하게 해주니 말이다.

시인 김영무는 이렇게 노래한다.

파란불이 켜졌다
꽃무늬 실크 미니스커트에 선글라스 끼고
횡단보도 흑백 건반 탕탕 퉁기며
오월이 종종걸음으로 건너오면

아, 천지사방 출렁이는
금빛 노래 초록 물결
누에들 뽕잎 먹는 소낙비 소리
또 다른 고향 강변에 잉어가 뛴다
- 김영무, 〈아, 오월〉에서

일상의 눈을 버리고 새로운 눈으로 보면 횡단보도는 어느새 피아노 건반이 되고, 미니스커트에 선글라스를 낀 오월의 아가씨도 만날 수 있다.

유쾌하고 상쾌하지 않은가. 일상타파란 이처럼 통쾌하기 짝이 없다.

05

보편성

세속적인 것이
불러오는
평범함의
카리스마

현대 조각가 세자르 발다치니는 엄지손가락으로,
장 피에르 조그와 조르주 파브르는 매일 사용하는 포크로
새로운 오브제를 만들었다.
지극히 평범한 것들을 따로 떼어내어
특별한 아우라를 만들었다.

연필은 보잘것없다?

　끝없는 변화 속에서 한 시대가 퇴조하고 새로운 시대가 들어선다. 아주 느리게 소리도 없이 자리바꿈이 일어나는가 하면, 때로는 쓰나미처럼 눈 깜짝할 사이에 색다른 문명이 자리를 잡기도 한다. 바쁘게 돌아가는 요즘이더라도 유심히 둘러보면 손때 묻은 문명의 이기들이 추억 속으로 사라지는 것을 심심찮게 볼 수 있다.

　사진 필름은 물론 수동식 카메라가 없어진 지는 이미 오래되었고, LP 레코드판과 비디오테이프도 이제 옛이야기가 되었다. 절절한 사연을 담은 편지를 빨간 우체통에 넣는 일도, 그 우체통도 설 자리를 잃어가고 있다. 줄을 서서 기다리던 공중전화기도 10년 전에 비해 73퍼센트가 줄었다. 남아 있는 것마저 일 년에 단 한 번도 사용되지 않는 것이 20퍼센트나 될 정도다. 곧 세월의 어둠 속으로 사라질 운명이라는 이야기다.

　이들이 새로운 시대를 맞아 문명사의 뒷길로 내몰리는 이유는 간단하다. 새 시대에 맞는 가치 구조를 가지지 못했기 때문이다. 사용가치나 소유가치가 적거나 전혀 없다 보니 눈길 한 번 받지 못한 채 마지막 발길을 남길 뿐이다.

연필도 이런 운명일지 모르겠다. 1938년 〈뉴욕 타임스〉가 타자기 때문에 연필이 곧 사라지리라는 사설을 내보낸 후 연필은 더욱 그 자리를 잃어가는 듯했다. 만년필, 볼펜, 샤프펜슬, 워드프로세서 등이 연필을 대신한데다 1980년대부터 PC가 자리 잡으면서 연필의 종말은 더욱 빠르게 진행될 것이라고 너도나도 생각했으니 말이다. 1966년 약 14억 자루였던 일본의 연필 생산량이 2005년 4억 자루로 줄어든 것을 보면 터무니없는 이야기만은 아닌 것 같다.

그러나 이에 대한 반론도 만만치 않다. 〈뉴욕 타임스〉의 전망과는 달리 1960년대 미국의 연필 생산량은 무려 20억 자루에 달했으며, 일본도 2006년에는 연필 생산량이 전년 대비 30퍼센트나 증가했다. 이뿐만이 아니다. 1761년에 설립되어 세계에서 가장 오래된 세계 최대의 연필 회사 파버카스텔은 지금도 매년 18억 자루의 연필을 생산하고 있다. 이 회사의 연필 생산량은 해마다 변함이 없다고 한다.

이런 사실들을 보면 연필이 곧 사라지리라는 〈뉴욕 타임스〉의 전망은 상당 기간 현실화할 가능성이 없어 보인다. 그렇다면 곧 사라질 것 같던 연필이 아직도 생명력을 유지하는 이유는 과연 무엇일까?

'테크놀로지의 계관시인' 페트로스키 Henry Petroski는 《연필》(1989)에서 연필은 우선 값이 싸고, 지울 수 있고, 전기가 필요 없다는 장점 때문에 최소 20년 동안은 수요가 줄지 않을 것이라 내다봤다. '연필산업의 빌 게이츠 Bill Gates' 안톤 볼프강 Anton Wolfgang 파버카스텔 회장은 연필의 운명을 전자시계와 기계식 시계에 대비해서 풀어나간다. 전자시계가 등장하자 대부분의 사람들은 기계식 시계의 종말을 점쳤다.

그러나 시간이 갈수록 롤렉스 같은 기계식 시계가 더 큰 인기를 누리고 있지 않느냐고 그는 반문한다. 연필도 시계의 운명을 따라간다는 것이 그의 일관된 주장이다.

연필은 오랫동안 수많은 작가에게 창조적 영감을 불어넣어주기도 했다. 귄터 그라스Gunter Grass는 노벨문학상 수상작인 《양철북》을 '카스텔 9000' 연필로 썼고, 헤밍웨이 Earnest Hemingway는 연필이 두 자루 정도는 닳아 없어져야 하루 일을 한 것 같다고 말했다.

아버지 박목월 시인을 회상하면서 박동규 교수가 쓴 글을 보면 연필을 깎아 감성의 촉수를 뾰족이 세운 시인의 마음을 읽을 수 있다.

연필은 다른 필기구가 결코 대신할 수 없는 독특한 정감을 지니고 있다. 모두가 잠든 깊은 밤 홀로 글을 써내려갈 때 연필심의 사각거리는 소리는 더할 수 없이 정갈하다. 뾰족이 깎아 세운 연필심의 정갈한 소리에 생각의 촉수도 예리하게 빛난다.

……아버지께서 연필을 깎기 시작하면 그것은 곧 시를 쓴다는 신호였다. 아버지께서 시를 쓰기 시작하면 한밤에 우리 집은 비상이 걸린다. 산문은 만년필로 쓰셨지만 유독 시를 쓰실 때만큼은 연필을 사용하셨다. 연필을 깎는 것을 마음의 심지를 깎는 일인 양 참 정성을 기울이셨다.

| 보편성: 세속적인 것이 불러오는 평범함의 카리스마 |

어느 누구보다 연필을 애호하는 소설가 김훈은 산문집 《밥벌이의 지겨움》에서 이렇게 말한다.

> 연필로 쓰면 내 몸이 글을 밀고 나가는 느낌이 든다. 이 느낌은 내게 소중하다. 나는 이 느낌이 없이는 한 줄도 쓰지 못한다. 이 느낌은 고통스럽고도 행복하다.

몸이 글을 밀고 나가는 마지막 출구는 연필심이다. 연필심은 거짓말을 하지 않는다. 연필심은 글 쓰는 사람의 감정을 그대로 실어 나르는 정감 어린 메신저다. 감정의 파동이 손끝으로 전해져서 연필심으로 내려온다. 말로는 표현할 수 없는 미세한 감성의 물결. 연필심은 오롯이 이들을 흘려보낸다. 소금쟁이의 몸짓 하나에 커다란 동심원이 소리 없이 번져가는 고요한 수면처럼. 그러나 격렬한 파토스pathos를 고백하기 위해 꾹꾹 눌러쓴 글에는 감성의 깊은 골이 파이기도 한다.

그렇다. 인쇄된 글에서는 미세한 감성의 떨림을 느낄 수 없다. 연필심을 통해 흘러나온 글에서만 이를 느낄 수 있을 뿐이다. 이런 의미에서 연필로 쓴 글은 그림과 같다. 하얀 백지 위에 미세한 감성의 떨림을 그대로 그려내고 있으니 말이다.

디지털 시대를 맞아 무대 뒤로 사라져서 영원히 만날 수 없을 것 같은 연필. 사람의 마음에서 조금씩 또 조금씩 지워져 하잘것없는 물건으로 남게 될 연필이지만 그 속에는 숭고한 아름다움이 녹아 있다.

연필같이 보잘것없어 보이는 일상의 사물에서 위대함을 찾아내는 일이 창조의 시대를 살아가는 또 하나의 지혜가 된다. 이 장의 주제 '세속적인 것의 장엄함'이 갖는 의미도 여기에 있다.

"무딘 칼끝으로 시퍼런 무를 깎아"내는(기형도, 〈바람의 집〉) 예리한 눈이 있다면 보잘것없는 "연탄재"라고 "함부로" 찰 수는 없을 것이다(안도현, 〈너에게 묻는다〉).

정말 평범한 것이 존재할까?

주위를 둘러보면 평범하고도 일상적인 사물들이 아주 많다. 너무 평범하고 일상적이다 보니 특별한 의미를 부여해본 적도 없는 것들이다. 곁눈질로 본 겉모습만으로 대상이 가진 모든 것을 다 본 것처럼 생각하기 때문이 아니겠는가.

그런데 어느 날 이 평범하기 짝이 없는 사물들이 말을 걸어올 때가 있다. 바로 지금까지와는 완전히 다른 새로운 눈으로 사물을 바라볼 때다. 그때 비로소 우리는 사물과 의미심장한 대화를 나누게 된다. 그러다 보면 어느 순간 한 번도 보거나 느끼지 못했던 새로운 가치를 발견하고 그 위대함에 숙연해진다.

사과가 땅에 떨어지는 것은 당연하고도 평범한 일상이다. 너무나 평범한 일이라 어느 누구도 눈여겨본 사람은 없었다. 그러나 이 일상의 일을 바라보는 뉴턴Isaac Newton의 눈은 달랐다. 실체는 알 수 없지만 사과를 당기는 어떤 힘이 땅 속 어딘가에 있을 거라는 새로운 가능성의 문을 연 것이다. 푸른 하늘과 처음으로 의미심장한 대화를 나눈 사람은 물리학자 존 틴들John Tyndall이다. 덕분에 하늘이 푸른 이유는 빛의 산란 때문이라는 사실이 알려졌다. 대장장이의 망치소리는 또 어떤가? 망치소리 역시 평범한 일상의 일이라 누구 하나 말을 건네본 적이 없었다. 물체의 길이에 따라 소리의 높낮이가 달라진다는 사실은 망치소리에 새로운 의미를 부여한 피타고라스Pythagoras의 밝은 귀 덕분에 알려졌다.

땅으로 떨어지는 사과와 푸른 하늘 그리고 망치소리는 어느 누구라도 볼 수 있

작은 일을 중요하게 볼 줄 아는 인간의 능력이 정말로 위대한 일을 낳았다.

〈봄의 제전〉을 작곡한 스트라빈스키는 진정한 창조자는
가장 평범하고 진부한 것들에서도 주목할 만한 가치를 찾아낸다고 했다.
노벨의학상을 받은 센트 디외르디는 발견이란 누구나 볼 수 있는 것을 보고
아무도 생각하지 못한 것을 생각하는 것이라고 말한다.
사소한 일상을 어떻게 보느냐에 따라 놀라운 결과를 얻을 수 있다는 이야기다.

고 들을 수 있는 평범한 일상의 일임에 틀림없다. 그러나 뉴턴과 틴들 그리고 피타고라스는 새로운 생각과 새로운 눈으로 그 속에서 경이로운 아름다움과 질서를 감지했다. '세속적인 것의 장엄함'이란 바로 이런 지혜의 눈을 말한다.

발다치니의 〈엄지손가락〉: 가장 인간다운 부위는 어디인가

프랑스의 현대 조각가 세자르 발다치니Cesar Baldaccini의 작품 〈엄지손가락〉은 우리 몸의 아주 작은 일부인 엄지손가락만을 확대한 작품이다. 88올림픽을 기념해 서울 잠실올림픽공원에도 설치되어 있으니 마음만 먹으면 누구나 쉽게 만날 수 있다. 이 작품 앞에 서면 많은 사람들이 이런 생각을 한다고 한다.

'그런데 좀 특이한 모습을 가졌거나 독특한 의미를 부여할 수 있는 그런 대상을 소재로 삼는 것이 더 낫지 않았을까? 모든 사람이 이미 잘 알고 있는 너무 평범한 소재 아닌가?'

스트라빈스키Igor Fyodorovich Stravinsky의 말대로 발다치니는 이 작품을 통해 평범한 곳에서 소중한 가치를 찾아낸다. 엄지손가락은 우리 몸의 일부이니 생물학적으로야 물론 대단히 중요하다. 하지만 너무 익숙하고 평범하다 보니 애써 특별한 의미나 가치를 부여하지는 않게 된다. 애써 들여다본 사람도 없을 것이다. 이 같은 사실을 간파한 발다치니는 엄지손가락만을 따로 떼어내어 사람들 앞에 세워두었다. 그것도 12미터 높이의 대형 조형물로 말이다.

"그래, 당신은 당신의 몸이 세상에서 가장 소중한 것이라 생각할 거야. 그렇다면 그렇게 소중한 당신 몸을 지금까지 한 번이라도 새로운 마음으로 진지하게 생각해 본 적이 있어?"

곰곰이 생각해보면 세자르의 뜻이 허튼소리만은 아닌 것 같다. 무슨 말이냐고? 인간을 다른 영장류와 구분해주는 일등공신은 바로 엄지손가락이다. 물론 침팬지, 고릴라 등도 엄지손가락을 가지고는 있다. 단지 사람처럼 그 크기와 형태가 조화롭지 못하고, 엄지와 나머지 손가락이 완전히 마주볼 수 없다는 것이 다를 뿐이다. 이런 차이 때문에 이들 동물은 손으로 물건을 다루는 일이 사람에 비해 어설프기 짝이 없다. 이 점이 바로 인간과 다른 영장류를 구분하는 가장 큰 차이다. 엄지손가락 하나만으로 신의 존재를 알 수 있다고 한 뉴턴의 말도 바로 여기서 나왔다.

엄지손가락은 인류 진화의 위대한 발자취이자 인간만이 누리는 특권이다. 아리스토텔레스Aristoteles가 운을 뗀 뒤 산업사회 당시 개념이 굳어진 호모 파베르(Homo Faber:도구를 사용하는 인간)의 핵심 메시지 역시 엄지손가락이다. 휴대전화가 일상화되면서 '엄지족'이라는 신조어가 등장한 것을 보면 엄지손가락의 역할이 얼마나 중요한지를 다시 한 번 느끼게 된다.

레만 호수의 〈포크〉: 평범한 식기가 연출한 장엄함

어스름한 저녁 기운이 감도는 세계 최고의 자연관광지 스위스 레만 호. 사회주의를 찬양했다는 이유로 미국에서 추방당한 찰리 채플린Charlie Chaplin이 여생을 보가장 평범한 것이 가장 위대한 것이다.

진화학자인 존 네이피어는 엄지손가락을 가리켜
"인류에게 내린 신의 축복"이라고 말했다.

: 세자르 발다치니, 〈엄지손가락〉, 1963

: 장 피에르 조그와 조르주 파브르, 〈포크〉, 1995

낸 작은 도시 브베가 인접해 있다. 대문호 루소Jean-Jacques Rousseau, 위고 Victor-Marie Hugo, 도스토옙스키Fyodor Dostoyevsky와 화가 쿠르베Gustave Courbet, 코코슈카Oskar Kokoschka 등 수많은 예술가들이 사랑했던 브베와 레만 호. 바로 이 호수 한가운데 놀라운 피사체가 있다.

바로 8미터짜리 포크다.

어떤가? 설마 이 '포크'를 매일 마주치는 식탁 위의 포크와 연결시키는 사람은 없으리라 생각한다. 그렇다. 레만 호에 꽂혀 있는 이 포크는 더 이상 일상에서 만나는 '포크'가 아니다. 이 포크는 장 피에르 조그Jean Pierre Zaugg와 조르주 파브르Georges

Favre가 창조해낸 난생처음 보는 오브제일 뿐이다.

검푸른 하늘과 호수를 수직으로 이어주는 이 오브제는 어스름한 실루엣과 조화를 이루며 형언할 수 없는 신비감을 드러낸다. 이 신비감은 일상적인 아름다움을 넘어 엄숙함과 두려움의 세계로 이어지기도 한다. 초저녁의 어스름이 주는 검푸른 이미지 때문일까?

칸트 Immanuel Kant는 밤은 숭고하고 낮은 아름답다고 했다. 밤의 숭고함은 엄숙함과 두려움의 세계와 맞닿는다. 검푸른 단일 색면 위에 수직으로 서 있는 거대한 포크는 칸트 말대로 어둠의 엄숙함과 두려움을 느끼게 해줄까? 아니면 바넷 뉴먼Barnett Newman이 추구한 숭고함을 떠올리게 할까?

: 바넷 뉴먼, 〈단일성 1〉, 1948

색면추상의 대가 바넷 뉴먼은 유럽을 중심으로 한 고전적인 아름다움 대신 신비롭고 근원적인 느낌을 주는 숭고함의 가치를 추구했다. 그는 단일 색면으로 구성된 캔버스 위에 천상과 지상을 연결해주는 수직선을 그어 숭고의 감정을 대변하는 작가로도 유명하다. 작품 〈단일성 1〉은 수직선으로 표출된 이 같은 숭고함의 세계를 잘 보여주고 있다.

그런데 칸트가 암시한 밤의 숭고함과 수직선으로 표현된 뉴먼의 숭고함이 레만 호의 포크에 녹아들어 장엄한 아름다움을 연출한 것이다.

너무 추상적이라고? 어렵게 생각할 것 없다. 일상에서 별 생각 없이 자주 마주치는 식탁 위의 포크가 지금까지 경험해보지 못했던 색다른 느낌을 준다는 말이다. 그 느낌이 신비로움이든 숭고함이든, 아니면 다른 느낌이든 중요하지 않다. 다만 조그와 파브르가 일상 어디서나 찾을 수 있는 하찮은 포크를 통해 또 다른 아름다움을 보여주고 있는 것만은 분명하다.

〈엄지손가락〉과 〈포크〉는 스트라빈스키의 말대로 일상적이고 보편적인 것에서도 새로운 가치를 찾아낼 수 있음을 보여준다. 매일 보는 물건들이라서 잘 알고 있다고 생각했지만 엄청난 크기로 확대해놓는 것만으로도 완전히 낯설게 느껴지며 새로운 생각들이 꼬리를 물게 한다.

'포크로 호수 물을 어떻게 떠 마시지?'
'그럼, 저 엄지 아래에는 나머지 네 손가락이 있는 건가?'
'저 손으로 저 포크를 쥐면 어떤 일이 벌어질까?'
'어쩌면 이 둘은 가장 인간다운 것들을 상징하는 게 아닐까?'
'이렇게 평범한 것들을 모두 거대한 크기로 키워놓는다면 세상엔 어떤 일들이 벌어질까?'
'우리가 평범하다고 말할 때 그것은 무슨 의미일까? 사실은 우리가 그것들에 대해 잘 모르고 있다는 말이 아닐까?'

디테일의 힘

2007년 새해 초 삼성전자는 지금까지의 생각과 행동으로는 더 이상 경쟁력을 키울 수 없다는 사실을 절실히 느꼈다. 이 문제를 해결할 수 있는 유일한 방법은 기업의 핵심역량을 키우는 일밖에 없다고 생각했다. 이를 위해 삼성전자는 그 어느 해보다 '창조적인 사고'를 강조했다. 당시 윤종용 부회장은 한 인터뷰에서 "무심코 보면 아무것도 아닌 잡초나 돌멩이에서 전문가는 귀한 약초와 보석을 찾아낸다."고 말했다. 삼성전자가 어떤 방법으로 창조적 사고 능력을 배양해나갔는지를 잘 보여주는 대목이다.

윤종용 상임고문은 삼성전자 CEO로 12년 동안 활동하면서 전자산업의 총아였던 소니를 제치고 삼성전자를 세계 1위로 끌어올렸다. 〈하버드 비즈니스 리뷰〉로부터 애플의 스티브 잡스에 이어 '세계에서 가장 경영 성과가 좋은 최고 경영자' 2위 자리에 오르는 영광도 안았다. 또한 윤 고문은 대단한 미술 애호가이기도 하다. 최근 어느 대담에서 그는 예술가의 상상력과 창의적 발상이 창조경영에 큰 도움이 될 것이라는 의견을 밝히기도 했다.

미술이 경영이나 브랜딩으로 직접 연결되는 부분은 인체로 치면 모세혈관에 가깝다. 피가 들어갔다가 나오는 것은 분명히 알 수 있지만 눈으로 보이는 차원의 것은 아니다. 어쩌면 본인 자신도 그것이 얼마나 영향을 주는지 모를 수 있다. 통찰과 영감의 영역이기 때문이다. 하지만 제품과 디자인 분야로 가면 이런 연관성을 약간이나마 자세히 확인할 수 있다.

2009년 일본 〈니혼게이자이(日本經濟)〉 신문 계열 출판사인 닛케이BP가 세계 10대 디자인 업체를 선정했다. 선정 기준은 지금까지 없던 새로운 개념을 창출해낸

: 라네즈 슬라이딩 팩트

"더 쉽게 파우더를 열 수 없을까?"
아모레퍼시픽은 여성들이 매번 경험하는
사소한 불편을 극복해 이전에는
선보인 적이 없는 새로운 형태의
슬라이딩 팩트를 선보였다.

회사다. 유럽의 7개 사와 미국의 두 개 사, 그리고 한국의 이노디자인 사가 10대 디자인 업체로 뽑혔다.

세계적인 디자인 회사인 이노디자인의 김영세 사장 역시 세속적인 것의 장엄함에 큰 의미를 부여한다. 김 사장은 저서인 《이노베이터》에 자신이 경험한 39가지 창조적 사고방식을 소개한다. 그중 "사소한 일상에서 보물을 발견하라."는 내용이 눈에 띈다. 가슴을 뛰게 하는 대단한 아이디어의 원천도 알고 보면 평범한 일상에서 시작된다는 것을 잘 보여주는 말이다.

대표적인 사례에 해당하는 아모레퍼시픽 화장품의 라네즈 슬라이딩 팩트를 보자. 이 제품은 출시 일 년 만에 200만 개 이상이 팔려 이른바 '대박'을 쳤다. 이런 성공을 가져온 발상은 어디에서 나왔을까?

치밀한 시장조사와 대담한 제품개발일 거라고 내심 짐작하겠지만 그 답은 따로 있다. 이 아이디어를 제공한 사람은 김 사장의 부인이다. 김 사장은 운전 중에 파우더 뚜껑을 여는 것이 여간 불편하지 않더라는 아내의 말을 듣고 힌트를 얻었다고 한다. 슬라이딩 휴대전화처럼 손으로 밀어서 거울을 볼 수 있게 한 것이 주효했다. 일상에서 느끼는 사소한 불편이 새로운 시장을 창출해낸 대표적 사례가 아닐까?

비슷한 사례를 몇 가지만 더 찾아보자. 일상에서 찾아낸 단순한 아이디어 하나로 대단한 시장 기회를 만들어낸 사례다. 한경희 스팀청소기는 기존 시장의 틈새를 비집고 들어간 것이 아니라 완전히 새로운 시장을 창조해냈다. 당시에도 이미 수많은 청소기가 있었지만 이 청소기는 바닥을 더 잘 닦기 위해 걸레를 뜨거운 물에 적시던 어머니들의 모습을 놓치지 않았다. 물론 이 아이디어를 상품화하기 위해 말할 수 없는 어려움을 겪은 것은 두말할 필요도 없다. 하지만 집안 청소라는 평범하고도 일상적인 일을 새로운 눈으로 바라보고 진지한 대화를 나눴다는 점을 놓쳐서는 안 된다.

음식물 처리기 사업을 성공시킨 루펜리 역시 지저분하고 하찮은 대상에서 의미 깊은 비즈니스 기회를 뽑아낸 좋은 사례다. 상품의 메커니즘 자체야 전기밥솥에 탈취기를 결합한 형태에 불과하지만 정작 중요한 것은 주부들이 '가장 싫어하는 일'에 주목했다는 사실이다. 사람들은 일을 더 편하게 하기 위해서뿐만 아니라 싫은 일을 피하기 위해서도 주저 없이 돈을 낸다.

볼펜의 탄생: 구슬치기에서 원리를 깨닫다

앞에서 최초로 연필을 만든 회사 파버카스텔에 대해 이야기했다. 그럼 볼펜은? 누가 처음으로 볼펜을 만들었을까?

| 보편성: 세속적인 것이 불러오는 평범함의 카리스마 |

1938년 헝가리의 신문기자 라슬로 비로Laszlo Biro는 만년필 때문에 머리를 쥐어뜯고 있었다. 매번 잉크를 넣는 것이 귀찮은 데다가 공들여 쓴 기사에 잉크가 묻거나 펜촉에 종이가 찢어져 낭패를 보기 일쑤였기 때문이다. 신문기자였으니 금세 마르는 윤전기용 잉크를 구해서 써보기도 했지만 너무 찐득해서 펜촉으로 잉크가 흘러나오지 않았다.

그러던 어느 비 오는 날 그는 아이들이 구슬을 갖고 노는 모습을 보았다. 비에 젖은 구슬을 땅에 던지자 자국이 남았다. 영감이 떠오른 그는 화학자인 동생과 함께 금속베어링이 달린 펜을 만들어냈다. 볼펜의 탄생이었다.

그는 곧 프랑스와 아르헨티나에서 이 펜으로 특허를 출원하고 1946년 영국 회사가 이 특허를 사들여 영국 공군에 판매하기 시작했다. 만년필과는 달리 고도가 높거나 기체가 심하게 흔들리는 상황에서도 문제없이 사용할 수 있는 볼펜은 장병들 사이에서 크게 히트를 쳤다. 1945년 〈뉴욕 타임스〉에 실린 전면광고의 문구는 "판타스틱하고 기적 같은 만년필, 2년 동안 잉크를 갈지 않아도 됩니다-!"였다. '잉크를 볼에 묻힌다'는 하나의 아이디어가 대박상품을 넘어 문명의 이기利器의 지위에까지 오르는 순간이었다.

그 후 미국인인 밀턴 레이놀즈Milton Reynolds가 유성잉크를 사용한 제품을 출시하고는 인기 수영 선수가 수족관에서 글씨를 쓰는 모습을 광고로 내보냈다. 이 제품은 오늘날로 환산하면 130달러에 이르는 고급 제품이었지만 불티나게 팔려나갔다.

볼펜은 기술상으로는 만년필보다 앞선 제품이지만 일회용 취급을 받기 일쑤다. 하지만 1963년에 출시된 '모나미 153볼펜'이 그동안 34억 자루, 지구를 12바퀴 돌 만큼 팔렸던 사실이 증명하듯이 볼펜은 사용이 편리해 대중들에게 많은 사랑을 받았다. 일상의 한순간을 놓치지 않았던 비로 덕분에 인류는 매우 적은 비용으로 자신의 아이디어를 반영구적으로 기록할 수 있었다.

대우조선해양: 식당에서 배운 도크회전율

일상의 디테일을 놓치지 않는 관찰력은 청소기나 볼펜 같은 제품에만 적용되지 않는다. 때로는 거대한 기업체의 시스템과 경영방식마저 바꿀 수 있다. 대우조선해양의 사례가 그랬다.

대우조선해양 본사는 거제 옥포만 400만 평방미터의 광활한 부지에 자리 잡고 있다. 100만톤 급의 세계 최대 도크와 900톤에 달하는 대형 골리앗 크레인. 거기에 자동화 설비를 갖춘 38개 공장이 방문객을 압도한다. 협력사 사원을 포함해 모두 2만 9000여 명의 근무자가 이 거대한 시설 곳곳에서 땀을 흘리고 있다.

규모만이 아니다. 건조 능력과 기술 역시 세계 최정상급이다. 천연가스를 액화시켜 운반하는 LNG선의 건조 능력과 시장점유율은 세계 1위다. 또한 액화된 천연가스를 다시 기화시켜 LNG선에서 육상으로 공급하는 LNG-RV선은 산업자원부로부터 '대한민국 10대 신기술'로 지정받았다. 특히 2005년 1월 세계 최초의 LNG-RV선 엑셀시오르 호를 성공적으로 진수시켜 세계적인 기술력을 공인받았다. LNG 운반선 및 초대형 유조선도 삼성경제연구소가 선정한 '한국을 대표하는 세계 일류상품'에 들었다.

이뿐만이 아니다. 2008년 12월에는 'IT 이노베이션 대상'에서 대통령상을 수상했다. 20년 전부터 IT를 선박제조 분야에 접목시켜 조선업계 최초로 공정혁신 프로세스와 전사적 자원관리(ERP) 시스템을 성공적으로 구축한 것이 수상 이유였다.

그런 노력 덕분에 지난 20년간 지속된 선가 하락과 원자재 가격 폭등에도 불구하고 20배 이상의 매출 신장과 4배 이상의 순이익 증가를 이루어냈다.

하지만 이 굴지의 조선소도 세계적인 경기침체의 파고를 비켜갈 수는 없었고 자연스럽게 도크 운영의 효율성을 제고하는 문제가 중요한 이슈로 떠올랐다. 이 문제를 어떻게 해결할 것인가?

30년 동안 이 회사에서 잔뼈가 굵어온 남상태 사장은 뜻밖에도 회사 인근에 있는 작은 식당에서 답을 찾았다. 그것도 20평이 채 안 되는 홀에 테이블 9개와 종업원 4명이 전부인 평범하기 짝이 없는 식당에서 말이다. 식당의 메뉴도 두 가지뿐이다. 점심에는 된장찌개, 저녁에는 등심.

자, 이 식당에는 어떤 비밀이 있었을까? 먼저 손님이 자리에 앉자마자 준비된 음식이 나온다. 주 메뉴인 된장찌개와 밥 그리고 고등어조림 등이다. 식사를 하는 데 걸리는 시간은 약 15분 정도. 뒤에는 손님들이 기다리고 있으니 자리에 그냥 앉아 있을 수가 없다. 식사를 마치고 자리에서 일어서면 바로 식탁이 정리된다. 종업원이 간혹 우왕좌왕하면 식당 주인이 무슨 일을 해야 할지를 즉각 알려주기도 한다. 식당 주인 역시 들어오는 손님에게 앉을 자리를 그때그때 안내해준다. 이런 식으로 손님이 계속 오고 가다 보면 식사 시간이 15분이니 점심시간 한 시간 동안 손님이 테이블 당 네 번 회전하게 된다.

하지만 이런 모습이야 소문난 식당에서 자주 볼 수 있는 일상적인 풍경 아닌가? 그러나 남상태 사장의 눈은 매서웠다. 그는 이 보잘것없는 작은 식당에서 세계 최대의 도크를 운영할 지혜의 실마리를 찾기 시작했다.

남 사장은 두 가지 단서를 예리하게 뽑아냈다. 바로 메뉴의 단순화와 식탁 점유 시간을 최대한 줄인 점이다.

: 한밤중에도 환하게 불을 밝힌 대우조선해양

남상태 사장은 대우조선해양이
경기침체의 파고를 비켜갈 수 있었던 원인을
회사 인근의 작은 식당에서 찾는다.
메뉴를 단순화하고 시간 낭비를 줄인 것 말이다.

첫째, 점심 메뉴는 된장찌개 하나밖에 없으니 손님이 몰려들기 전에 미리 준비해둘 수 있을 것이다. 게다가 모든 절차가 표준화되어 있어 숙련도도 높았을 것 아닌가. 남 사장은 메뉴의 단순화가 주는 장점을 도크 운영에 바로 활용했다. 조선소 운영도 식당 운영과 마찬가지라고 본 것이다. 단순화된 식당 메뉴처럼 수주 선박 종류도 단순해야 작업 효율이 높아지리라 보고 선박 종류를 줄여나갔다. 그 결과 2004년 당시 7개 선종에 18개 형태의 선박을, 2008년에는 5개 선종에 5개 형태로 단순화시켰다.

둘째, 남 사장은 식탁 점유 시간을 최소화한 식당의 운영 방식에서도 아이디어를 얻었다. 선박 건조용 기자재와 선박 단위 구성품인 블록의 위치를 정확히 파악하여 물류 흐름을 원활하게 해줌으로써 불필요하게 드는 시간을 줄인 것이다. 대우즈선해양은 장차 GPS(위성위치확인시스템)를 활용하여 보다 효율적인 물류관리법을 구축할 것이라고 한다. 대우조선해양은 이런 노력을 계속하여 도크당 회전율을 10회전 수준으로 높이려 한다. 이렇게 되면 도크 하나에서 일 년에 10척의 배를 만들어내는 셈이다.

작은 식당에서도 배울 것이 있으면 배워야 한다고 강조하는 남상태 사장. 브람스에서 비틀스까지 다양한 음악을 즐기는 그는 "경영은 과학이라기보다는 예술에 가깝다."고 말한다. 실제로 그는 한국예술종합학교의 '최고경영자 문화·예술 과정(CAP)'을 마치기도 했다. 작은 식당 풍경에서도 거대한 시스템의 청사진을 그려낼 수 있는 지적 비약, 이것이 예술가의 마인드가 아닐까.

홋카이도의 눈 세일즈: 폭설을 역이용하다

일본 홋카이도 누마타초. 11월 중순부터 다음 해 4월까지 매서운 추위가 계속되면 천지가 눈으로 뒤덮인다. 설국雪國이 따로 없다.

강설량이 적은 지역에서는 눈이 귀한 겨울 손님으로 대접받지만 누마타초에서는 1990년대 중반까지 천덕꾸러기 신세를 면치 못했다. 눈은 보통 4~5미터씩 쌓여 교통에 큰 방해가 되었고 눈사태로 주택이나 농경지가 파손되어 재산 피해를 입는 것도 예사였다. 우리나라 울릉도 주민들도 눈이라면 진저리를 칠 것이다. 그런데 15년 전쯤부터 대반전이 일어났다.

일본에는 각 지방의 문제점을 주제별로 묶어서 공동으로 해결하려는 지방자치단체장들의 서미트(수장회의)가 있다. 대표적인 것이 눈 서미트, 바람 서미트, 유채 서미트 등이다.

그중 눈 서미트는 눈이 많아 눈을 자원으로 활용하려는 24개 자치단체들의 모임이다. 서미트 수장들이 보기에 누마타초의 눈은 오래전부터 불편한 것, 괴로운 것, 어두운 것으로 남아 있었다. 눈 서미트는 바로 이 애물단지의 잠재력에 주목하기 시작했다. 지긋지긋하게만 생각할 것이 아니라 남다른 장점으로 바꾸어보기로 한 것이다.

그렇다면 눈만이 가진 특성은 무엇일까. 아름답기도 하지만 무엇보다도 '차가움'을 들 수 있다. 다르게 표현하면 '물질화된 냉기'다. 언제든 쓸 수 있는 냉매를 하늘에서 공짜로 뿌려주는 것이라면 다른 지역에는 없는 누마타초만의 축복일 수도 있지 않을까?

주민들은 눈을 이용해서 지역 특산품을 만들 방법을 찾아 나섰다. 그들이 발견한 것은 바로 쌀. 눈을 활용해서 농산물을 보관하거나 냉방을 하는 방법을 공동으로 개발하기로 한 것이다. 그 결과 세계 최초의 '스노 쿨 라이스 팩토리Snow Cool Rice Factory', 즉 눈을 이용한 쌀 저장창고가 등장했다.

쌀 저장창고에는 가로 세로 길이가 각각 2미터인 저장실이 55개 있다. 대개 3월부터 저설고에 눈을 저장한 후 찬바람을 쌀 저장실로 보내 계절에 관계없이 적정 온도를 유지시킨다. 수확된 쌀은 농가에서 수분을 18.5퍼센트까지 줄여 저장실에 보관하는데 적정 온도를 유지해주면 수분은 14.5퍼센트로 떨어지면서 일 년간 그 상태가 지속된다고 한다.

눈 이용 기술 개발센터의 주임 연구원은 이 상태의 쌀이 가장 맛이 좋다고 말한

최근에는 빙랭미氷冷米라는 브랜드가 등장하여 화제다.
홋카이도 사사끼 농장에서 눈 대신 얼음을 이용해
전기 요금도 절약하면서 설중미 이상의 좋은 쌀을 출하한다고 한다.

: 누마타초의 쌀 저장창고

: 누마타초의 설중미

다. 이 쌀은 '설중미雪中米'라는 이름을 달고 보통 쌀의 두 배 가까운 가격에 대만 등 동남아시아로 수출된다. 누마타초의 쌀 저장 시스템에 눈 대신 전기를 사용하면 비용이 5배나 더 든다. 결국 일반 쌀 창고를 사용할 때보다 비용은 80퍼센트 절감되고 쌀값은 두 배 가까이 비싸지는 셈이다.

눈을 활용하면 또 다른 이점이 있다. 눈을 1톤 쓰면 석유 10리터가 절약되고 이산화탄소 배출량은 28.6킬로그램 감소한다. 유사시에는 식량안보시설로도 바꿀 수 있다.

최근 누마타초는 눈을 활용하는 새로운 방법들을 개발하고 있다. 눈을 쌓아두면 녹는 시간이 더 길어진다는 점에 착안해 3월이 되면 겨우내 쌓인 눈을 모아 커다란 눈산을 만든다. 여기서 녹는 물을 이용해서 '설중버섯'을 키우고, 송풍기로 노인요양시설 등을 냉방한다. 꽃가게는 이 눈을 사다가 실내온도를 낮추는 데 쓴다.

생각해보면 무엇이든 지나치게 많으면 사람살이는 그만큼 곤란을 겪는다. 눈 많은 울릉도에서는 택시도 모두 4륜구동이어야 하고, 바람 많은 제주에서는 집 주위로 돌담을 쳐야만 했다. 하지만 이 지긋지긋한 자연환경도 익숙함을 떨치고 다시 바라보면 놀라운 선물로 바뀔 수 있다. 제주도는 현무암 지형을 내세워 삼다수라는 일급 브랜드를 만들어냈고 제주 해상 풍력발전 단지를 조성 중이다. 최고의 히트 상품으로 꼽히는 제주 올레길도 따지고 보면 거친 바람이 만들어낸 인간의 대응물이다. 저명한 미술사가 사이먼 샤마Simon Schama는 "예술은 아름다움의 구현을 넘어 익숙함을 파괴하려 한다."고 말했다. 익숙함이라는 생각의 루틴routine, 그것을 끊어낼 때만 새로운 가치가 보인다.

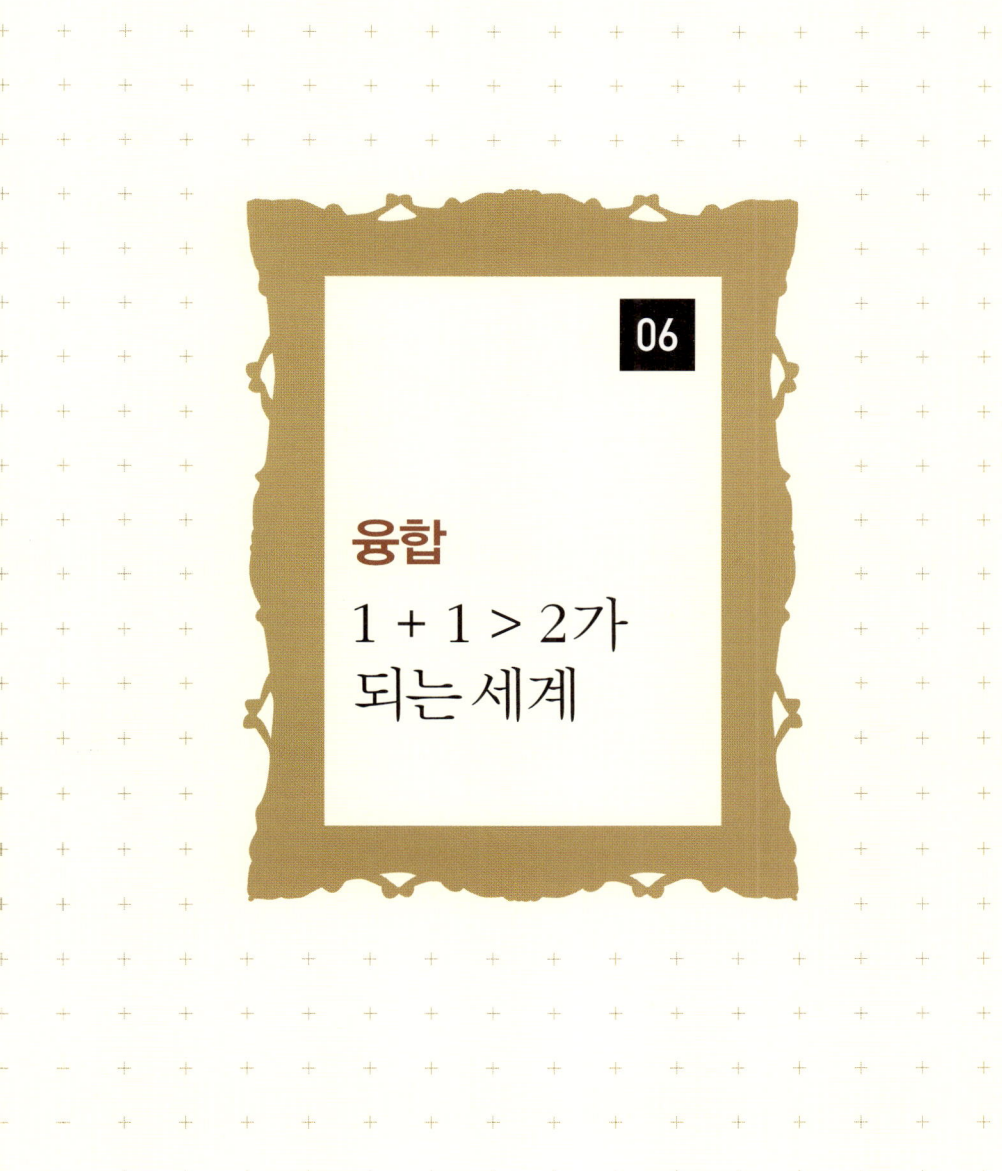

융합

06

1 + 1 > 2가
되는 세계

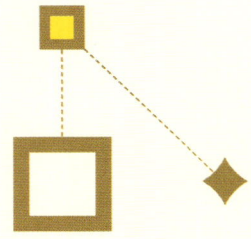

에셔의 작품은 상식적인 세계관으로는 절대 이해할 수 없다.
그는 현실이 가상이 되고 가상이 현실이 되는
새로운 세계를 만들어냈다.
서로 다른 가치를 가지고 있지만 그 경계를 허물 수 있는 것.
지금의 경영자들에게 필요한 필수 역량이다.

TED 콘퍼런스: 세계의 모든 아이디어가 모이다

2010년 2월 10일 캘리포니아 롱비치 공연예술센터. 다양한 분야의 전문가들이 무대에 나와 18분씩 발표를 이어간다. 이날만 하더라도 정치, 경제, 예술, 의학, 국제문제, 생물, 요리 등의 분야에서 이름을 대면 바로 알 수 있는 저명인사들이 저마다 독특한 아이디어를 청중에게 선보였다. 영국 보수당 당수 데이비드 캐머런 David Cameron, 노벨경제학상 수상자 대니얼 카너먼 Daniel Kahneman, 요리사 댄 바버 Dan Barber 등이다. 2, 3일 뒤에는 마이크로소프트 사의 빌 게이츠, 극본 〈버자이너 모놀로그〉를 쓴 이브 엔슬러 Eve Ensler, 영화 〈아바타〉의 감독 제임스 캐머런 James Cameron도 청중 앞에 나섰다.

연단 아래 모인 1000여 명의 사람들은 웃고, 박수 치고, 연신 감탄하면서 호기심 어린 표정을 감추지 않았다. 그중에는 앨 고어와 애플의 공동창업자 스티브 워즈니악 Steve Wozniak도 끼어 있다. 'TED 2010 콘퍼런스'의 모습이다.

TED 콘퍼런스에서 연설 중인
빌 클린턴 미국 전 대통령

클린턴이나 앨 고어 미국 전 부통령 같은 정치인뿐 아니라 빌리 그레이엄 목사나 비교종교학자 카렌 암스트롱 같은 종교인, 침팬지 연구자 제인 구달이나 우주물리학자 스티븐 호킹 같은 과학자, 심지어 U2의 보컬 보노와 허비 행콕 등 뮤지션들까지 연사로 나섰다. 사람들은 이들의 강연을 듣기 위해 6000달러를 내고 심사를 받으면서까지 캘리포니아로 몰려든다.

이 행사는 '두뇌의 최후 광천壙泉', '4일간의 미래 여행'이라 불리는 비영리 민간 모임으로 슬로건은 '퍼뜨릴 만한 아이디어(Ideas worth spreading)'다. 기술(Technology)·엔터테인먼트(Entertainment)·디자인(Design)의 머리글자를 따온 것에서 알 수 있듯이 이 모임은 전 세계 다양한 분야의 전문가들이 함께 모여 서로의 독특한 아이디어를 공유하는 지구촌 지식의 향연이다.

이 모임의 참가자는 한마디로 '새로움에 대한 갈증'에 목말라하는 사람들이다. 그들은 이질적인 분야가 서로 부딪치면 상상도 할 수 없는 새로운 세계가 창출된다는 사실을 어느 누구보다 잘 안다. 그러기에 발표 주제는 글자 그대로 다양하기 짝이 없다. 특정 전문 분야는 물론, 문화예술도 단골손님이고, 심지어 극히 개인적인 경험까지도 자주 발표된다. 2008년 한국의 재미 사진작가 김미루는 아무도 거들떠보지 않는 도심 속의 폐허에서 새로운 세계를 발견한 경험을 발표하여 박수갈채를 받기도 했다.

이처럼 TED 콘퍼런스에 모인 사람들은

자신이 아직 경험하지 못한 다양한 세계를 접할 수 있다. 그리고 어느 순간 지금까지 전혀 예기치 못한 낯선 세계가 자신의 머릿속에서 빛을 뿜어내는 것을 느끼고는 놀라움을 금치 못한다.

융합의 메시지는 이미 오래전부터, 또 다양한 분야에서 쉴 새 없이 불거져 나왔다. 다만 최근 들어 그 어느 때보다 융합의 중요성이 더 절실히 요구되는 것은 창조에 목말라하는 시대의 속성 때문이 아닐까 싶다.

융합의 메시지를 읽어낼 수 있는 곳은 참으로 많다. 강한 유전자를 가진 개체보다 환경에 잘 적응할 수 있는 다양한 유전자를 가진 개체가 오래 살아남는다는 것은 이미 다 아는 사실이다. 다윈의 자연선택 이론과 멘델Gregor Mendel의 유전학을 근간으로 하는 현대 진화론이 이를 뒷받침해준다. 환경에 잘 적응하기 위해서는 다양한 유전자 풀pool이 있어야 하고, 다양한 유전자를 가지기 위해서는 서로 다른 유전 특성을 가진 개체 간의 잡종교배가 필요하다. 이런 논리는 사람에게서 잘 드러난다. 동종교배에 해당하는 근친혼의 폐해를 짚어보면 서로 다른 유전자의 결합이 얼마나 중요한지를 쉽게 알 수 있다.

중국 후난성 오지에 정신박약아가 12퍼센트인 이유를 조사해보니 주민들 대다수가 근친결혼을 해온 것으로 밝혀졌다. 특히 청나라 말기의 왕실 계보를 보면 10대 동치제同治帝는 물론 11대 광서제光緖帝와 마지막 왕인 선통제宣緖帝 푸이溥儀 역시 모두 자식이 없었다. 죽은 남편의 동생과의 재혼은 물론이고 조카와의 혼인도 가능했던 청황실의 오랜 혼인 관습에 상당한 원인이 있는 것으로 보인다.

사촌 간에도 결혼이 가능한 일본의 경우를 보자. 조기노화 증세를 보이는 길포드·베르나·코카인증후군 중 베르나증후군은 세계에서 일본이 가장 많다. 일본에는 20대 전후에 머리카락이 희어지고 대머리가 되는가 하면 피부경화가 일어나서 탄력성이 없어지기도 하고 목소리가 노인처럼 변하는, 이른바 베르나증후군 환자가 많다고 한다. 그 원인 역시 근친혼의 부작용 때문이라는 의견이 지배적이다.

이뿐만이 아니다. 세계 각국의 왕실 계보를 보면 청나라같이 후사가 없어서 왕가가 몰락한 경우가 비일비재하다. 이를 증명해주는 주인공을 찾기 위해 그림 하나를 살펴보자.

1985년 세계 예술가와 비평가들은 벨라스케스Diego Velázquez의 〈시녀들〉을 미술사에서 가장 위대한 작품으로 꼽았다. 고야Francisco Goya, 드가Edgar Degas, 마네, 피카소 등 대가들이 이 작품을 재해석하여 수많은 작품을 남길 정도였으니 알 만하다. 이 작품의 중심인물인 마르가리타 공주와 관련된 이야기를 들추어보면 여기서도 근친혼의 폐해를 쉽게 알 수 있다.

작품 중앙에 아버지인 스페인 국왕 펠리페 4세의 아름다운 금발을 물려받은 공주가 앙증맞게 서 있다. 어머니는 스페인 왕실과 같은 집안인 오스트리아 합스부르크 왕가의 마리아 안나Maria Anna로서 남편 펠리페 4세의 조카다. 스페인 왕실과 오스트리아 왕실은 왕가의 혈통을 유지하기 위해 오래전부터 근친혼 관계를 맺어왔다.

펠리페 4세는 첫 번째 부인과의 사이에서 태어난 자식을 모두 잃고 두 번째 부인인 마리아 안나 왕비에게서 마르가리타 공주만을 얻었다. 하지만 그림 속 아름다운 모습의 마르가리타 공주는 성장하면서 합스부르크 왕가의 슬픈 족적인 주걱턱이 드러나기 시작한다. 벨라스케스가 몇 년 간격으로 그렸던 공주의 초상화들을 보면 실제로 턱이 점점 길어지는 것을 볼 수 있다(아버지 펠리페 4세 역시 자라면서 주걱턱이 심해져서 제대로 씹지 못했고 항상 침을 흘렸다고 한다). 훗날 공주 역시 외삼촌인 오스트리아 레오폴트 1세와 근친혼을 했다. 그리고 22세의 젊은 나이에 아이를 낳다 죽게 된다.

: 디에고 벨라스케스, 〈시녀들〉, 1656

벨라스케스의 최고 걸작으로 꼽히는 〈시녀들〉은 각 분야에서 다양한 의미로 해석되는데, 그만큼 이 그림은 볼 때마다 새로운 방식으로 보게 만드는 묘한 매력을 가지고 있다.

이 같은 근친혼의 폐해를 보면 생물의 진화 과정에 다양한 유전자의 결합이 얼마나 중요한지를 잘 알 수 있다.

이종교배가 주는 선물

지구촌의 문화는 다양하기 짝이 없다. 시간과 공간을 축으로 수많은 문화가 생성되고 소멸되면서 서로 이질적인 문화가 융합되기도 한다. 문화의 융합은 지금까지 접해보지 못한 새로운 세계와 가치를 경험하게 해준다. 이런 융합문화의 가치를 제대로 맛볼 줄 아는 집단만이 새로운 시대의 주역이 된다.

가까운 중국을 보자. 중국의 역사는 한마디로 중원의 역사다. 중원을 정복하는 자가 중국을 통일할 수 있다고 믿었기에, 중국사의 수레바퀴는 이곳에서 출발하고 이곳에서 끝났다. 몽골족의 원나라가 그랬고 여진족의 금나라와 청나라도 그랬다. 한족을 누르고 중원의 주인이 된 이민족들은 중국의 지배자가 되었지만 한족 문화의 지배자는 될 수 없었다. 그들은 지배 초기에 자신들의 문화만 내세운 채 한족의 전통문화는 무시하고 억압했다. 그러나 한족의 문화는 달랐다. 합칠 것은 합치고 버릴 것은 버렸다. 비록 중원은 내주었지만 한족 문화의 자존심만큼은 지켜나가면서 자신들의 문화를 더 살찌게 한 것이다.

물론 역사에도 예외는 있다. 청나라의 강희제康熙帝는 한족의 우수한 문화를 활용하기 위해 적극 나선 사람이다. 그는 한족 출신 인재를 대거 등용하고 역사 편찬까지도 만주족이 아닌 한족에게 일임하고자 했다. 만한전석滿漢全席이라는 대연회를 마련해 한족 음식과 만주족 음식이 자연스럽게 어우러지는 문화 융합을 시도하기도 하고, 만주족과 한족을 통합할 다양한 정책을 내놓기도 했다. 이런 노력으로 강희제는 옹정제雍正帝와 건륭제乾隆帝로 이어지는 133년의 태평시대를 여는 성군이 되었다.

그러나 펜은 칼보다 강하다고 했던가. 결국 몇몇 이민족 왕의 노력에도 불구하고 중원을 차지했던 이민족의 문화는 역사 속에 묻혀버렸다. 남은 것은 오로지 문화 융합을 주도했던 한족 문화뿐이다.

기원전 324년은 알렉산드로스가 화려했던 페르시아 수도 파르사(페르세폴리스)를 불태운 해다. 알렉산드로스는 내친김에 아프가니스탄과 파키스탄을 넘어 인더스 강 하구까지 밀고 들어가서 유럽, 아시아, 아프리카를 연결하는 대제국을 건설했다. 이때부터 알렉산드로스 사후 분열된 세 왕국(마케도니아, 시리아, 이집트)이 로마에 흡수될 때까지 300여 년을 역사는 헬레니즘Hellenism 시대라고 부른다.

살육과 파괴가 지나간 자리 위에 알렉산드로스는 그리스 문화를 심었다. 정복지에 그리스인을 이주시키고, 자신은 물론 1만여 명의 마케도니아 병사도 페르시아 여자와 결혼시켰다. 말하자면 대규모의 국제 합동결혼식인 셈이다. 또한 정복지의 주요 지역에 '알렉산드로스의 도시'라는 뜻으로 70여 개의 알렉산드리아를 세웠다.

알렉산드로스의 이런 노력은 결국 동서양의 문화가 융합된 헬레니즘 문화를 창출했다. 세계 시민을 넘어 개인의 윤리와 행복을 추구하는 에피쿠로스학파

: 이시스-티케 여신상, 기원전 1세기

예술 분야에서는 보다 사실적인 접근이 이루어졌으며, 이집트의 알렉산드리아는 헬레니즘 과학의 온상이 되었다.
특히 간다라 양식의 불상과 이란 하마단에서 발굴된 이시스-티케 여신상은 동서양의 융합 문화를 가늠해볼 수 있는 대표적인 헬레니즘 유적이다.

: 모네, 〈일본 여인〉, 1876

파리 만국박람회는 인상파 화가들의 작품을 유행시키기도 했지만 그들에게 자포니즘(japonisme, 왜색)을 소개해준 창구이기도 했다. 일본 측이 파리 만국박람회에 출품한 도자기 등을 쌌던 값싼 포장지가 인상파 화가들에게 새로운 색감의 세계를 열어주었다. 모네가 자신의 아내를 모델로 그린 이 그림에도 이런 융합의 영향력이 잘 나타나 있다.

(Epicureanism)와 스토아학파(Stoicism)도 이 시기에 등장했고 철학사의 새 지평을 열었다.

헬레니즘처럼 동서양의 문화가 하나가 되는 대표적인 문화의 장이 바로 앞서 말했던 파리 만국박람회다. 동양과 서양의 문물이 함께 모인 파리 만국박람회는 그야말로 거대한 문화 교류의 장이었다. 듣도 보도 못한 미지의 나라에서 온 각종 산업 용품, 지역별 특성을 드러내는 다양한 문양·색상·형태, 생활 풍습이 반영된 음식·의복·장신구·오락기구 등에 쏠린 관심은 뜨거웠다. 1900년의 박람회에는 고종 황제의 명으로 한국관이 열리기도 했다. 난생처음 보는 독특한 문화에 파리는 들떴다. 성당과 궁전을 장식하던 예술이 대중 앞으로 성큼 들어섰다. 완벽한 조화와 균형미를 자랑하던 서양의 건축미에 서아시아와 중국의 장식술이 결합되어 자유분방한 아름다움이 새로 태어났다.

예술이 더 이상 종교나 왕권의 전유물에 머물지 않고 대중의 품속으로 달려들며, 동서양 문화가 거대한 융합을 이루는 이 시기에 터져 나온 엄청난 문화 에너지가 바로 새로운 예술을 뜻하는 아르누보 art nouveau다.

중국의 중원문화, 알렉산드로스의 헬레니즘, 새로운 예술인 아르누보의 예에서 보았듯이 서로 다른 문화가 융합되는 곳에서 새로운 문화를 태동시키는 에너지가 방출된다. 그렇다면 서로 이질적인 것을 묶어내는 융합의 지혜야말로 창조사회를 멋지게 헤쳐 나갈 수 있는 에너지가 되어주지 않겠는가? 이제 이런 지혜를 찾아 미술관으로 발길을 옮겨보자.

에셔: 가상 세계와 현실 세계의 융합

헤이그 시립미술관.

네덜란드 태생의 판화가 모리츠 에셔Maurits Escher를 만날 차례다.

먼저 에셔가 석판으로 제작한 〈도마뱀〉을 자세히 한 번 살펴보자. 도마뱀이 그림 속으로 들어갔다가 다시 나온다. 판화 속 2차원 평면의 스케치북은 가상 세계를 나타낸다. 스케치북에서 나와 책 위로 기어오르는 도마뱀의 공간은 3차원 현실 세계를 상징한다. 2차원 평면의 가상 세계와 3차원 공간의 현실 세계가 같은 그림 속에 공존하는 셈이다.

지금까지는 가상 세계와 현실 세계가 서로 공존할 수 없는 대립 관계로 인식되어왔다. 그런데 에셔는 이런 생각을 비웃기라도 하듯이 두 세계를 융합시키고 있다. 도마뱀을 통해서 말이다.

다시 잘 들여다보면 도마뱀들의 모양이 서로 빈틈없이 꽉 짜여 연결되어 있다. 에셔의 특기인 테셀레이션(tessellation, 쪽매맞춤)이다. 이를 통해 가상이 현실로, 현실이 가상으로 변할 뿐 아니라 그 둘이 뗄 수 없을 정도로 긴밀하게 연결되어 있다.

에셔의 판화 작품을 한 점 더 감상해보자.

손이 손을 그리고 있다. 그렇다면 어느 손이 가상이고 어느 손이 현실일까? 참 알쏭달쏭한 세계다. 어떻게 보면 무슨 장난질 같기도 하지만 사실 에셔는 이 작품에서 가상과 현실의 완벽한 융합을 멋들어지게 보여주고 있다. 〈도마뱀〉에서는 가상과 현실을 뚜렷이 구분할 수 있었으나 〈그림 그리는 손〉에서는 그것이 불가능하다. 가상이 현실이 되고 또 현실이 가상이 되는, 무한 반복의 세계만 존재할 뿐이다. 에셔가 흔히 즐기는 상상의 놀이터다. 에셔는 두 그림에서 서로 다른 세계의 경계를 넘어 새로운 세계를 창조해내는 융합의 지혜를 잘 보여준다.

1
2

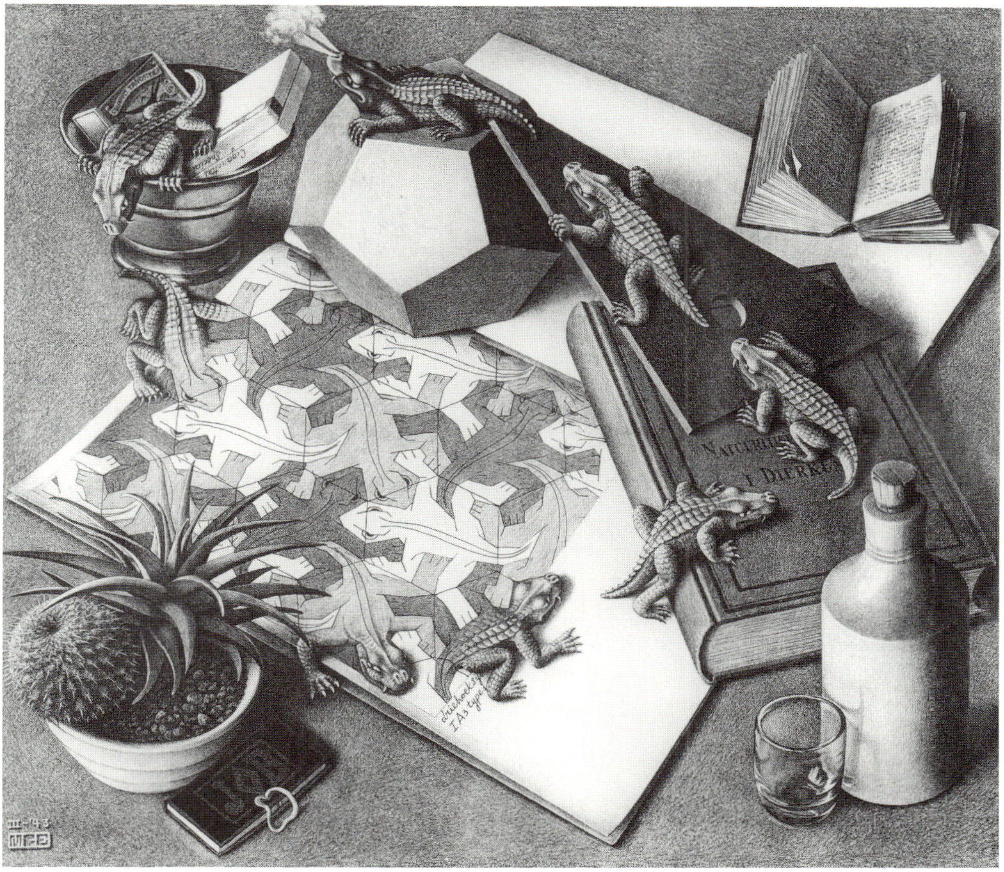

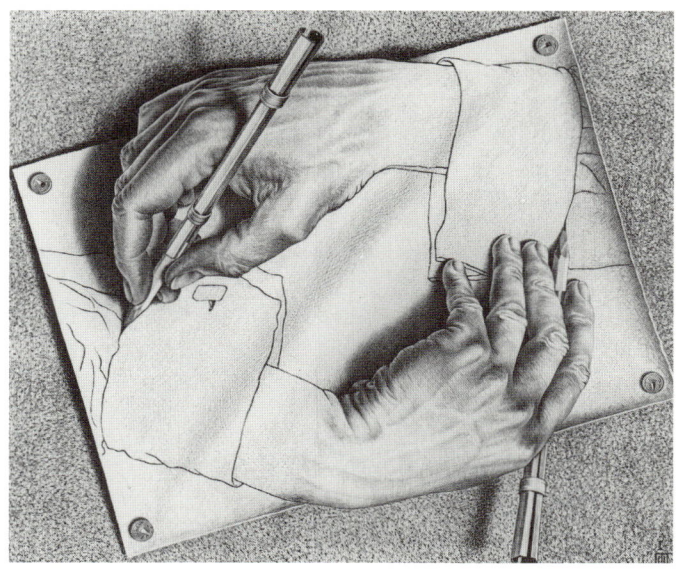

1 모리츠 에셔, 〈도마뱀〉, 1943
2 모리츠 에셔, 〈그림 그리는 손〉, 1948

그렇다면 에셔의 그림에서 본 가상과 현실의 융합을 기업에 적용해볼 수는 없을까? 기업에서 '가상'이라고 할 만한 공간으로는 무엇이 있을까? 그렇다. 사이버 공간, 즉 인터넷이 있다.

오프라인과 온라인의 융합

이미 인터넷으로 대표되는 가상 세계의 위력은 현실 세계를 압도할 정도다. 앞서 잠시 말했던 클라우드 서비스 역시 장차 인간의 경험을 완벽하게 대체할 새로운 가상현실로 점쳐지고 있다. 이것이 일상화되면 더 이상 어느 한곳에 정보를 잔뜩 쌓아두고 CD나 DVD나 USB 등으로 자료를 옮길 일은 영영 사라질 것이다(이것이 아이패드에 USB 단자가 없는 이유다). 네이버의 N드라이브나 마이크로소프트 사의 스카이 드라이브 등이 제공하는 가상 저장 공간과 동기화 서비스 등이 이 미래 시장에 뛰어든 선두주자들이다. 또 구글 닥스Google Docs로 대표되는 웹용 오피스 프로그램 역시 '인스톨' 세대인 우리의 상상력 너머 세계를 겨누고 있다. 아이패드든 뭐든 그때그때 컴퓨터를 통해 클라우드 서비스에 접속해서 별다른 설

: 구글의 '웨이브'

구글이 개발했던 '웨이브' 서비스는 웹을 기반으로 한 협업 플랫폼의 가능성을 보여준 대표적인 사례다. 현재 개발이 중단되어 〈타임〉 지로부터 '실패한 기술'로 선정되는 오명을 쓰기도 했지만 인터넷을 통한 협업이라는 아이디어는 사라지지 않고 진화할 것이다.

치 없이도 각종 프로그램을 웹상에서 사용하고, 또 그 결과물을 가상 저장 공간에 저장하고 공유하는 일상이 코앞에 와 있다. 그렇게 되면 대부분의 컴퓨터는 중앙의 가상 장치에 접속하기 위한 단말기(스크린)로만 소비될 것이다. 즉 '컴퓨팅'이 사라진 컴퓨터가 되는 것이다.

물론 아직 오지 않은 미래의 일들이기는 하다. 게다가 대부분의 기업은 구글이나 아마존 같은 IT 기업이 아니다. 하지만 조금만 눈을 돌려보면 이미 현실 속의 다양한 기업들 역시 가상 세계와 현실 세계를 융합시킴으로써 성공한 사례들을 적지 않게 갖고 있다.

인터넷쇼핑의 위력을 모르는 사람은 아마 없을 것이다. 사실 인터넷망이 구축될 당시 전자상거래에 크게 기대를 품는 사람은 드물었다. 그러나 오래지 않아 이런 생각이 엄청난 오판임이 드러났다. 2008년 한국의 전자상거래 규모는 약 630조 원으로 당시 국가 예산의 2.5배에 달하는 어마어마한 액수였다.

전자상거래가 이처럼 활성화된 이유는 시간과 공간의 제약을 받지 않는다는 점과 가격이 비교적 싸다는 점 덕분이다. 그러다 보니 오프라인보다 온라인 매출이 더 큰 경우도 종종 있다. 배보다 배꼽이 더 큰 셈이다. 오프라인의 대명사인 백화점과 온라인의 인터넷쇼핑몰 매출 추이만 봐도 이를 쉽게 알 수 있다.

2008년 당시 백화점의 매출액은 19.5조 원, 인터넷쇼핑몰의 매출액은 18.1조 원으로 백화점이 1.4조 원 앞섰다. 일 년 후 그 차이가 불과 0.5조 원으로 줄었다가 2009년 상반기에는 인터넷쇼핑몰 매출이 백화점 매출을 추월해버렸다. 롯데유통연구소의 전망에 따르면 2010년에는 인터넷쇼핑몰의 매출이 23.6조 원으로 추정되는 반면 백화점 매출은 22.4조 원으로 예측되어 시간이 갈수록 격차는 더 벌어질 것으

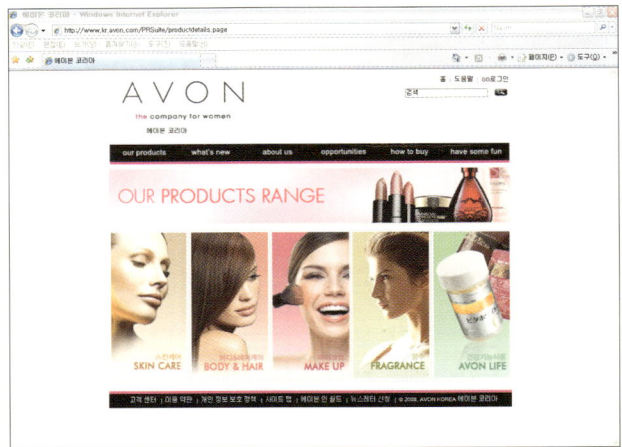

온라인과 오프라인의 융합 트렌드는 두 라인의 특성을 활용하여
시너지 효과를 최대화시키는 쪽으로 방향을 잡고 있다.
말하자면 비교적 싼 가격과 홍보력이 장점인 온라인을 좋은 서비스와 신뢰감을 내세운
오프라인과 연계시켜 전체 매출을 더 올려보자는 속셈이다.

1 **1** 이지은 레드클럽 홈페이지
2 **2** 에이본 홈페이지

로 보인다. 결국 이변이 없는 한 온라인 시장이 오프라인 시장을 앞서나갈 것으로 봐도 무리는 아닌 것 같다. 전년도 대비 매출 증가율만 보더라도 인터넷쇼핑몰이 3년 동안 평균 15퍼센트대 전후인데 반해 백화점은 6퍼센트대 전후에 그쳤으니 그럴 법도 하다.

그런데 이런 사실을 가지고 온라인 쪽으로만 매출 구조를 구축하다가는 낭패를 보기 십상이다. 그 이유는 무엇일까? 간단히 말하면 온라인이나 오프라인 단독으로는 시장 형성에 한계가 있기 때문이다. IT 기업이 아닌, 대부분의 제조·유통·서비스 기업은 창고와 웹페이지만으로 사업을 꾸릴 수 없다. 결국 오프라인과 온라인이 융합하여 상호 보완해 나갈 때 안정적인 성장 시장을 기대할 수 있다.

그렇다면 어떻게 오프라인과 온라인을 융합할까? 뷰티숍 프랜차이즈인 이지은 레드클럽의 사례를 보자. 이 뷰티숍은 온라인과 오프라인을 동시에 운영하고 있는데 온라인에서 만족을 느낀 고객 대부분은 오프라인 매장을 다시 찾는다고 한다. 또 오프라인을 찾은 고객은 신뢰감이 커져서 온라인을 찾는 횟수가 늘어난다고 한다. 결국 온라인은 오프라인을 홍보해주고, 오프라인은 온라인의 신뢰감을 높여주는 상호 보완 역할을 하는 셈이다.

화장품 회사 에이본도 비슷한 경우다. 화장품업계가 대부분 그러하듯이 에이본 역시 방문 판매를 주로 한다. 그런데 CEO가 바뀌면서 온라인을 통해 새로운 제품을 홍보하니 방문 판매 실적도 2.5배나 증가했다고 한다. 이 역시 온라인과 오프라인의 융합이 상당한 의미가 있다는 점을 보여준다.

인터넷 교보문고 역시 '바로드림' 서비스를 운영 중이다. 인터넷 교보문고로 책을 주문하고 한두 시간 후에 가까운 교보문고 매장에서 책을 받아가는 서비스다.

책을 빨리 받아보고는 싶은데 오프라인 매장에서 직접 살 경우 할인이 제한되는 것을 걱정하는 소비자의 틈새를 파고든 서비스다. 이 서비스는 오프라인 서점으로 독자들을 유인하는 효과도 있다.

이지은 레드클럽과 교보문고의 경우는 같은 업체 내에서 온라인과 오프라인이 융합된 사례다. 요즘은 이를 뛰어넘어 다른 업체가 융합해 서로의 장점을 키워가는 사례도 자주 볼 수 있다.

온라인 오픈마켓의 선두주자 G마켓은 대형 오프라인 매장인 이마트, 홈플러스, 롯데마트 등에 입점했다. G마켓이 오프라인에 직접 뛰어든 이유는 간단하다. 온라인만으로는 제품에 대한 고객의 신뢰를 얻기가 쉽지 않기 때문이다. 이 문제를 해결하기 위해 G마켓은 고객이 주문한 물건을 직접 찾아갈 수 있게 하는 방문쇼핑몰 서비스를 제공하고 있다. 방문쇼핑몰 품목은 노트북, 디지털카메라 등 6만여 종이나 된다. 고객은 오프라인에서 직접 설명을 듣고 추가할인도 받을 수 있다.

한편 오프라인이 온라인에 입점하여 좋은 효과를 얻은 사례도 있다. 오프라인 AK 플라자는 인터파크의 프리미엄 쇼핑사이트에 들어가서 백화점 브랜드를 판매하고 있다. '백화점=오프라인'이라는 공식을 깬 덕분에 2009년 12월 판매 실적이 일년 전보다 40퍼센트나 상승했다고 한다.

대표적인 대형마트인 이마트 역시 온라인 진출에 박차를 가하고 있다. 전국의 점포 전부를 온라인 마트의 물류기지로 풀 가동하는 한편, 오프라인과 동일한 가격에 온라인 쇼핑몰을 운영하고 있다. 웹페이지 역시 실제 물건을 장바구니에 담는 것과 비슷한 콘셉트로 만들었으며, 물건은 하루 여러 차례 집으로 배송해준다. 오프라인 기반이지만 온라인에서 구매하므로 구매자들의 상품평을 볼 수 있는 등 온라인만의 장점도 누릴 수 있다.

또 이런 사례도 재미있다. 온라인, 오프라인, 제조업체가 서로 제휴하여 윈윈 전략을 구사하는 경우다. 디지털 쿠폰을 G마켓(온라인)에서 다운받은 후 바이더웨이 매장(오프라인)에 가져가면 빙그레(제조업체) 바나나우유를 무료로 받을 수 있는 행사가 대표적인 사례다. 이 행사를 통해 온라인은 홍보 및 배송 거점을 마련할 수 있고, 오프라인 역시 홍보는 물론 고객을 편의점으로 불러들이는 효과를 얻을 수 있다. 제조업체도 온·오프라인을 이용해 제품에 대한 인지도를 높일 수 있는 것은 당연한 일이다.

이렇듯 에셔의 작품과 마찬가지로 우리의 현실 역시 이미 가상의 공간과 분명히 구분되지 않기 시작했다. 스마트폰, 컴퓨터, 텔레비전의 스크린이 일상 속으로 더욱 파고들수록 그런 경향은 가속화될 것이다. 그리고 이 '끊김 없는' 가상과 현실의 융합(넘나듦)을 이해하고 준비하지 않는다면 기업의 미래는 없다고 해도 과언이 아닐 것이다.

메디치 효과

지금까지 예술과 비즈니스에서의 융합에 대해 살펴보았다. 융합이란 서로 다른 가치 구조를 가진 대상의 경계를 허물고, 이를 창조적으로 결합하여 새로운 가치를 창출하는 것을 말한다. 물론 결합 전에 대상들이 가졌던 가치보다 결합 후에 얻는 가치가 더 클 때 융합의 진정한 의미가 살아나는 것은 당연한 일이다.

이런 의미에서 융합은 통합과 반드시 구분되어야 한다. 통합은 둘 이상의 이질적인 대상들을 단순히 물리적으로 합친 것이다. 1 더하기 1이 2가 되는 세계다. 하지만 융합은 화학으로 치면 혼합물이 아니라 화합물에 가깝다. 1 더하기 1이 2를 넘어 3이 될 수도 있는 세계다. 합쳐지기 전의 대상들이 서로 변해 제3의 창조를 낳는 세계다.

이제 이 융합의 지혜를 되새기며 비즈니스 세계로 들어가 보자. 산업사회에서는 모든 것이 뚜렷한 경계를 가지고 엄격히 구분되었으나 정보사회는 다르다. 시간과 공간의 벽이 허물어지고 각 분야의 경계가 모호해지면서 서로 다른 분야 간의 융합이 자주 일어나고 있다. 이 같은 현상은 기존의 사고방식이나 행동뿐만 아니라 이미 개발된 기술이나 산업 분야 등에서도 쉽게 찾아볼 수 있다. 퓨전 상품이 들판의 불길처럼 번져가고 산업 간의 벽이 허물어지면서 상상도 못했던 새로운 산업이 속속 등장하고 있으니 말이다.

이런 현상이 일어나는 근본 이유는 어디에 있을까? 한마디로 새로운 가치를 창출하자는 데 있다. 서로 다른 분야가 부딪치고 합쳐지면 아직 경험하지 못한 새로운 가치를 얻을 수 있기 때문이다(이를 시너지 효과, 요즘은 메디치 효과라고 부른다).

앞에서 본 TED 콘퍼런스는 이런 '융합 경험'에 중독된 사람들의 페스티벌인 셈이다. 오바마Barack Obama 미국 대통령 역시 혁신을 위해 과학, 기술, 공학, 수학의 중요성을 강조했다. 로드아일랜드 디자인스쿨의 존 마에다 총장은 이 네 가지에 IDEA를 융합해야 한다고 주장했다. IDEA는 직관(Intuition), 디자인(Design), 감정(Emotion), 예술(Art)을 뜻한다. 압축해서 말하면 공학, 인문학, 예술로 정리할 수 있으니 가히 모든 지적 활동이 다 들어 있는 셈이다. 산업사회의 인간형이 'I타입'이라면 창조사회의 인간형은 'T타입'이라는 말과 같은 뜻으로 볼 수 있다. I 타입은 특정한 한 분야의 전문 지식을 가진 사람이고, T타입은 폭넓은 분야의 일반 지식을 가지면서 어느 한 분야만큼은 정통 전문 지식을 가진 사람을 일컫는다.

융합은 다양한 특성을 가진 대상을 전제로 할 때 진정한 의미가 있다. 결합되는 대상의 특성이 동일하면 융합 효과를 기대하기 어렵다. 물과 물의 결합은 똑같은 물일 수밖에 없으나 물과 소금의 결합은 소금물이라는 새로운 가치를 창출해주기 때문이다. 다양한 문화와 지식이 교차되면서 창조성이 발휘된다는 칙센트미하이Mihaly Csikszentmihalyi의 주장이나 기존 지식의 창조적 마찰을 강조한 비고츠키Lev Vygotsky의 견해는 이런 사실을 뒷받침해준다. 서로 다른 문화권의 경험이 많을수록 창조성이 증대된다는 인시아드(유럽경영대학원)의 연구 결과 역시 융합에서 다양성이 갖는 중요성을 잘 보여주는 사례다.

다양한 대상들을 결합해 새로운 세계를 창출한 몇 가지 사례를 들어보자. 피카소는 현대미술의 선구자로 부르기에 부족함이 없는 화가다. 특히 예술이 지향하는 창조 세계를 볼 때 피카소 이전에도 그를 능가한 사람은 없었고, 그 이후에도 그를 뛰어넘는 예술가는 아직 없었다. 이러한 피카소의 천재성을 잘 보여주는 작품 중 하나인 〈등나무 의자가 있는 정물〉은 미술사에서 빠뜨릴 수 없는 중요한 작품으로 평가받고 있다.

이 그림은 기존의 유화와 콜라주가 합성된 것이다. 콜라주란 신문, 헝겊, 모래 등 실제의 사물을 캔버스에 붙여놓은 것을 말한다. 종이를 잘라 장식적 도구로 활용한 파피에 콜레Papier Collé 기법이 19세기에 나타나면서 콜라주는 미술 기법의 한 갈래를 이루기 시작했다. 콜라주가 현대미술에 본격적으로 자리 잡게 된 데는 피카소의 이 작품이 큰 역할을 했다.

〈등나무 의자가 있는 정물〉을 자세히 보자. 꼬아놓은 등나무 가지를 인쇄한 천 조각이 마치 화가가 그린 그림처럼 붙어 있다. 그 옆의 유포 조각 역시 탁자나 의자를 덮은 실제 천 조각이다. 이뿐만이 아니다. 타원형으로 둘러싼 밧줄 역시 피카소가

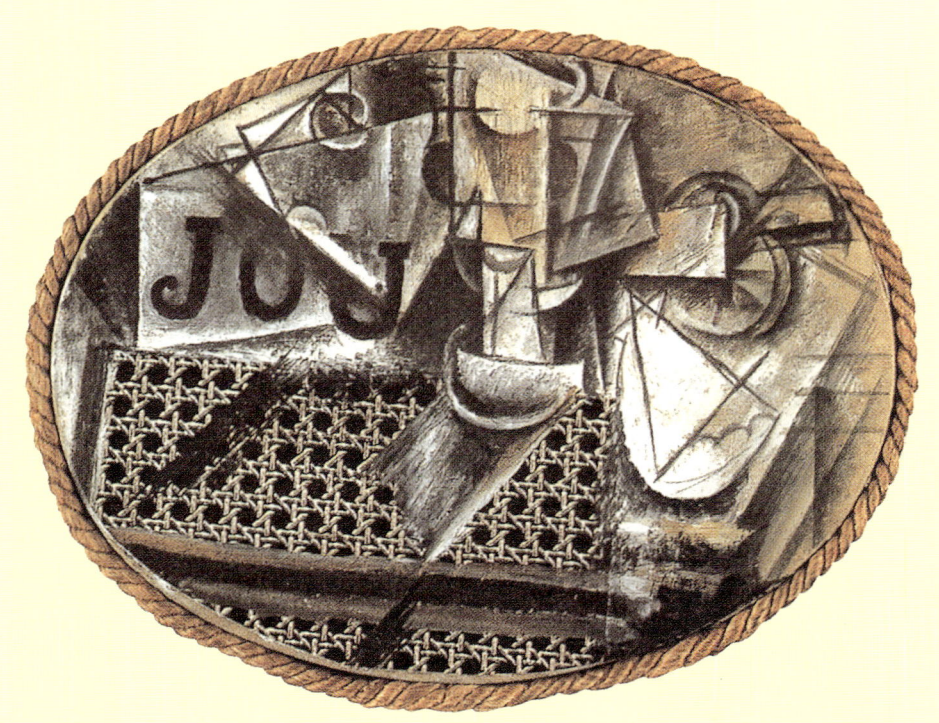

: 파블로 피카소, 〈등나무 의자가 있는 정물〉, 1912

"이미 알고 있는 것은 전혀 흥미롭지 않다.
그럴 바엔 다른 것을 하는 것이 훨씬 낫다."

– 피카소

직접 그린 것이 아니고 실제 밧줄 그대로다.

이 작품에서 피카소가 의도했던 것은 무엇일까? 이 그림 앞에 서면 사람들의 머릿속에는 어떤 생각이 오가게 될까? 대상과 재현, 기성품과 예술의 경계에 대한 혼란으로 머리가 어지러워지지 않을까? 그림의 틀마저도 종전의 상식이었던 사각형에서 타원형으로 바꾸어놓았다. 피카소가 자주 찾던 카페의 탁자가 타원형이었기 때문이다.

화가가 직접 그린 것만을 그림이라고 고집했던 통념을 순식간에 파괴시킨 피카소다운 발상이 아닐 수 없다. 피카소의 이 콜라주 작품은 당시 화가들에게 미술 세계의 새로운 가능성을 상상하게 해주었다. 물감과는 달라도 한참 다른 일상의 사

다 빈치는 원리를 깨닫지 못한 채 그저 목적을 수행하는 것을 견딜 수 없었다.
그의 그런 성격이 원리와 원리를 결합한 새로운 것을 만들어냈다.

: 다 빈치가 그린 〈아르노 강과 수로계획 지도〉

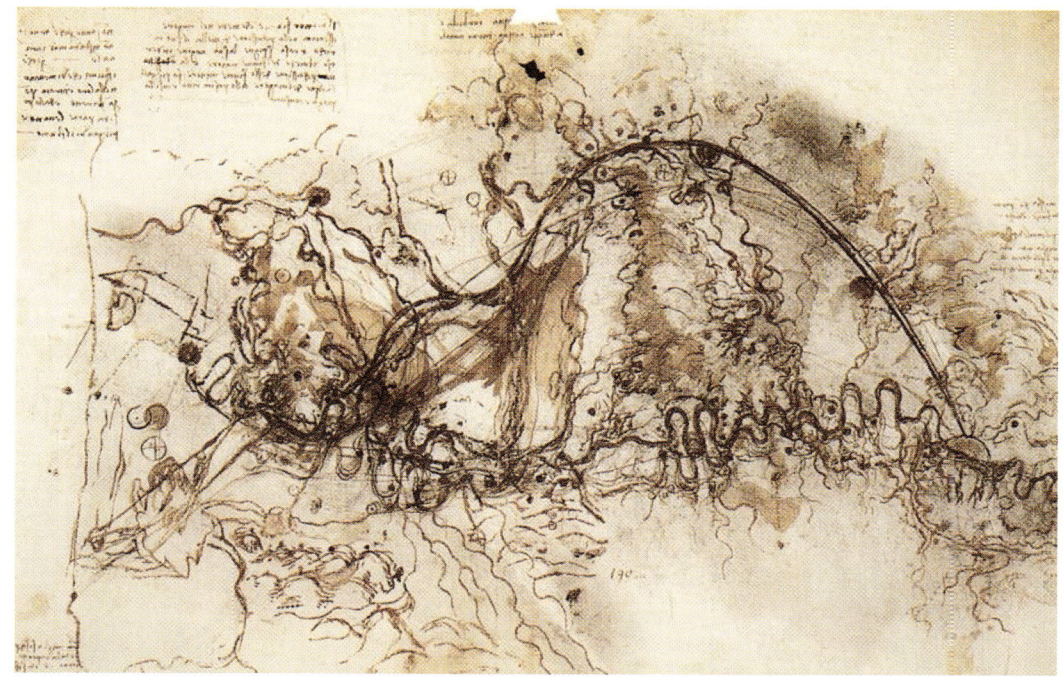

물들이 물감과 결합되어 미술 세계에 새로운 가치의 창을 열어준 것이다.

자, 이번에는 런던으로 가보자. 템스 강 서편에 있는 윈저 궁은 지금도 영국 여왕이 주말 휴식을 위해 자주 찾는 곳이다. 이곳 왕실도서관에는 다 빈치가 그린 〈아르노 강과 수로계획 지도〉가 보관되어 있다. 이 지도는 피렌체와 바다를 연결하는 운하를 건설하기 위해 고군분투하던 다 빈치의 모습이 선연히 떠오를 정도로 정교하다.

지도에 그려진 수로를 자세히 보자. 마치 사람의 혈관을 옮겨다놓은 것 같지 않은가? 혈액 순환 원리를 누구보다 잘 알고 있던 다 빈치이기에 아르노 강의 수로를 그릴 때 이 원리를 활용했으리라 짐작할 수 있다. 그도 그럴 것이 르네상스시대에 인간의 혈액 순환에 대해 다 빈치만큼 정통한 지식을 갖춘 사람은 없었다. 또한 다 빈치는 운하의 도시 밀라노에서 수로 기술자로 일해 물의 흐름에도 정통했다.

다 빈치는 피의 흐름과 물의 흐름이라는 서로 다른 두 개념을 융합시켜 매년 베네치아가 겪었던 고질적인 홍수 문제를 해결했다. 혈관 판막의 원리를 이용하여 수량을 조절할 수 있는 '댐'이라는 새로운 개념을 만든 것이다. 물의 흐름과 피의 흐름이라는 서로 이질적인 두 개념을 결합하다 보니 지금까지 없던, 댐이라는 새로운 가치를 창출할 수 있었다는 말이다.

내친김에 미국 매사추세츠공대(MIT)에도 한 번 다녀오면 좋겠다. 개교 이래 교수와 졸업생 61명이 노벨상을 받았고 현재도 8명의 노벨상 수상자가 교수로 재직하고 있는 명문이다. 이 대학은 자율성과 창조성을 바탕으로 고정관념을 깨기 위해 늘 고민한다.

: MIT 스타타센터 전경

"술 취한 로봇들이 함께 축제를 벌이는 모습"
– 건축가 프랭크 게리가 MIT 명물이 된 스타타센터를 완공하고 남긴 말

    이런 MIT의 학풍을 상징해주는 스타타센터라는 건물이 있다. 이 건물에는 서로 다른 7개 학과의 교수와 학생 800여 명이 함께 모여 공동으로 연구하는 컴퓨터과학·인공지능 랩이 있다. 이 랩의 공동 과제는 인공지능이다. 서로 다른 분야의 연구원들이 이렇게 같이 모여 연구하는 이유는 한 분야에만 국한된 연구로는 빠르게 변하는 세상을 따라잡을 수 없기 때문이다. 각 분야별로 독립적으로 이루어내는 연구

| 융합: 1+1>2가 되는 세계 |

성과는 돌탑 위에 또 하나의 돌을 올리는 일에 불과하다. 그러니 서로 다른 분야의 연구원들이 함께 모여 정보를 교환하면서 공동으로 연구하는 것이 가장 좋은 방법이 될 수 있다. 그렇다면 이들처럼 서로 다른 다양한 분야의 학문이 융합하여 공동으로 연구를 수행할 경우 어떤 결과를 얻을 수 있을까?

간단한 예를 들어보자. 다윈이 《종의 기원》에서 발표한 '자연선택'의 아이디어는 사실 맬서스의 《인구론》에서 나왔다. 다윈과는 무관하게 진화론의 아이디어를 거의 동시에 감지한 월리스Alfred Russel Wallace 역시 《인구론》을 읽고 자연선택의 본질인 '적자생존'을 떠올렸다고 한다. 우연의 일치라 보기에는 너무나 드라마틱하다. 어쨌든 다윈의 자연선택론은 경제학과 생물학이 융합되어 빚어낸 엄청난 새 학문의 가치가 아닌가? 마찬가지로 왓슨James Watson과 크릭Francis Crick의 DNA 이중나선구조 발견도 사실 X선 회절 사진의 도움이 없었다면 불가능했을 것이다. 이처럼 서로 다른 학문 간의 융합은 예기치 못한 위대한 도약을 이끌어낸다.

MIT는 순수이론 연구보다 현실 문제를 풀 수 있는 실용적인 연구를 위해 오래전부터 융합 학문을 강조해왔다. 복잡하고도 빠르게 변하는 각종 현실 문제를 효과적으로 해결하려면 단일 학문으로는 한계가 있다는 사실을 잘 알기 때문이다.

이처럼 MIT는 단일 분야의 전문가가 아니라 다양한 분야를 넘나드는 21세기의 다 빈치들을 양성하고 있다. MIT처럼 이종 학문 간의 잡종교배를 실행하고 있는 대학이나 연구소는 수없이 많지만 그들의 공통된 주제는 하나다. 서로 뒤섞자는 것. 이것이 역사가 증명한 창조성의 원천 중 하나다.

총천연색의 캠퍼스, 구글

융합의 진정한 의미는 융합 대상이 얼마나 많은 이질성을 지니고 있느냐에 따라 달라진다. 조직 구성도 마찬가지다. 구성 인자의 다양성 폭이 클수록 융합 효과도 커지는 것은 당연한 이치다. 이때 기업이 얻을 수 있는 융합 효과란 두말할 필요 없이 창조성이다.

: 직장인들의 디즈니랜드 구글캠퍼스

구글은 격식 없는 개방된 공간이다. 매주 금요일 오후가 되면 전 직원들은 맥주와 음식을 들고나와 TGIF를 즐긴다.

| 융합: 1+1>2가 되는 세계 |

한창 주가를 올리고 있는 구글을 보자. 구글 직원은 회사를 구글캠퍼스라 부른다. 구글은 그만큼 자유롭고 재미있게 일하는 곳으로 소문이 나 있다. 실제로 구글캠퍼스를 둘러보면 총천연색의 파라솔이 회사 내에 널려 있고, 그곳에서 직원들이 점심을 먹는 모습을 볼 수 있다. 총천연색. 좋은 말이다.

구글은 인종, 취미, 기술, 재능 등을 고려하여 다양하게 사람을 뽑는다. 구성원들의 출신 역시 다양하다. 운동 선수, 퍼즐 챔피언, 산악인에서부터 과학자, 의사, 심리학자, 인류학자에 이르기까지 각종 직업군이 총망라되어 있다. 이른바 T자형 조직인 셈이다. 구글이 직원을 이렇게 다양하게 구성한 이유는 명확하다. 이질적 특성을 가진 사람들의 아이디어를 서로 뒤섞어서 아무도 넘보지 못하는 새로운 세계를 정복하자는 것이다. 조직 융합의 메디치 효과를 최대한 살리겠다는 욕심이 아니고 무엇이겠는가.

다양한 구성원이 함께 있으니 조직 운영의 묘는 팀별 협력체제에서 찾아야 한다. 구글은 이를 위해 인트라넷으로 구성원 개개인의 경험과 정보가 팀원 모두와 공유되게 한다. 업무 시간의 20퍼센트를 개인의 관심 분야에 활용하게 한 '20퍼센트 룰'도 개인 차원이 아닌 팀 프로젝트 차원에서 이루어지게 한다.

65퍼센트에 달하는 세계 검색 시장 점유율, 2003년 이후 700퍼센트의 매출증가율의 힘은 여기서 나왔다. 최근 검색엔진과 휴대전화 사업 외에도 구글 TV, 무인자동차, 풍력발전, 쇼핑몰, 영화산업 등 끝 간 데를 모르는 분야로 사업을 확장해나가는 모습에서 이들의 진정한 저력을 엿볼 수 있다.

기존 산업과 IT의 융합

이제까지 융합에 대해 이야기했지만 뭐니 뭐니 해도 융합의 시대에 가장 돋보이는 것은 휴대전화다. 무선전화기에 IT가 결합되면서 휴대전화의 변신술(스마트폰)은 실로 마법의 세계처럼 놀랍다.

IT가 몰고 온 엄청난 융합 마법은 스마트폰에서 끝나지 않는다. 아주 고전적인 제조업 상품, 바로 신발에서도 다양한 변화들을 읽을 수 있다.

2006년 세계적인 신발 업체 나이키와 혁신의 대명사 애플은 자신들만의 재주를 뽐내듯이 '에어 줌 무아레'라는 운동화를 시장에 내놓았다. 이 신발은 내장된 센서를 이용하여 달리는 속도와 소모한 칼로리를 아이팟 액정에 띄워준다. 물론 아이팟이 이 일만 하는 것은 아니다. 달리는 동안 음악도 듣고 운동도 할 수 있으니 스트레스를 풀기에는 그만이다.

그런데 이 정도로는 만족할 수 없는지 이번에는 또 이런 운동화가 소비자를 유혹한다. 발목 부분에 미니액정 표시장치를 부착하여 키, 몸무게, 나이, 성별 등 신상정보를 입력하면 비만도 지수를 자동으로 계산해 맞춤식 건강정보를 실시간으로 알

신발 안에 장착된 센서와 리시버로 구성된 '나이키+아이팟' 운동화는 전혀 어울릴 것 같지 않은 IT와 운동화의 결합으로 센세이션을 일으켰다.

: 애플과 나이키의 '에어 줌 무아레' 광고

려주기까지 한다. 이런 식이다. "비만도 26, 하루 운동 권장량 240킬로칼로리, 칼로리 소비량 100." 이쯤 되면 개인 주치의를 신발에 달고 다니는 셈이다. 이렇게 되면 이 신발의 경쟁 상대는 다른 신발이 아니라 체중계와 비만클리닉이 된다. GPS가 부착된 등산화라면 기존 내비게이션 업체의 경쟁 상대가 된다. 첨단 기술이 기존 제조업체들의 판도까지 바꾸고 있다.

이처럼 신발이 자신의 유전자를 어떻게 변화시켜 나갈지 분간할 수 없게 하는 장본인은 바로 IT다. 단기간에 놀라운 발전을 보인 IT산업은 이제 가쁜 숨을 고르면서 새로운 도약 방향을 가늠하고 있다. IT가 노리는 다음 레이스는 IT산업 자체보다는, 기존의 전통 산업에 활력을 불어넣는, 이른바 굴뚝산업 지원 코스다. 가령 신발 산업에 IT가 융합되어 새로운 바람을 불어넣어준 사례들이 이를 잘 보여준다.

이제 과거처럼 인건비 싸움에만 매달려서는 진정한 고객가치를 찾을 수 없다. 기존 가치 구조를 의도적으로 허물고 모든 가능성의 문을 열지 않으면 새로운 세계를 만날 수 없다. 한물갔다고 버림받은 신발산업이 IT를 만나 새로운 가능성의 세계를 열어가는 것을 보면 이 사실은 더욱 분명해진다.

섬유산업도 신발산업과 똑같은 길을 걷고 있다. 섬유산업이 포화 상태에 들어섰다고 판단되자 기다렸다는 듯이 IT가 결합된 스마트 섬유가 줄을 이어 등장하고 있다. 건강 상태를 자동으로 점검해주는 헬스케어용 섬유나 MP3를 들을 수 있는 오락용 섬유, GPS를 활용해 미아를 찾아주는 기능성 섬유, 특수 산업용 섬유 등이 새로운 섬유 시장을 형성하고 있다. IT와의 융합이 없다면 상상하기 힘든 일이다.

IT 융합 효과는 신발과 섬유산업뿐만 아니라 대다수의 전통 산업에서도 찾을 수 있다.

우선 IT와 자동차산업의 융합을 알아보자. 2007년 라스베이거스에서 열린 IT

가전 쇼에서 빌 게이츠는 IT의 다음 시장을 자동차라고 지목했다. 사실 요즘 자동차는 내연 기술의 집합체라기보다는 전자 기술의 총아라 불러도 어색하지 않을 정도다. IT를 통해 자동차끼리 대화를 나눔으로써 충돌을 방지하고 교통상황까지 알 수 있으니 머지않아 무인자동차도 탄생할 것 같다. 실제로 GM의 릭 왜고너 Rick Wagoner 회장은 10년 안에 무인자동차가 등장할 것이라 예측한다. 그때쯤이면 자동차와 IT의 융합 산업 시장은 약 2500억 달러 규모에 이를 것으로 추정된다.

많은 사람이 관심을 가진 의료 분야는 어떨까? 의료산업에서 IT가 접목되는 가장 중요한 부분은 우선 의료기기 제작 분야다. 약물체 전달 기술이라든가 새로운 진단 및 수술에 필요한 기기를 개발할 때 IT는 선택이 아니라 필수다. 원격진료를 받는 환자가 매년 70퍼센트 이상 늘어나자 U-헬스 등 온라인 의료 서비스 시스템 개발이 큰 관심거리가 되고 있다. 이 시스템 개발은 글자 그대로 IT와 의료산업이 접목된 전형적인 융합 사례라 볼 수 있다.

국가가 주도하는 뇌 과학 원천 기술 개발사업 역시 IT의 도움 없이는 불가능하다. 이 사업은 첨단 영상 기술과 IT를 뇌 과학에 접목시켜 뇌의 활동 원리를 찾아내려는 방대한 사업이다. 초당 약 1억 비트의 정보를 손쉽게 처리하는 뇌의 신비를 제대로 풀기 위해서는 관련 과학과 IT의 융합이 절대적인 역할을 할 것이다.

인간의 유전자 지도에 해당하는 게놈 정보 분석에서 IT의 역할은 대단히 크다. 게놈 분석에 IT가 융합되다 보니 2003년을 기점으로 불과 5년 만에 분석 비용은 약 99퍼센트가 줄고 분석 기간은 97퍼센트나 단축되었다. 삼성SDS는 2009년 클라우드 컴퓨팅 센터를 개소하면서 게놈 분석 비용을 3년 내에 1000달러 수준으로 내리는 프로젝트를 끝내겠다고 했다. 2003년 당시 인간 게놈 분석에 소요된 비용이 2조 7000억 원인 것을 보면 IT 융합 효과가 얼마나 대단한지를 짐작하고도 남을 것이다.

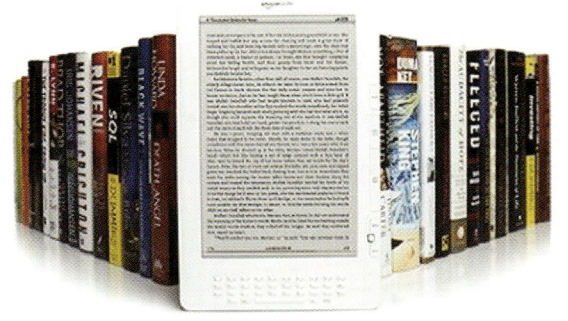

킨들의 출현은 전자책 논의에 불을 지폈고, 출판은 물론 교육 콘텐츠 시장의 판도까지 바꾸어놓았다.

: 아마존의 전자책 킨들

　출판업계에도 새로운 변수가 떠올랐다. 종이책이 전부라고 생각했던 세상에 전자책(e-book)이 등장한 것이다. 종이를 대신할 수 있는 e-잉크를 개발한 일등공신은 물론 IT다. 이 e-잉크를 2004년 처음으로 상품화시켜 시장에 내놓은 소니와 파나소닉은 콘텐츠 부족으로 실패했다. 이를 반면교사反面教師로 삼은 아마존은 전 세계 모든 책을 60초 이내에 공급하겠다는 목표를 내걸고 전자책 단말기인 킨들Kindle을 개발했다. 킨들의 열기는 대단하다. 아이팟이 2년 만에 40만 대가 팔려나간 반면 킨들은 일 년 만에 50만 대가 팔려 그 대단하다는 아이팟 열풍을 가볍게 넘어서버렸다. 미국 전자책 시장 규모는 2013년 3000만 대가 될 것으로 추정된다. 현재 킨들의 시장점유율은 60퍼센트이고, 애플이 아이북스와 아이패드를 내세워 그 뒤를 쫓는 중이다.

　'제조업+IT' 모델을 넘어서서 아주 새로운 사업모델을 시험하고 있는 회사가 있다. 세계적인 배송업체 DHL이다. 이 회사는 단순히 IT기술만을 접목한 것이 아니라 IT기술을 매개로 소셜 네트워크를 이용하는 실험을 하고 있다. 이른바 '브링 버디 bring BUDDY'라는 것인데 크라우드 소싱(crowd sourcing : 대중에게 아웃소싱하는 경영 기법)을 활용한 사례다.

원리는 간단하다. 물품을 배송할 때 DHL의 배송 시스템을 이용하는 대신 일반인이 대신 배송해주고 DHL과 이익을 공유하는 것이다. 우선 누군가 베를린에서 프랑크푸르트에 갈 일이 있다고 하자. 그러면 그 사람은 베를린에서 프랑크푸르트로 발송하는 DHL 물건이 있는지 스마트폰 애플리케이션으로 확인한 뒤 출발할 때 DHL의 물류보관 기지에서 물건을 찾아 직접 배송한다. 그 대가로 받은 포인트는 현금으로 교환하거나 여행 비용 등으로 사용할 수 있다. 재미있는 것은 애플리케이션을 이용해서 배송자들끼리 릴레이로 전달할 수도 있다는 것이다.

'케빈 베이컨 게임'으로 알려진 6단계 이론이 소개되었을 때만 해도 그것은 그저 재미있는 '이론' 중 하나였을 뿐이다. 하지만 스마트폰이라는 IT기기가 출현하자 그것은 유력한 사업모델이 되었다. IT는 모든 산업과 기업이 자신들의 업 자체를 되묻게 한다.

IT에서 스포츠까지, 새로운 황금률 '융합'

융합은 이제 세상의 황금률로 떠올랐다. 두텁던 경계의 벽을 부수고 모든 부문이 서로를 껴안으며 새로운 가치를 찾아 나섰다. 산업계는 물론이고 학계나 문화계도 마찬가지다. 스포츠라고 예외는 아니다.

동계 스포츠는 오랫동안 서구 스포츠 선진국의 독점물이었다. 그래서 한국의 스피드스케이팅은 1992년 알베르빌 동계올림픽과 2006년 토리노 동계올림픽에서

딴 은메달과 동메달만으로도 자랑스러웠다. 그런데 2010년 밴쿠버 동계올림픽에서 기적이 일어났다. 단거리 500미터에서 남녀 모두 금메달을 챙긴 것이다. 세계가 깜짝 놀랐다. 그러나 이 기적의 밑바닥을 들추어보면 고개가 절로 끄덕여진다.

단거리 스피드스케이팅에서는 초반 100미터 이후 첫 코너링에서 누가 더 속도를 높이느냐가 메달 색깔을 결정한다. 이 문제를 한국은 쇼트트랙으로 해결했다. 스피드스케이팅 선수들은 쇼트트랙용 스케이트 신발을 신고 코너링 연습을 줄곧 했다. 스피드스케이팅으로 단련된 몸에 쇼트트랙의 코너링 기술을 불어넣는 빙상 스포츠의 융합이 일어난 것이다. 덕분에 코너링만 시작하면 반짝반짝 빛나는 한국 선수들이었다.

스포츠 융합 이야기가 나왔으니 내친김에 한 종목만 더 알아보자.

2009년 7월 로마 세계수영선수권대회 다이빙 남자 10미터 싱크로 플랫폼 결승에서 한국의 권경민·조관훈 조가 6위를 차지했다. 이는 세계수영선수권대회 다이빙 종목에서 한국이 거둔 역대 최고의 성적이다. 이런 좋은 성적을 올린 원천을 찾는다면 물론 여러 가지가 있겠으나 두 선수 모두 체조 선수 출신이었다는 것에 주목해야 한다. 싱크로나이즈드스위밍이라는 용어를 탄생시킨 다이빙 선수 캐서린 커티스Katherine Curtis 역시 원래는 체조 선수였다. 중국은 체조 선수들 중에서 다이빙 선수를 발굴하는 전략을 오래전부터 구사하고 있다. 중국이 다이빙 강국이 된 이유를 찾을 수 있는 흥미로운 사례다. 이외에도 스포츠 분야에서 서로 다른 종목 간의 융합 사례는 얼마든지 찾아볼 수 있다.

여러 나물 반찬을 볼 때마다 비벼 먹고 싶은 것이 한국 사람의 식성이다. 비빔밥으로 단련된 사고 구조라면 융합이 창출해주는 새로운 세계가 멀지 않다. 낯설고 극단적인 두 세계를 의도적으로 부딪쳐보는 일만 남은 셈이다.

07

단순함
작은 것은
힘이 세다

장욱진 화백은 그림을 위해 버리고 또 버렸으며,
앙리 마티스는 선, 형태, 색상만을
이용해 그림을 그렸다.
그림이든 마케팅이든 비우면 비울수록
남은 것이 강조되고 더 오래도록 기억에 남는 법이다.

과잉의 시대와 제갈량의 지혜

처음으로 이메일 계정을 개설하면서 느꼈던 설렘과 신기함을 기억하는가? 그러나 지금은 이메일이라는 말에 고개를 절레절레 흔들 사람이 많을 것이다. 하루가 멀다 하고 흘러넘치는 메일을 처리하는 데 적잖은 에너지와 시간을 쏟아야 하니 신기하기는커녕 여간 성가신 일이 아닐 수 없다.

통계를 하나 보자. 중간 규모의 조직 관리자가 받는 메일이 하루 평균 100~150통이라고 한다. 게다가 미국의 경우 소비자가 접하는 광고 메시지가 하루 2500여 개라는 보도를 보면 가히 정보의 홍수라는 말이 실감날 수밖에 없다. 그러다 보니 요즘은 요긴한 정보를 어디서 어떻게 얻느냐보다는 불필요한 정보를 어떻게 처리하느냐가 더 중요한 문제로 떠올랐다.

이런 상황에 처한 것이 어디 정보뿐이겠는가.

첨단 과학 덕분에 장족의 발전을 거둔 각종 전자 제품, 특히 휴대전화는 그 다양한 기능에 머리가 어지러울 정도다. 화상통화는 물론 인터넷·텔레비전·카메라·GPS 기능 등을 같이 심어놓아 마치 첨단 기술의 전시장을 보는 듯하다. 물론 얼리어답터early adopter나 비교적 젊은 세대에게는 이런 제품이 짜릿한 즐거움을 줄 수도 있겠지만 그렇지 못한 사람에게는 낭패감을 줄 수도 있음을 놓쳐서는 안 된다. 영국의 통신업체 보다폰의 조사에 따르면 응답자의 3분의 1 이상이 문자 메시지 기능을 제대로 사용할 줄 모른다고 한다. 비교적 많이 이용한다는 문자 메시지 기능이 이 정도니 휴대전화에 탑재된 다른 기능들이야 더 말할 필요가 없지 않겠는가. 그러니 상당히 많은 소비자는 필요 이상의 비용을 들여서 쓸모없는 기능이 탑재된 휴대전화를 구입하는 것에 낭패감을 느낀다.

정보 기술 분야에서 이런 비슷한 사례들이 흘러넘치는 것은 비단 어제오늘의 일이 아니다. 여기에 사회 구조와 집단의 가치관이 얽히고설키다 보니 세상은 점점 더 복잡해지기 시작했다. 바야흐로 풍요의 임계점을 넘어 복잡함이 불편함을 낳고 급기야는 경제적 손실도 심심찮게 입에 오르내린다. 컨설팅업체인 베인앤드컴퍼니가 1000명 이상의 종업원이 근무하는 200개 기업을 대상으로 조사한 결과 복잡성으로 인한 비용이 전체 제품원가의 10~25퍼센트를 차지했다고 한다. 결국 이런 복잡성의 걸림돌만 제거해도 제품원가를 상당 부분 줄일 수 있다는 계산이 나온다.

이런 추세에 큰 변화가 없다면 미래는 어떤 모습일까? 역시 우리가 우려하는 대로 되리라는 것이 미래학자들의 공통된 생각이다. 인간을 위한 기술과 정보의 풍요로움보다는 기술을 위한 기술, 정보를 위한 정보의 범람으로 세상이 더욱 복잡해지면서 불편함은 더 커질 것이라고 한다.

이런 시대를 살아가는 사람들의 진정한 욕구는 과연 어디에 있을까? 그 답은 바로 이 장의 주제인 '단순함'에 있다.

구글 초기 화면에는 다른 포털 사이트에서 쉽게 볼 수 있는 잡다한 메뉴 창이나 배너 광고 등이 전혀 없다. 단지 검색창 하나만 단출하게 방문객을 맞을 뿐이다. 복잡한 화면에 넌더리를 냈던 네티즌에게는 오아시스나 다름없지 않은가.

구글은 이 단순함의 철학으로 전 세계를 장악해버렸다. 구글의 기업 가치는 세계 최초로 1000억 달러를 넘어섰다. 브랜드 가치를 전문적으로 조사하는 영국의 밀워드 브라운 옵디모 사의 2010년 조사 결과도 한 번 보자. 구글은 2009년과 2010년 연속으로 세계 최고의 브랜드 가치를 기록했다. 2010년 구글의 브랜드 가치는 무려 1142억 6000만 달러였다. 구글은 이제 단순한 기업 활동의 영역을 넘어 구글만의 문화까지도 창출한다. 구글이 동사로 쓰이면 '웹을 검색하다'라는 뜻으로 통할 정도가 되었으니 말이다. 이런 사실을 보면 사람들이 단순함에 얼마나 갈증을 느끼고 있었는지를 분명히 알 수 있다. 이런 움직임을 통찰의 눈으로 내다본 로드아일랜드 디자인스쿨의 존 마에다 총장은 단순함을 만들어내는 비즈니스가 앞으로 성장 산업이 될 것이라고 주장한다. 사람들의 눈에 보이지 않는 진정한 욕구를 정확하게 끄집어

**복잡하게 생각할 것 없다.
구글의 초기 화면은
단순하기 이를 데 없다.**

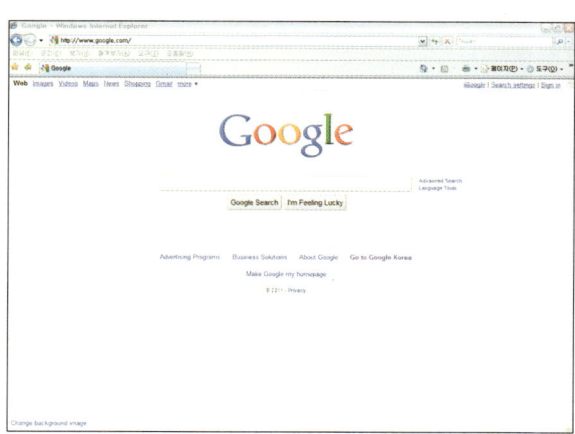

: 구글의 검색창 초기 화면

낸 말이다.

복잡한 세계에 단순함이 가져다주는 울림이 놀랍다. 무슨 말이냐고? 《삼국지三國志》의 한 부분을 떠올려보자.

《삼국지》라는 흥미로운 스토리를 엮어가는 나라는 위魏, 오吳, 촉蜀 세 나라다. 조조曹操가 이끄는 위는 100만 군사를 거느리고 황제를 앞세워 천하를 호령하니 그 세력이 당시 최고였고, 손권孫權의 오는 물산이 풍부한 강동을 근거지로 백성의 추앙을 받고 있어서 위와 오 모두 국가로서의 기반을 튼튼히 다지고 있었다. 이에 비해 촉의 유비劉備가 가진 것이라고는 관우關羽와 장비張飛, 그리고 소수의 병력뿐이었다.

이런 상황에서 삼고초려三顧草廬를 마다하지 않고 자신을 찾아온 유비를 보는 제갈량諸葛亮의 심사는 참으로 난감했다. 한漢 왕실을 지키겠다는 대의명분은 있었으나 위와 오에 비해 절대적으로 부족한 군사력을 가진 유비가 할 수 있는 일이 과연 무엇일까? 이것이 제갈량이 풀어야 할 숙제였다. 복잡하게 얽히고설킨 모든 조건들을 고려해 답을 얻기란 그렇게 쉽지 않은 일이었다.

세 번째로 방문한 유비에게 제갈량은 드디어 그 답을 던진다. 바로 세 발 솥인 정鼎. 중국을 세 부분으로 나누어 세 발 솥의 형상을 만들어야 한다는 천하삼분天下三分 전략이 바로 그것이다. 서로가 서로를 견제하는 형국이 되어야만 천하를 도모할 힘을 기를 수 있다는 말이었다. 제갈량이 유비에게 제시한 이 전략은 당시의 복잡한 상황을 정확히 읽어내고 그 핵심을 찌른 간단명료한 처방전이었다. 송곳처럼 날카롭게 갈아낸 이 단순한 전략에 유비는 감동한다. 그 어렵기만 하던 문제를 이렇게 쉽게 풀어버리다니!

사실 제갈량이 제시한 메시지인 '천하삼분지계天下三分之計'는 이전에도 여러 전략가들이 제시한 바 있다. 제갈량의 탁월함은 이 전략을 솥 이미지로 단순화한 데 있다. 자질구레하고 복잡한 상황들이 드러나지 않은 '세 발 솥' 전략은 경쾌하기 이를 데 없다. 그렇다고 문제의 본질을 피하지도 않는다. 아주 간단하기에 우선 이해하기 쉽고 전략의 목적을 달성해 나가는 속도 또한 빠르니 그 효과도 클 수밖에 없지 않겠는가. 이 논리가 구체화된 것이 바로 유명한 적벽대전赤壁大戰이다.

천하삼분이라는 간단명료한 단 하나의 메시지이다 보니 제갈량은 여기에 모든 힘을 쏟을 수 있었다. 그는 오의 손권과 주유周瑜의 자존심을 자극해 조조의 대군과 적벽대전을 치르게 했다. 이른바 칼을 빌려 적을 친다는 《손자병법孫子兵法》의 제3계 차도살인借刀殺人을 멋지게 해치운 셈이다.

《삼국지》의 백미이자 전쟁사에 빛나는 적벽대전은 조조의 대참패로 끝나고 어부지리漁父之利를 얻은 촉은 천하삼분이라는 단순한 전략 하나만으로 삼분의 대열에 들어서는 놀라운 결과를 얻었다. 단순함의 위력을 느낄 수 있는 대목이 아니고 무엇이겠는가.

이처럼 전투 상황을 유리하게 끌고 나갈 수 있는 가장 효과적인 전략은 여러 갈래일 수 없다. 단순화시킬수록 힘은 한곳에 집중되고 행동 원리도 더 명확해져서 그 파급효과가 커진다. 전쟁론의 대가 클라우제비츠Carl von Clausewitz는 이 같은 힘을 꿰뚫어보고 "전쟁에서 모든 것은 매우 단순하다."는 유명한 말을 남기기도 했다.

그렇다면 우리가 관심을 가지고 있는 예술 분야에서는 단순함이 어떤 의미를 가지고 있고 그 효과는 어떨까?

'단순함'을 미학 차원으로 다루기 시작한 것은 물론 미니멀리즘부터다. 미니멀리즘은 1960년대 후반 미국의 예술가들이 주도해 전 세계에 유행시킨 현대미술의 한 갈래로서 극단적으로 최소화된 표현을 통해 아주 큰 파장을 얻으려는 의도를 지니고 있다. 앞에서도 애플 사의 아이팟을 소개하면서 미니멀리즘에 대해 조금 이야

: 단순하면서도 시선을 사로잡는 자살방지 캠페인 포스터

메시지의 핵심을 발굴하려면 우리는 결론을 내리는 명수가 되어야 한다. 무자비할 정도로 곁가지를 쳐내고 중요한 것만 남겨야 한다. 메시지는 반드시 단순하고, 동시에 심오해야 한다."

- 칩 히스 · 댄 히스의 《스틱》 중에서

기했었다.

그러나 여기서는 미니멀리즘으로 분류되는 작품만을 만나고자 하는 것이 아니다. '단순함의 미학'을 보여주는 작품이라면 어디든 찾아갈 것이다.

88올림픽 굴렁쇠 놀이: 1분간의 정적

1988년 9월 17일 오후 1시 정각. 88올림픽 잠실주경기장. 운동장에서는 850여 명의 무용단원이 불화와 갈등을 암시하는 혼돈의 이미지를 연출하고 있다. 스타디움 전체가 격동적인 모습이다. 정확히 5분이 지나자 육군 장병과 어린이 1008명이 일시에 뛰쳐나와 태권도 시범을 보여준다. 절도 있게 진행되는 태권도 시범은 우렁찬 구령소리와 스탠드를 메운 관중의 박수소리와 함께 천지를 집어삼킬 듯하다. 1시 10분이 되자 태권도 시범단 모두가 사라졌다.

이제 운동장에는 단 한 사람도 보이지 않고 고요한 정적만이 흐른다. 아무것도 없다. 아무 소리도 들리지 않는다. 시계의 초침만 계속 흐르고 있을 뿐이다.

이 세계적인 축제를 진행하는 데 무슨 문제라도 생긴 것일까? 극도의 불안감과 긴장감이 잠실주경기장을 휘감는 순간 여섯 살 난 아이가 운동장에 나타났다.

스탠드의 관중과 TV를 지켜보는 지구촌의 모든 눈이 이 아이에게 집중된다. 잠실주경기장, 아니 전 세계가 갑자기 얼어붙은 느낌이다. 일체의 모든 것이 사라진 정적 속에서 아이는 혼자 굴렁쇠를 굴리며 넓은 운동장을 가로지른다.

팽팽한 긴장감이 화산처럼 순식간에 폭발할 것만 같다. 숨 막히는 시간이 또 흐른다. 이윽고 운동장 맞은편에 도착한 아이가 손을 흔든다.

: 88올림픽 굴렁쇠 놀이

전 세계가 주목하는 가운데
여섯 살 난 아이는 굴렁쇠를 굴렸다.
한 명의 아이가 굴렁쇠를 굴린 시간은
1분에 불과했지만
그 집중도와 영향력은 상상을 초월했다.

그 순간 터져 나오는 폭발적인 박수와 탄성이 잠실 벌판을 넘어 지구를 뒤흔들었다. 그리고 아이는 운동장을 나갔다. 아이가 운동장을 나가자마자 1450명의 아이들이 한꺼번에 뛰쳐나와 새싹 놀이를 시작한다. 정적과 긴장감에 숨죽인 잠실주경기장이 다시 새로운 생동감으로 용솟음치는 순간이다.

시계를 한 번 보자. 아이가 굴렁쇠를 굴린 시간이 얼마나 될까? 영원처럼 느껴진 그 시간은 사실 단 1분에 불과했다. 굴렁쇠 놀이는 극단적인 간결성이 과연 어떤 효과를 가져다주는지를 생생히 보여주었다. 텅 빈 운동장에서 여섯 살 난 아이가 보여준 굴렁쇠 놀이는 이처럼 깊고도 장엄하게 전 세계를 울렸다. 개막식 프로그램 중 이것만큼 길고 깊은 울림을 남긴 것이 또 있을까?

아니슈 카포의 〈구름의 문〉: 단순함을 넘어 충만함으로

미국 시카고 밀레니엄 파크.

빌딩 숲 사이로 햇빛에 반짝이는 금속 조각품이 눈에 띈다.

이 조각품은 인도 태생의 현대 조각가 아니슈 카포Anish Kapoor의 작품으로 시카고 시민이 사랑하는 야외 조형물이다. 영국에서 활동하는 카포는 그 작품이 세계 여러 나라에 상설 전시될 정도로 역량을 인정받는 세계적인 조각가다. 그는 한국에서도 이미 두 차례나 전시회를 가졌다.

이 조형물은 그의 대표작 〈구름의 문〉이다. 마치 완두콩처럼 보여서 시카고 시민들은 이 작품을 '콩'이라는 애칭으로 부른다.

아무런 굴곡 없이 부드러운 곡선으로 처리된 형상이 단순하기 그지없다. 보는 사람에게 어떤 특별한 형상을 연상해달라고 보채는 일도 없고, 의례적인 식견을 늘어놓아 달라는 투정도 없이 그저 도심의 한 곳을 다소곳이 채우고 있을 뿐이다. 그런데 이상한 일이다. 이 조각품 앞에 서 있다 보면 골치 아픈 논리의 세계는 어느새 사라지고 한없이 포근한 감성의 세계로 빨려 들어간다. 아무런 변화나 악센트도 없이 그저 밋밋한 곡선뿐인 이 단순한 조형물에서 어떻게 이런 힘이 나오는 것일까? 스테인리스스틸의 차가운 금속성만을 감지했다면 새로운 시각으로 한 발짝 다가서 보자.

우선 거울처럼 반들거리는 조형물 표면에 주위 풍경이 반사되다 보니 삭막한 도시 공간이 아늑해진다. 온통 회색 톤인 콘크리트 빌딩 앞으로 푸른 하늘이 펼쳐지고 새로운 공원 공간이 눈을 시원하게 해준다. 이 차가운 금속 조각이 핏기 없는 도시 공간에 이런 생명력을 불러올 것이라고 어느 누가 상상이라도 했을까?

〈구름의 문〉이 가져다준 것은 이것뿐이 아니다. 조형물 아랫부분은 부드러운 곡선으로 처리되어 또 다른 공간을 만들어내고 있다. 시카고 시민들은 이 공간에서 비나 햇빛을 피해 휴식을 취하면서 이곳을 아주 편안한 친구처럼 대한다. 작가는 이 부분을 '배꼽'이라고 부르면서 감상자들이 여기를 통해 조각의 내면 깊숙한 곳까지 빠져 들어가는 정신적 체험을 할 수 있다고 말한다.

그는 조각품의 형상뿐만 아니라 그 형상이 빚어내는 바깥 공간에도 깊은 의미를 부여했다. 조각품을 감상할 때 쉽게 놓쳐버리는 부분이 바로 이 바깥 공간이다. 조각 자체가 만들어내는 형상은 포지티브 볼륨positive volume이라고 하고 조각 바깥의 공간은 네거티브 볼륨negative volume이라고 한다. 조각품을 감상할 때 이 두 개의 볼륨을 서로 다른 독립 공간으로 보게 되면 조각품이 주는 깊은 맛을 제대로 느낄 수 없다. 따라서 조각품을 제대로 감상하려면 이 두 개의 볼륨을 새로운 공간으로 바라

: 아니슈 카포, 〈구름의 문〉, 2006

'콩'을 닮은 이 단순한 강철 조각이
도시인들의 사랑을 받는 이유는 어디에 있는 것일까?

보고 동시에 음미할 수 있는 눈이 필요하다.

 네거티브 볼륨은 어디까지나 빈 공간이다. 그러나 그냥 글자 그대로의 텅 빈 공간일 수만은 없다. 조각품이 만들어낸 포지티브 볼륨이 존재하기에 네거티브 볼륨이라는 공간이 존재하는 것 아닌가. 아무 일도 없었던 공간과 축제가 끝난 공간이 어떻게 같은 느낌을 줄 수 있겠는가. 축제가 끝나고 모두가 자리를 뜬 빈 공간은 화려한 축제의 흔적이 남아 더 쓸쓸하게 느껴지지 않겠는가. 마찬가지다. 조각품의 흔적이 남은 네거티브 공간은 그저 단순한 공간만으로 존재할 수 없다. 포지티브 볼륨과 네거티브 볼륨, 이 두 공간은 대립된 속성을 가지고 있지만 서로 떼려야 뗄 수 없는 불가분의 관계일 수밖에 없다.

 이처럼 카포는 포지티브 볼륨과 네거티브 볼륨의 상호 공유를 통한 조형질서를 추구하면서 존재와 부재, 물질과 영혼, 가시적인 것과 비가시적인 것 등의 이원성 문제를 깊이 다루고 있다. 그의 작품을 철학적으로 보는 이유도 이 때문이다.

 이제 홀가분한 마음으로 주위 경관과 더불어 〈구름의 문〉을 다시 바라보자. 지름 20미터의 금속 조각품이 들어선 시카고 밀레니엄 파크에는 새로운 공간이 생겨났다. 조각품으로 새로운 공간을 창조해낸다는 카포의 말대로 치솟은 빌딩과 도심 공원 속에 도회적 감성이 흐르는 아늑한 쉼터가 만들어진 것이다.

 〈구름의 문〉은 시카고라는 거대 도시 공간에 비해 왜소하기 짝이 없고 그 형태 역시 단순하기 이를 데 없다. 그러나 이 작은 작품 하나가 삭막한 도시 공간에 새로운 풍경과 공간을 만들어내고 이분법이라는 견고한 사고의 틀마저 와해시키는 큰 울림을 가져왔다. 그것도 아무 군더더기도, 아무런 장식도 없이 그저 부드러운 곡선으로만 처리된 이 단순한 작품으로 말이다.

장욱진: 비움의 아름다움

겨울산을 닮은 화가가 있다. 무성한 잎들을 다 버린 나목만이 외로운 곳. 흙과 바위를 적시던 물도 어느새 말라버린 곳. 이따금 철새 울음소리만 간간이 들리는 곳.

장욱진 화백은 이런 겨울산을 쏙 빼닮은 그림만 그리다가 삶을 마쳤다. 그의 삶 역시 겨울산과 다를 바 없었다. 바위와 나목을 안고 골격만 드러낸 채 서 있는 겨울산처럼 그는 일체의 허식을 버리고 오로지 화가의 길만 걸었다. 그림 외에는 너무 무능해서 두 손에서 붓을 빼앗으면 그대로 뻣뻣하게 굶어 죽을 사람이라고 다들 입을 모을 정도였다. 장 화백은 자신을 늘 이렇게 내비쳤다.

"나는 심플하다."

이 말처럼 그는 그림만을 위해 모든 것을 버리고 또 버렸다. 심지어 세월의 10년 단위도 모두 버렸다. 쉰여덟의 나이를 매번 여덟 살이라고 스스럼없이 말했다. 이런 셈법이라면 그는 세 살(73세)에 생을 마쳤으니 꼭 3년만 살다 간 셈이다. 남들은 못해서 안달인 교수직도 스스로 벗어던졌다. 교수직도 그림을 그리는 데는 방해가 될 뿐이라고 생각했기 때문이다. 그에게는 동양화와 서양화의 구분도 부질없는 일이었다. 화가라면 은근히 가지고 싶은 대작에의 욕심도 그에게는 모두 허세이자 과시였다. 그의 작품 대부분이 품에 오롯이 안기는 소품인 이유도 이 때문이다. 이런 그에게 교수의 권위의식은 애당초 어울리지 않는 것이었다. 교수 같은 사람이 아이스크림을 쪽쪽 빨면서 학교에 들어서기에 쫓아갔더니 장욱진 화백이었다는 얘기도 전해진다.

이처럼 그는 그림이라는 구도求道의 여행을 위해 방해가 되는 모든 것을 온전히 비웠다. 그래서일까? 그의 작품 앞에 서면 더할 수 없는 마음의 고요를 느낄 수 있다.

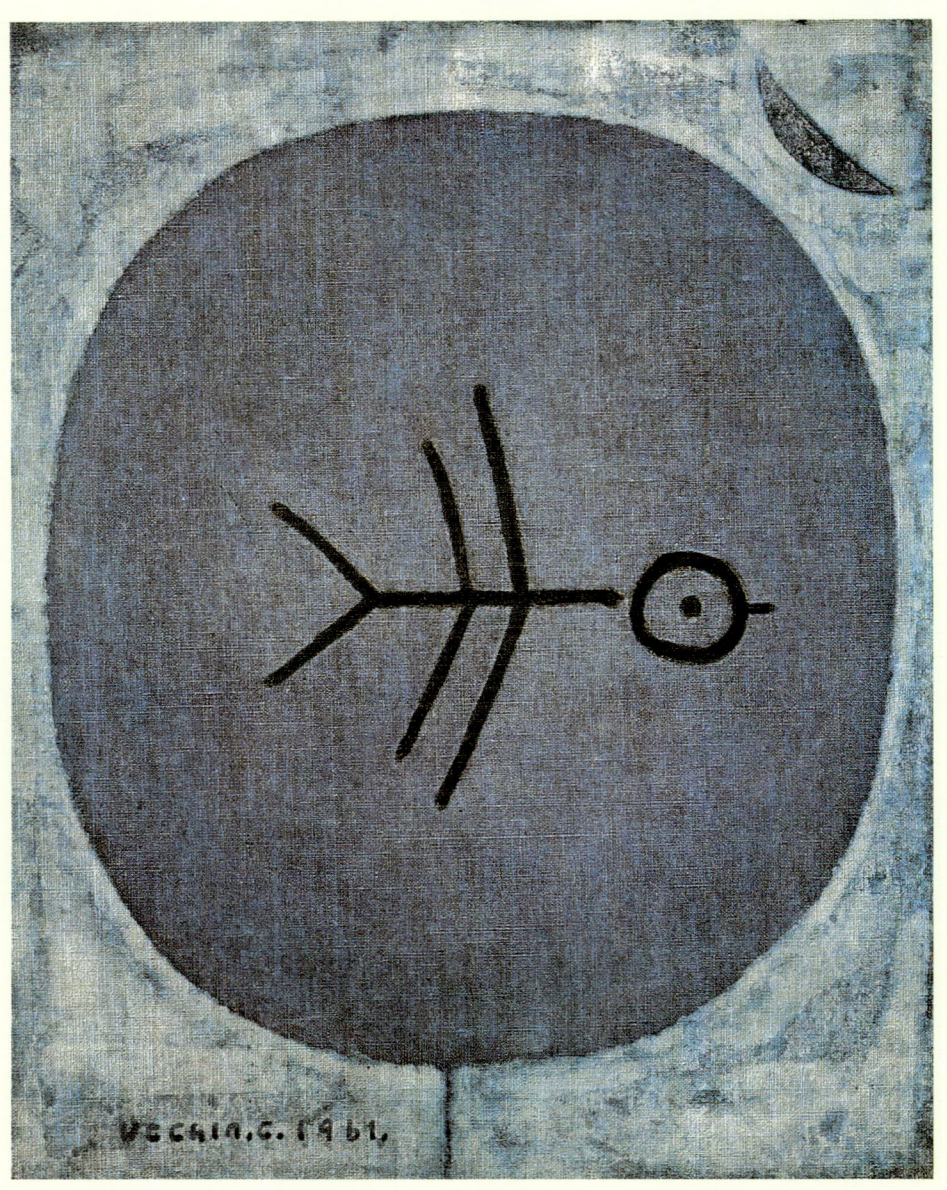

: 장욱진, 〈야조도〉, 1961

언제나 어린아이 같았던 장욱진 화백의 작품 〈야조도〉를 감상해보자.

크지도 작지도 않은 소담한 크기의 유화 한 폭이다. 군청색을 주조로 하면서 화폭에 등장하는 소재는 단 세 가지다. 나무가 화면 전체를 덮고 있고 그 오른쪽에 초승달이 비스듬히 걸려 있다. 그리고 날개를 활짝 편 새 한 마리가 숲의 둥지를 떠나 어디론가 날아가고 있는 것이 전부다.

지금 느끼는 그대로 작품에 나타난 그 어떤 소재에서도 화가의 원숙한 미적 기교는 찾을 수 없다. 허식을 모두 벗어던진 채 기름기 빠진 성긴 갈필의 흔적만 화폭에 남아 있을 뿐이다. 누군가 그의 작품을 두고 천진난만한 어린아이 같은 그림이라고 했지만 화가의 마음속에는 이런 목소리가 담겨 있었을지도 모를 일이다.

"초승달은 너무 쓸쓸하고 외로워. 이걸 그려야 해. 매번 눈에 보이는 달의 모습은 쓸데없는 군더더기일 뿐이야. 그리고 초승달의 친구인 나무를 하나 크게 그려주자. 덜 외롭게 말이야. 그렇지! 숲에는 새가 있어야 돼. 달과 나무, 둘보다는 새까지 있어야 더 오순도순할 것 같아. 나무와 달이 덜 외롭게 너는 날개를 쫙 펴고 둘 사이를 오가야 해. 달까지 갔다가 다시 돌아오려면 거추장스러운 살도 방해만 될 거야. 그래서 널 앙상하게 그렸어. 이제 그 어디든 마음대로 훨훨 날아갈 수 있을 거야."

이 그림을 보고 있노라면 혼자 이렇게 중얼거리며 새와 나무와 달을 그리는 화가의 까칠한 모습이 떠오른다. 그의 인생이 그러하듯 그의 그림 역시 모든 허식과 군더더기를 지워버리고 대상이 갖는 본질만을 생생히 드러내고 있다. 그러기에 이 단순한 소품 한 점이 가져다주는 울림의 크기가 너무나 깊다. 세상이 무엇인지, 우리

삶이 무엇인지를 생각하지 않고는 이 그림에서 눈을 뗄 수가 없다.

단순함의 미학과 비즈니스

지금까지 굴렁쇠 놀이, 아니슈 카포와 장욱진의 작품을 음미해보았다. 모두 다 극히 간결한 표현으로 큰 반향을 얻어낸 아름다운 작품들이다. 자, 그렇다면 이런 절제된 표현이 오히려 큰 울림을 가져오는 비결은 과연 무엇일까?

그 비밀의 열쇠는 바로 '단순함'에 있다. 물론 이 단순함은 대상의 겉모습만을 보고 복잡한 부분을 물리적으로 제거함으로써 외형을 간단히 하는 것만을 의미하는 것은 아니다. 통찰의 눈으로 대상을 관찰하고 대상 전체를 아우르는 핵심적인 큰 흐름만을 찾아내는 것, 그리고 그 외의 것들은 철저하게 버리는 것이 바로 단순함의 미학이다.

단순함의 미학이 비즈니스에 어떻게 접목되는지를 구체적으로 알아보기 위해 작품 하나를 만나보자. 야수파의 거장 앙리 마티스의 〈댄스〉다.

〈댄스〉는 극도로 단순화된 선, 형태, 색상을 통해 건강한 생生의 기쁨을 활기차게 노래한다. 마티스의 목소리를 직접 들어볼까.

"이 작품은 세 가지 색이면 충분하다. 하늘은 파랑, 인물은 분홍, 동산은 초록색이면 족하다."

마티스의 주장대로 색상은 물론 〈댄스〉에 나타난 선과 형태 역시 단순하기 짝

: 앙리 마티스, 〈댄스〉, 1910

야수파의 리더였던 마티스의 대표작인 〈댄스〉는
단순성, 장식성, 평면성과 함께
화면 전반을 지배하고 있는 리듬이 그 주요 특징을 이루고 있다.

이 없다. 그러나 그 단순함의 효과가 너무나 강렬해서 인생의 환희를 이렇게 생생히 표현한 작품도 찾아보기 힘들 정도다. "자네는 회화를 단순화시키고 말 거야!"라는 스승 구스타브 모로Gustave Moreau의 말처럼 마티스는 대상을 단순하게 표현하기 위해 모든 노력을 다했다. 대상을 있는 그대로 재현하기보다는 불필요한 부분을 과감히 제거하여 대상의 본질만 극적으로 드러낼 때 풍부한 상상과 힘찬 생동감을 얻을 수 있을 것이라고 확신했기 때문이다.

이번에는 마티스의 지혜를 빌려 기업의 품질 개선 문제를 한 번 생각해보자.

불량품을 해결하기 위해 기업이 전통적으로 활용하는 도구 중 하나가 파레토 도Pareto chart다. 이 도표는 '20 대 80' 법칙으로 알려진 파레토법칙을 활용해 불량품을 효과적으로 줄여준다. 품질관리의 대가 주란Joseph M. Juran은 파레토법칙을 품질관리와 연관시켜서 상당수의 불량품은 극소수의 불량 원인에서 발생한다고 생각했다. 즉 소수의 불량 원인(20퍼센트)이 대부분의 불량품(80퍼센트)을 낳는다는 말이다.

그렇다면 극소수의 불량 원인을 알아내서 해결하면 상당한 품질 개선 효과를 얻을 수 있다는 말이 된다. 어느 회사에서 작성한 옆의 표와 그림을 보자.

우선 도표에 따르면 8개의 불량 원인 중 단 두 가지 원인(기계조정불량, 자재불량)에 의한 불량품이 75퍼센트(59+16)에 이르는 것을 알 수 있다. 결국 8개의 불량 원인을 두 개의 불량 원인으로 단순화시켜 이 두 문제만 해결해도 75퍼센트의 불량 비율을 줄일 수 있다는 말이다. 더구나 이 두 원인이 나머지 불량품의 부분적인 원인이라면 불량률은 더 줄어든다.

이처럼 파레토 도를 이용한 품질 개선의 핵심은 복잡한 문제를 단순화시켜서 집중하면 보다 적은 노력과 비용으로 기대 이상의 효과를 얻을 수 있다는 점이다. 하

불량 원인	불량 개수	불량 비율(%)
기계조정불량	118	59
자재불량	32	16
부품결함	14	7
설계미숙	12	6
작업자과오	10	5
기계노후	6	3
공구불량	4	2
기타	4	2

불량 원인별 불량 발생 개수

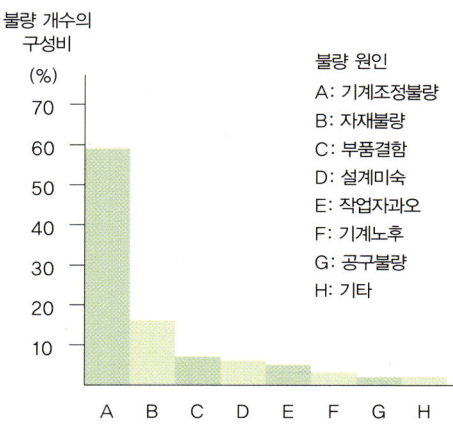

품질관리 파레토 도

지만 여기서 요점은 단순히 불량 원인을 8개에서 2개로 줄였다는 것이 아니다. 마티스가 사람에게 분홍색, 하늘에 파란색, 땅에 초록색만을 남겨두고 모든 디테일을 버렸듯이 품질 개선 역시 불량 원인의 '큰 줄기'만을 추려내고 나머지를 버림으로써 효율성을 얻었다는 것이다. 파레토 도는 이러한 아이디어와 프로세스를 돕는 장치일 뿐이다.

그렇다면 파레토 도를 이용한 품질 개선이나 조형 요소를 단순화시켜서 큰 조형 가치를 얻은 마티스의 미술 정신은 결국 '단순함의 미학'이라는 동일한 논리를 활용한 것임을 알 수 있다. 이처럼 단순함의 미학은 예술 세계에만 머물지 않고 모든 활동 영역, 특히 비즈니스 세계에도 의미심장한 지혜의 메시지를 던진다.

세계 산업디자인의 트렌드: 버릴 수 있을 때까지 버려라

기업의 사례에서 '단순함의 미학'을 가장 손쉽게 만날 수 있는 분야는 뭐니 뭐니 해도 디자인 쪽이다. 최근 세계 디자인을 주도하는 것은 스칸디나비아다. 눈으로 직접 확인하기 위해 스톡홀름으로 발길을 옮겨보자. 스톡홀름 가구박람회는 스칸디나비아 디자인을 한눈에 읽어낼 수 있는 현장이다.

아래 전시품은 스웨덴의 가구 회사가 출품한 것으로 한눈에 봐도 단순하고 절제된 현대적 감각을 느낄 수 있다. 특히 군더더기 없이 간결성을 유지하면서도 독특한 문양으로 변화의 악센트를 준 것이 인상적이다. 어떤가? 실내에 두고 오래 사용해도 싫증이 나지 않고 항상 새로운 분위기를 느끼게 해줄 것 같지 않은가?

북유럽의 독특한 자연환경에 영향을 받은 스칸디나비아 디자인은 장식성보다는 사용자를 편안하게 해주는 실용성과 단순함으로 눈길을 끈다.

스웨덴이 자랑하는 이케아의 가구에는 단순함의 미학이 소리 없이 녹아 있고, 일렉트로눅스의 가전에는 인간 중심의 실용성이 완벽하게 구현되면서 자연의 숨소리가 생생하게 들리기도 한다. 가식적인 그 어떤 군더더기도 없이.

그런데 최근 전 세계의 디자인 흐름을 살펴보면 대부분이 스칸디나비아 디자

  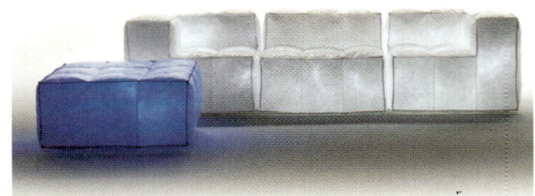

: 스톡홀름 가구박람회에 전시된 가구들

인을 닮아가고 있음을 느끼게 된다. 현재 디자인의 큰 흐름은 한마디로 '인간을 위한 디자인'으로 요약할 수 있다. 과거의 디자인이 '디자인을 위한 디자인'이었다면 이제는 사용자에게 더없는 편리함과 친근감을 주는 디자인으로 바뀌고 있다는 말이다. 사용 가치는 최대한 살리면서 불필요한 장식은 모두 버리겠다는 속셈이다.

2006년과 2007년 세계적인 산업디자이너 재스퍼 모리슨Jasper Morrison과 후카사와 나오토(深澤直人)는 런던과 도쿄에서 '슈퍼노멀supernormal'이란 디자인 전시회를 열었다. 아주 평범한 생활용품을 글자 그대로 슈퍼노멀하게 디자인한 것이다.

그들이 주장하는 슈퍼노멀이란 일본의 생활용품 브랜드인 무지의 디자인 철학과 단순함의 미학을 쏙 빼닮았다. 단순함이 오히려 더 큰 공명을 불러일으켰듯이 군더더기를 비운 평범(normal)의 울림이 최상(super)의 아름다움을 가져온다는 뜻이다.

단순함의 미학을 말하면서 애플의 아이팟을 빼놓을 수는 없을 것 같다. 아이팟의 디자인 철학은 최소의 표현으로 최대의 효과를 얻는다는 미니멀리즘에 있다. 수석 부사장 조너선 아이브Jonathan Ive는 더 이상 단순화시킬 수 없는 절대 상태까지 모든 불필요한 부분들을 제거해 나갔다. 그리고 아주 편하게 사용하면서도 우아함이

: 무지의 가구 제품과 슈퍼노멀 전시회 작품

돋보이도록 액정화면과 버튼을 전면에 배치했다. 그 결과 아이팟 화이트는 심플하면서도 순결한 이미지가 극대화되었다.

아이팟이 출시되자 디자인에 대한 최고의 찬사가 봇물처럼 쏟아졌다. "미니멀리즘의 극치", "작은 것이 아름답다", "단순함의 미학과 파스텔톤의 절묘한 조화" 등의 극찬이 줄지어 이어진 것이다.

이 같은 성공에 힘입어 아이팟은 단순히 음악을 즐기기 위한 MP3 플레이어가 아니라 패션 코디네이터를 위한 중요한 패션 소품으로 탈바꿈했다. 음악이라는 1차적 가치를 뛰어넘어 패션의 업그레이드라는 새로운 가치를 창출한 것이다. 이제 귀걸이 차원으로까지 진화한 아이팟 셔플을 보면 애플 마니아들을 양산해내는 디자인 파워를 실감할 수 있다.

브랜드 메시지의 미학: 열보다 나은 하나

백화점이나 대형마트에 가면 비슷한 상품들이 즐비하게 늘어서 있는 것을 쉽게 볼 수 있다. 이들 제품은 하나같이 나를 데려가 달라고 소비자에게 아우성이다. 하지만 혼란스러운 정보의 홍수 속에서 소비자를 움직이는 것은 단지 기능이나 가격이 아니다. 다른 제품이 아닌, 바로 '나'를 사야 한다는 감성적인 호소와 그럴듯한 이유, 바로 브랜드 메시지다. 만년 취업준비생부터 명품 핸드백까지 1200조 규모의 국민경제가 최종적으로 관심을 갖는 화두 역시 이것이다.

하지만 찰나의 순간에 소비자에게 자신의 장점을 어필하기란 쉬운 일이 아니다. 그러다 자칫 싸구려 장사꾼처럼 이것저것 온갖 장점들을 주워섬기기 일쑤다. 하지만 광고 커뮤니케이션에서는 열보다 하나가 낫다.

《삼국지》의 한 장면을 다시 떠올려보자. 유비가 처음으로 제갈량을 찾아갔을 때의 이야기다. 동자가 어디서 왔느냐고 묻자 유비는 이렇게 대답한다.

"한나라 좌장군 의성정후령 예주목 황숙 유비가 선생을 뵙고자 찾아왔다고 여쭈어라."

이에 대뜸 이르는 동자의 말이 일품이다.

"제가 어찌 그렇게 긴 이름을 다 외우겠습니까?"

유비로서는 호되게 뒤통수를 맞은 것이나 다름없다. 그 주인에 그 동자다.

"그러면 그냥 유비가 찾아왔노라고 여쭈어라."

그렇다. 기업의 브랜드 메시지를 접하는 소비자 역시 동자와 똑같은 생각을 갖고 있다. 꼬리에 꼬리를 무는 긴 이름은 기억할 수도 없고, 그 의미를 이해하는 데 방해만 될 뿐이다. '유비'면 충분하다.

1992년 미국 대통령 선거 당시 클린턴 후보의 선거 참모로 있던 제임스 카빌

마케팅의 대가 잭 트라우트는
BMW의 'Ultimate Driving Machine'을
최고의 브랜드 메시지로 꼽는다.
이 메시지는 명쾌하고도 강렬할 뿐만 아니라
25년 동안 한 번도 바뀌지 않아 일관성도 있다.

: BMW 로고

| 단순함: 작은 것은 힘이 세다 |

James Caville의 일화 역시 좋은 본보기가 된다. 선거 운동이 시작되기 3개월 전 유권자 1만 명을 만나고 돌아온 카빌의 한마디는 "The economy, Stupid(바보야, 문제는 바로 경제야)"였다. 이것은 여론의 핵심을 관통하면서도 클린턴을 지지해야 하는 이유를 명백하게 밝혀준 선거 메시지였다. 메시지가 이렇게 단순하고 명백했기에 클린턴은 힘을 한곳으로 집중할 수 있었고 효과 또한 크게 얻을 수 있었다.

1960년 미국 대통령 선거에 텔레비전 토론이 처음 도입된 후 1988년부터 지금까지 대통령 후보 토론회를 구성하여 이 토론을 이끌고 있는 프랭크 파렌코프Frank J. Fahrenkopf 공동의장의 이야기도 들어보자. 대통령 후보들의 텔레비전 토론을 여섯 차례나 지켜본 그의 결론은 일관성 있고 분명한 메시지를 전달하는 사람이 선거에서 이긴다는 것이다.

결국 카빌이나 파렌코프의 말을 정리해보면 메시지는 일관성과 간명성을 가져야 한다는 것을 잘 알 수 있다. 마찬가지다. 소비자에게 전달되는 브랜드 메시지 역시 단순명료해야 한다. 그러기 위해서 메시지는 일관성 있고 송곳처럼 날카로워야 하며 경쟁 기업과 차별화되는 함축적인 내용을 담아야 한다.

쇼, 쿡, 올레: KT의 광고 이미지 전략

지금은 민간 기업이지만 얼마 전까지만 해도 KT 하면 한국통신이라는 융통성 없는 답답한 이미지가 떠올랐던 것이 사실이다. 2009년 KT의 CEO로 부임한 이석채 회장은 이런 이미지를 깨뜨리고 KT를 변화를 주도하는 통신기업으로 거듭나게 할 방법을 찾고 있었다. 그는 취임 6일 만에 KTF 합병을 발표하고 전광석화 같은 속도로 현재의 KT 체제를 구축했지만 대중들은 이런 변화를 인식하지 못했다.

이때 등장한 것이 바로 "쇼를 해라, 쇼를 해"로 기억되는 쇼SHOW 시리즈 광고다. 맨 처음 광고가 공중파를 탔을 때는 아무 설명이 없어서 다들 무슨 광고인지 조차 몰랐다. 하지만 연

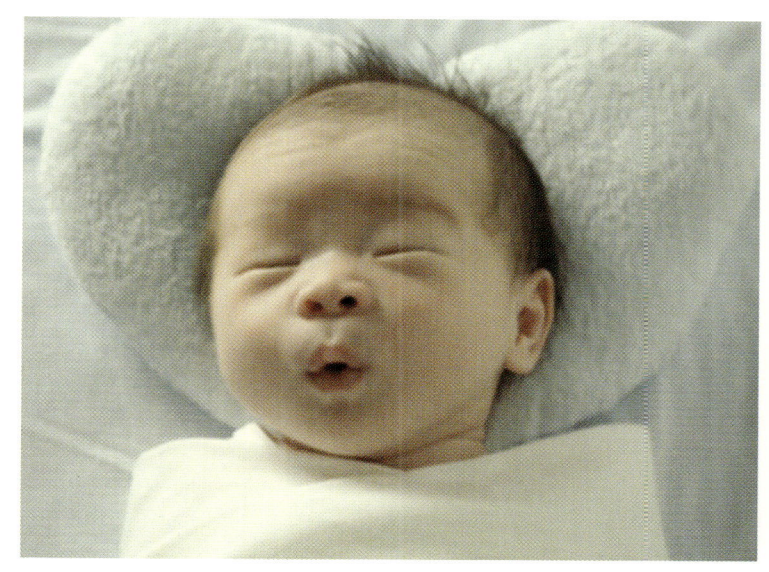

: 소비자들의 큰 호응을 얻었던 쿡 발도장 편 광고의 한 장면

속된 엽기발랄하고 단순한 광고들이 소비자의 뇌리에 '쇼=파격'의 인상을 깊이 각인했다. 덕분에 그 광고가 KT의 브랜드 광고임을 소비자들이 인식할 즈음 KT는 이미 심상치 않은 기업으로 탈바꿈되어 있었다.

특히 쇼에 이은 쿡QOOK 광고들은 다양한 상상을 불러와 소비자의 궁금증을 더해가면서 티저광고의 효과를 톡톡히 보았다. 전화번호를 누르는 '쿡' 소리, 모험정신을 연상시키는 영국의 쿡Cook 선장, 맛있는 메뉴를 요리(cook)한다는 다양한 의미와 연결되면서 쿡 브랜드는 기대 이상의 효과를 몰고 왔다. 생후 5일 된 갓난아기가 묘한 웃음을 지으면서 발 도장을 '쿡' 찍는 광고는 별다른 설명 없이도 '쇼=쿡=파격=변화=KT'의 연쇄 이미지를 만들어내는 데 크게 기여했다. 한 글자짜리 초단순 광고로는 아마 가장 큰 효과를 본 브랜드 메시지가 아니었을까 싶다.

테트리스: 클래식이 된 단순함

　1985년 개발되어 25년이 지난 지금도 동시 접속자수가 하루 50여만 명에 이르는 게임이 있다. 요즘처럼 모든 것이 엄청난 속도로 변하고 있는데도 그 인기가 식을 줄 모르는 이 게임은 게임 전용사이트는 물론 시계, 계산기, 휴대전화 등 어떤 기기에도 버젓이 들어앉아 있다. 휴대전화 라이선스를 포함해서 지금까지 총 1억 4000만 개가 팔렸다고 하니 그 위력을 새삼 실감하지 않을 수 없다. 소련 과학아카데미 연구원 알렉세이 파지노프Alexey Pajitnov가 개발한 테트리스Tetris가 바로 그 주인공이다.

　테트리스의 가장 큰 인기 비결은 단순하면서도 재미있다는 데 있다. 게임의 룰이 아주 간단할 뿐만 아니라 화면을 채우는 그래픽 역시 단순하기 짝이 없어 누구나

전 세계 남녀노소를 불문하고
가장 큰 인기를 누리고 있는
테트리스의 비밀은 과연 어디에 있을까?

: 초창기 테트리스 게임

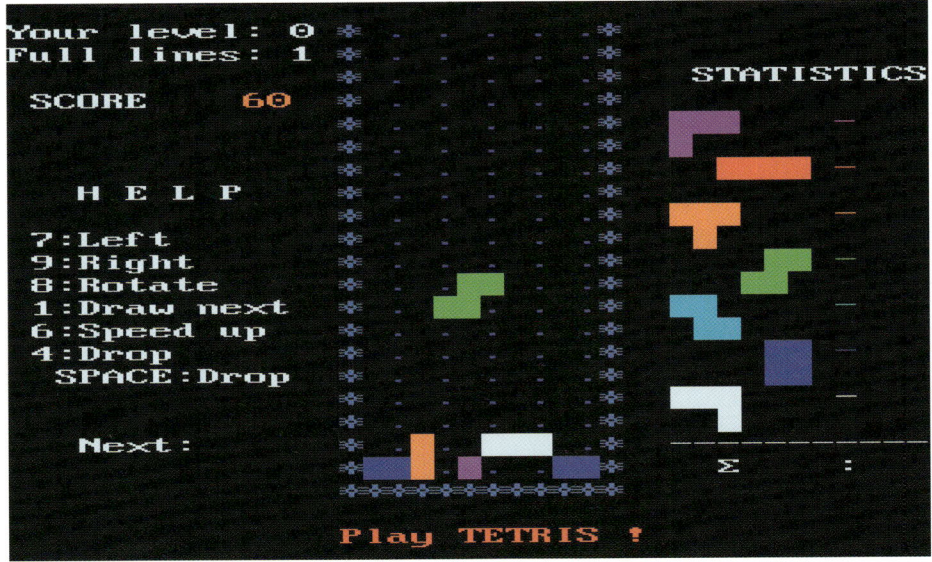

손쉽게 접근할 수 있다는 것이 최고의 매력이다.

테트리스의 이런 단순함을 피상적으로만 생각해서는 안 된다. 이 게임의 단순함 뒤에는 정교한 수학적 논리가 깔려 있어서 지적 재미에 빠져드는 인간의 원초적 욕구를 은밀히 부추긴다. 만약 표면에 드러난 단순함과 같이 이 게임의 알맹이 역시 재미를 불러일으키는 아무런 지적 장치가 없었다면 오늘날과 같은 인기는 꿈도 꾸지 못했을 것이다.

테트리스의 원형은 고대 로마의 퍼즐 펜토미노스Pentominos다. 펜토미노스의 블록을 구성하는 정사각형의 수는 원래 5개였는데 파지노프는 이를 4개로 줄여 모두 7개 형태의 블록으로 단순화시켰다. 그가 만든 블록의 개수인 7은 인간이 기억할 수 있는 한계 수치다. 따라서 블록 종류가 많아 게임이 복잡하다는 생각은 할 필요가 없다. 파지노프는 여기에 기하와 확률의 원리를 깔아 게임을 하면서 자기도 모르게 지적인 재미를 느끼게 했다. 이처럼 파지노프는 게임 본연의 특성인 재미를 놓치지 않으면서도 게임의 규칙을 단순화시켜 누구든 쉽게 테트리스에 열광하게 했다. 실제로 원조 테트리스를 변형해 약간 더 복잡하게 만든 수많은 아류들은 결국 테트리스의 단순한 중독성을 뛰어넘지 못했다.

테트리스가 지닌 단순함과 재미라는 매력은 첨단 기술로 무장한 IT기기가 갖추어야 할 핵심적인 성공 요인이다. 대박을 터뜨린 애플의 아이팟이나 아이폰도 물론이지만 앞서 말했던 닌텐도 게임기 역시 마찬가지다. 소니와 MS가 고난도의 기술로 더 성능 좋고 화려한 게임기 개발에 열을 올릴 때 닌텐도는 보다 많은 사람이 쉽게 즐길 수 있는 단순한 게임기 개발에 역량을 쏟았다. 그 결과는 이미 살펴본 대로 닌텐도의 완벽한 승리로 끝났다.

어디로 튈지 모를 정도로 급속히 진화하고 있는 휴대전화. 그런데 이 진화 과정을 역주행하는 듯한 제품도 착실한 성공 가도를 달리고 있음을 놓쳐서는 안 된다. 2007년 LG는 휴대전화의 기본 기능인 통화와 문자 기능만을 강화한 '와인폰'을 출시해 호평을 받았다. 와인폰은 이른바 40대 전후의 '와인 세대'를 겨냥해 휴대전화에 꼭 필요한 기능은 더욱 충실하게 하되, 다른 기능은 축소 내지 제거한 것이었다. 반응은 즉각적이었다. 와인폰은 출시 2년여 만에 220만 대 이상이 판매되어 성공 신화를 일구었고 이에 고무된 LG는 2009년 다시 '와인폰3'를 출시했다. 와인폰3는 와인폰 시리즈의 쉽고 편리한 기본 콘셉트를 유지하면서도 고급스러운 디자인과 함께 와인 세대에 꼭 필요한 부가적 기능을 최대한 살렸다.

기능의 단순화를 통해 효과를 톡톡히 본 사례는 수없이 많다. 내비게이션 고유의 기능만 충실하게 갖추어 출시 6개월 만에 15만 대의 대박을 터트린 'Moov301', MP3 기능에 초점을 맞추어 제품을 단순화시킨 '아이리버 M플레이어 아이즈' 등이 대표적인 예다. MP3 고유의 기능만 남기고 나머지 기능은 최대한 제거한 아이팟 셔플 시리즈도 디자인뿐 아니라 기능의 미학 차원에서도 놓칠 수 없는 사례다.

One in All: 사우스웨스트 항공과 KD운송그룹

서비스 분야에서 사우스웨스트 항공사의 사례는 너무나 잘 알려져 있다. 이 사례의 핵심은 한마디로 '단순함의 미학' 그 자체다. 항공사뿐만 아니라 서비스업계의 운영 교과서로도 통하는 이 사례를 간단히 살펴보자.

사우스웨스트의 운영 철학은 운영 시스템의 단순화와 불필요한 서비스의 제거로 요약할 수 있다. 우선 사우스웨스트가 보유하고 있는 비행기는 보잉737기뿐이다. 사우스웨스트 사는 이 단일 기종으로 단거리 노선만을 운항하기 때문에 보수 ·

사우스웨스트 항공사는 '펀(fun) 경영'으로도 유명하다.
예를 들어 승무원은 승객들에게 실제로 이런 안내 멘트를 한다.
"안녕하세요. 우리는 막 댈러스를 출발했습니다.
날씨는 따뜻하고 태양은 빛나고 새도 지저귀네요.
이제 우리는 샬럿으로 향하고 있는데
그곳은 현재 어둡고 바람이 불고 비까지 내린다고 합니다.
저는 여러분이 왜 그런 곳에 가시려고 하는지
잘 모르겠습니다."

: 사우스웨스트 항공기

| 단순함: 작은 것은 힘이 세다 |

정비・운항 관리가 극히 단순화되어 운영의 효율성을 극대화할 수 있었다. 또한 요금 체계도 이코노미 클래스와 비수기 요금만으로 구분하고 같은 주에 있는 도시 간의 요금은 동일하게 책정함으로써 단순화했다. 거기에 허브 공항과 중간 경유지를 없애 운항 시간을 줄이고 정시 이착륙이 가능하도록 관련 시스템을 철저히 관리했다. 덕분에 사우스웨스트 사는 대부분의 승객이 바라는 대로 안전 운항과 시간 엄수를 철칙으로 지킬 수 있었고 더불어 고객의 신뢰도 착실히 쌓을 수 있었다.

또한 사우스웨스트는 비행 요금을 낮추기 위해 불필요한 기내 서비스를 없앴다. 승객의 속마음을 읽고 취한 조치였으니 어느 누구도 불만을 제기하지 않았다. 기내식을 없애는가 하면 지정좌석제도 폐지했다. 그 결과 기내식에 들어가는 비용만큼 항공 요금을 낮출 수 있었고 좌석을 찾는 번거로움도 단숨에 날려버릴 수 있었다.

기존 항공사의 운영 스타일과는 정반대지만 사우스웨스트의 운영 철학을 대부분의 사람들이 쌍수를 들고 환영했다. 항공사 본연의 임무인 안전 운항을 제외한 일체의 서비스 활동을 제거하거나 단순화시켜서 얻은 이득을 고객, 종업원, 주주에게 고스란히 되돌려주니 어느 누가 마다하겠는가.

사우스웨스트와 닮은꼴 기업이 지상에도 있다.

한국에서 운행되는 버스의 12퍼센트인 5000여 대의 버스로 매일 200만 명의 승객을 실어 나르는 KD운송그룹이 주인공이다. 교통 환경이 변하면서 대부분의 버스 업체가 운영난에 시달리는 상황에서 이 회사만은 매년 꾸준히 이익을 내고 있다. 무슨 특별한 비결이라도 있는 걸까?

이 회사는 버스 운송업에 필요한 각종 지원 활동을 직영 시스템으로 단순화시켰다. 유니폼, 정비소, 유류, 각종 식자재 등을 관리하는 조직을 자체적으로 만들어

불필요한 낭비 요인을 철저하게 제거한 것이다. 덕분에 상당한 비용을 절감함으로써 승객과 사원에게 양질의 서비스와 파격적인 근무 환경을 제공할 수 있었다.

KD운송그룹이 운영하는 버스 역시 단일 기종이다. 단일 기종의 버스만 구입하니 대량 구매에 따른 할인 혜택을 덤으로 받는 것도 좋지만 차량 관리 비용도 대폭적으로 절감할 수 있었다. 이는 업무 단순화가 가져다준 최고의 혜택이었다.

이 회사가 터득한 단순함의 미학은 여기서 그치지 않는다. 허명회 회장은 그룹에 소속된 15개 버스 회사의 창립 기념일조차 모두 4월 1일로 통일하여 기념행사 비용을 줄이는 동시에 조직의 연대감도 높였다. 짠돌이라고 오해할지 몰라도 허 회장은 이 철학을 솔선수범하면서 조직을 리드하고 있다.

더 단순해지기 위한 용기

복잡한 요즘 세상을 살다 보면 단순함이 오히려 미덕이 될 것 같다는 생각이 많이 든다. 그러나 일상의 일들을 막상 단순하게 처리하려다 보면 불안한 마음이 고개를 드는 것도 어쩔 수 없다. 왜 그럴까?

《분류의 역사》를 쓴 알렉스 라이트Alex Wright에 따르면 인간은 원래 복잡하게 얽히고설킨 다양한 정보를 분류하고 체계화하려는 습성을 유전자 속에 간직했다고 한다. 복잡한 현상을 단순화하려는 이 습성 덕분에 인간은 지혜의 눈을 크게 뜨고 역사의 골을 깊이 팔 수 있었다.

그런데 언제부터인지 이 '단순하다'는 말에 부정적인 이미지가 연상되기 시작했다. '단순하다'는 말이 무언가 부족하거나 피상적인 것에 치우쳐 속 깊은 의미를 헤아리지 못한다는 의미로 변질되었던 것이다. 더구나 산업사회와 정보사회를 거치면서 기술과 정보가 첨단화되고 다양해지자 복잡한 것이 좀 더 고급스럽고 깊은 뜻을 지닌 것처럼 받아들여지기도 했다.

그러나 편리함을 넘어 과잉의 시대로 치닫는 이 시점, 다시 한 번 인식의 전환이 필요하다. 즉 세상이 복잡해질수록 통찰의 눈으로 대상을 바라보고 그 내면에 자리 잡은 본질을 캐내는 일이 더욱 중요하다는 이야기다.

이를 위해서는 세심한 관찰과 깊은 사유의 세계를 넘나드는 정신노동이 당연히 필요하다. 물론 요즘 같은 멀티미디어 시대라면 표피를 꿰뚫고 내면으로 깊숙이 파고드는 노력이 거추장스럽게 느껴질지도 모르겠다. 그러나 이런 노력이야말로 복잡한 대상을 단순화하려는 인간의 본원적 유전자를 되찾는 일인 동시에 단순함에 덧씌워진 부정적인 이미지를 해체시킬 수 있는 의미 깊은 작업이다. 이 장에서 '단순함의 미학'을 음미해본 이유 역시 여기에 있다.

이 같은 의미를 되새기면서 이런 문제를 생각해보자. 비즈니스 전체를 아우르면서 그 본질을 관통하는 핵심 키워드를 하나 든다면 과연 무엇일까? 다름 아닌 '고객가치 창출'이다.

피상적으로 드러난 기업 활동은 복잡하기 그지없다. 그러나 이 복잡한 기업 활동 전체를 아우르는 핵심 대동맥은 바로 고객가치 창출이다. 이것은 시대를 불문하고, 기업의 규모나 업종 등에 관계없이 영원히 변할 수 없는 기업의 나침반이다. 따라서 기업의 모든 활동이 고객가치 창출이라는 대명제 하나로 집약될 때 '단순함의 미학'이 갖는 울림은 깊게 지속될 수 있다. 그러기 위해서는 소비자가 진정 원하는 것이 무엇인지를 통찰하는 날카로운 눈이 필요하다. 이런 통찰의 눈은 1장에서 이미 경험했다.

애플의 프레젠테이션 현장은 절제의 미학이 돋보이는 곳으로 이 장의 주제를 다시 한 번 되새겨준다. 단순한 무대 장치와 단출한 복장으로 신제품을 발표하는 스티브 잡스 역시 군더더기를 싫어하는 절제된 정신세계의 소유자다. 그러니 참석자의 눈은 한곳으로만 집중될 수밖에 없다. 그렇다. 모든 시선은 그날 소개하는 신제품에 집중된다. 그 외의 것은 모두 과감히 제거되고 압축된다.

"덜어내라! 덜어내고 또 덜어내라!"

08

해체와 재구성
유에서 유를
창조하는
기본원리

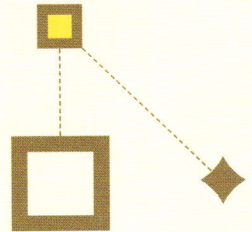

피카소를 현대미술사 최고의 화가로 꼽는 이유는
입체 형상을 해체하고 2차원 평면으로 재구성하는
치열한 창조 정신이 있었기 때문이다.
기업이 성공 경험에 안주하지 않고 다음을 준비하기 위해서는
바로 이 '버리고 새판 짜기' 정신이 필요하다.

오사카 성의 비밀

시간이 흐르면 기업 환경도 변한다. 환경이 변하면 기업 체질도 변해야 한다. 외부의 환경 변화에 떠밀려 어쩔 수 없이 체질을 바꾸려는 소극적인 자세로는 기업의 생존을 보장받을 수 없는 것이 냉혹한 현실이다.

대한상공회의소가 2008년 매출액을 기준으로 1000대 기업을 조사한 결과를 보면 이런 사실이 여실히 드러난다. 1000개 기업 중 나이가 60세인 회사는 50개에 불과했고 이중 매출액 100대 기업에 들어가는 회사는 고작 8개에 불과했다.

다른 자료도 한 번 보자. 1965년 매출액 기준 100대 기업 중 40년이 지나도 여전히 생명을 유지하고 있는 기업은 12개에 그쳤다. 거의 90퍼센트의 기업이 생명을 다했거나 경쟁에서 밀려 저조한 실적을 나타냈다는 말이다. 외국의 경우는 어떨까?

1957년 미국 〈포춘〉지가 선정한 세계 500대 기업 중 3분의 2가 아예 사라지고 없다. 세계 초우량 기업 중 절반 이상이 불과 50년의 수명을 누리지 못했다는 것은

| 해체와 재구성: 유에서 유를 창조하는 기본원리 |

환경 변화에 제대로 대처하는 기업이 생각만큼 많지 않다는 의미다.

그런데 일본의 경우는 좀 특이하다. 2008년 발표된 한국은행의 보고서 〈일본 기업의 장수 요인 및 시사점〉을 보면 기업 수명이 200년을 넘은 기업이 세계 41개국에 걸쳐 모두 5586개가 있는데 이중 56퍼센트에 해당하는 3146개가 일본에 있다고 한다. 이뿐만이 아니다. 창립 1000년이 넘는 회사는 거의 일본 기업이라니 놀랍기 그지없다. 장인정신을 생명처럼 소중히 여기고 대를 이어 가업을 승계하는 일본 특유의 전통을 엿볼 수 있는 좋은 예임에 틀림없다.

이 장은 이런 일본 장수 기업의 이야기로 시작하려고 한다.

일본 전국시대에는 각 지역 호족들 간의 경쟁이 치열했고 사회계급의 변화도 심했다. 이 혼란을 틈타 혼자 힘만으로 당시 실력자 오다 노부나가(織田信長)의 절대적 신임을 얻은 이가 바로 도요토미 히데요시(豊臣秀吉)였다. 1582년 오다 노부나가는 교토 혼노사에서 부하 아케치 미쓰히데(明智光秀)의 모반으로 생을 마감한다. 그해 히데요시는 아케치 미쓰히데 군을 대파하고 그를 반대하던 세력까지도 시즈케다케에서 물리침으로써 오다 노부나가의 뒤를 잇는 명실상부한 실권자로 떠올랐다. 이듬해인 1583년 3월 히데요시는 오사카 성을 축성할 것을 지시했다. 당시 최고의 건축 기술을 가진 장인 가문이 있었기에 오늘의 오사카 성이 존재할 수 있었다. 1598년 히데요시의 뒤를 이어 아들 도요토미 히데요리(豊臣秀賴)가 성주가 되었다. 전국시대는 아직도 혼란 상태였다.

1600년 새로운 강자로 떠오른 도쿠가와 이에야스(德川家康)는 세키가하라 전투에서 반대 세력을 격파하고 천하를 한 손에 휘어잡았다. 1603년 천황으로부터 쇼군(將軍) 칭호를 받은 이에야스는 이른바 에도(江戶)막부 시대를 연다. 그러나 아직도 그의 마음에 꺼림칙한 것이 있었다. 오사카 성에 남아 있는 히데요리와 그 추종자들이

: 일본 오사카 성 천수각

일본 오사카 성은 구마모토 성, 나고야 성과 함께
일본이 자랑하는 3대 성으로 꼽힌다.

었다. 1615년 이에야스는 결국 오사카 성을 함락했고 히데요리와 그 세력들은 자결하거나 전사했다. 이로써 오사카 성의 주인은 히데요리에서 이에야스로 바뀌었다.

오사카 성은 2년간의 치열한 공방전으로 거의 파괴됐다. 성을 탈환한 이에야스의 아들 도쿠가와 히데타다(德川秀忠)는 오사카 성을 다시 축성했다. 히데요시의 명으로 오사카 성을 처음 쌓은 장인 가문이 다시 이 일을 맡았다.

32년이라는 짧은 기간 동안 오사카 성의 주인은 세 차례나 바뀌었지만 성을 처음 짓고 재축성한 사람은 같은 가문 출신의 장인이었다. 이 가문은 대대로 건축을 가업으로 삼은 콘고 시게미쓰(金剛重光) 집안이었다.

579년 불교 신자인 쇼토쿠(聖德) 태자는 백제 통신사와 함께 일본으로 건너온 세 명의 건축 장인 중 시게미쓰에게 시텐노지(四天王寺) 건립을 주문했다. 쇼토쿠 태자의 명을 받은 시게미쓰는 이 작업을 전담할 조직을 짰다. 이렇게 해서 세계에서 가장 오래된 기업 콘고구미(金剛組)가 출발했고 593년 일본 최고最古의 불교 사찰 시텐노지가 완공되었다.

콘고 시게미쓰는 원래 백제인으로 한국 이름은 유중광柳重光이었다. 일본에 건너온 그는 백제 사비성의 젖줄이던 금강錦江을 잊지 못해 성을 금강金剛으로 바꿨다고 한다. 결국 일본에 있는 세계 최고最古의 기업은 한국인이 세웠다는 이야기다.

콘고구미의 나이는 1432세나 된다. 기업의 나이로는 도저히 믿기지 않는다. 그러나 사실이다. 일본에서 가장 오래된 역사서 《니혼쇼키(日本書紀)》에도 콘고구미의 사찰 건축에 관한 내용이 나온다. 그 장구한 세월을 지켜낸 비결이 궁금하지 않을 수 없다.

1430여 년 동안 콘고구미를 지킨 철칙이 하나 있다. 바로 "새로운 일에는 새로운 시각으로 도전하라"다.

그렇다. 콘고구미를 긴 세월 동안 지켜준 것은 시시각각 변하는 환경에 새로운 자세로 대처한 콘고구미만의 능력이었다. 콘고구미는 자신들의 장기인 건축 기술을 새로운 환경 변화에 맞게 더욱 확장하고 고도화시키면서 세월의 파도를 슬기롭게 헤쳐 나왔다. 콘고구미의 성공 비결을 '기술과 감성의 균형을 유지하는 것'이라고 답하는 40대 당주 콘고 마사카즈(金剛正和)의 말에서도 이를 확인할 수 있다. 당대 최고의 건축 기술을 발휘하면서도 시대의 감성을 아우르는 지혜를 가졌기에 실력자가 수시로 바뀌는 전국시대에도 오사카 성을 처음 짓고 다시 지을 수 있었던 것이다.

1800년대 쇼토쿠 태자 이후 계속되던 황실의 보호가 끊기고 메이지유신으로 사회가 급격히 변하자 콘고구미에 큰 시련이 닥쳐왔다. 콘고구미는 이런 역경을 극복하기 위해 기존 건축 기술을 십분 활용하여 사무실 빌딩·아파트·개인주택 사업으로 역량을 변화시켰다. 필요하다면 기존의 핵심 사업을 정리하고 새로운 사업 체제로의 변신도 마다하지 않겠다는 뜻이다.

그러나 1430여 년이라는 세월은 고건축 기술을 핵심역량으로 하는 콘고구미에게 너무 긴 시간이었을까? 일본 사회가 급격히 현대화되자 사찰 건축도, 오래된 건축물과 성의 유지·보수도 한계가 드러나면서 어려움이 더해갔다. 좀 더 신중하고 재빠른 핵심역량의 변화가 정말 아쉬운 때였다. 37대 당주 콘고 하루가츠는 이 어려움을 이겨내지 못하고 1대 당주 콘고 시게미쓰가 지은 일본 최초의 절 시텐노지에서 조상에게 사죄한 후 자결하고 만다.

조상 대대로 내려온 가업을 이대로 끝낼 수 없어 그의 부인 요시에가 38대 당주가 되어 콘고구미를 이어갔다. 그는 여장부였다. 2차 대전 후 늘어난 공사를 소화하면서 한때 회사가 생기를 찾는 듯했다. 하지만 대부분의 일본 기업들이 거품 경제에 몸살을 앓았듯이 콘고구미도 예외가 아니었다. 40대 당주 마사카즈는 1980년대

들어 상당한 땅을 차입금으로 구입했다. 거품이 빠지면서 땅값이 폭락하자 그는 결국 1430여 년간 이어지던 가업을 다른 사람에게 넘길 수밖에 없었다. 2006년의 일이었다.

기업 환경이 바뀌면 당연히 기업 체질도 바뀌어야 한다. 그것도 수동적으로 변화하기보다는 창조적으로 변화해야 경쟁력을 더 높일 수 있다. 따라서 변화한 환경에 적합하지 못한 부분이 있다면 해체하고 새로운 가치를 창출할 수 있는 체질로 바꿔야 한다. 콘고구미가 주는 가슴 아픈 교훈이 아닐 수 없다. 이 장의 주제인 '해체와 재구성'이 갖는 의의도 여기 있다.

그렇다면 기존 가치나 질서를 파괴하는 '해체'란 도대체 무엇을 의미하고 또 어떻게 진행되는 것일까? 예술로부터 해체의 지혜를 얻기 위해 체코의 수도 프라하로 발길을 옮겨보자.

춤추는 건물, 댄싱하우스

체코 프라하의 카를 교. 이 다리를 지나 조금 더 가면 오른편으로 프라하가 자랑하는 색다른 건물을 만날 수 있다. 중세풍의 건물과 함께 나란히 서 있는 이 건물은 '춤추는 빌딩(dancing house)'이라는 애칭을 가지고 있다. 마치 고전과 현대가 손을 잡고 왈츠를 추는 듯한 느낌의 건물이다. 구겐하임 빌바오미술관을 설계하기도 한 프랭크 게리Frank Gehry의 1996년 작품으로 현재 네덜란드 생명보험사 사옥으로 쓰이고 있다.

프랭크 게리는 해체주의를 대표하는 현대 건축가다. 그가 설계한 건축물에서는 네모반듯한 박스형은 찾아볼 수 없다. 과거 건축물에서 볼 수 있었던, 쭉 곧은 직선이 사라지면서 비틀어지고 휘어지고 겹쳐지는 왜곡된 형태의 건축물이 보란 듯이 서 있다.

실내 역시 마찬가지다. 피사의 사탑처럼 기울어진 벽과 기둥, 곡선 형태의 공간이나 비틀린 공간, 파티션만으로 자유롭게 분할된 내부 구조 등이 지금껏 보았던 건물들과는 다른 감각을 불러일으킨다.

: 프라하 댄싱하우스

이것이 바로 해체주의 건물이다. 이른바 비대칭성, 불확실성, 다양성을 추구하는 해체주의 정신을 고스란히 보여주는 셈이다.

해체주의 정신은 패션에서도 쉽게 찾을 수 있다. 치마와 구분이 안 될 정도로

헐렁한 반바지. 한쪽이 찢기거나 헝겊 조각들이 덕지덕지 덧붙여지거나 앞부분이 말려 올라간 치마. 해체주의 패션을 리드하는 레이 가와쿠보(川久保玲)는 풀어헤쳐진 솔기, 특이한 주름, 비대칭의 찢기, 소재의 다양성 등으로 '몸에 어울리는 옷'이라는 패션의 기존 관념을 해체하고 있다.

베네통 광고로 대표되는 해체주의 광고 역시 일상의 광고 문법을 보란 듯이 깨 버린다. 드러낼 메시지는 뒤로 숨긴 채 사회 고발성 콘텐츠만 광고 화면에 가득하다. 파격적인 내용으로 소비자의 시선을 강렬하게 잡아끌다 보니 기존의 일상적인 광고 보다 그 효과는 월등하다.

이 같은 해체와 재구성의 논리는 예술과 철학의 울타리 안에만 한정된 것은 아니다. 기존 구조를 해체하여 다양한 가치를 창출할 새로운 방법을 찾을 수만 있다면 비즈니스 세계라고 해서 이 논리를 적용하지 못할 이유가 없다. 어쩌면 비즈니스 세계야말로 이 논리를 더 명쾌하게 보여줄 수도 있다. 이런 논리를 정확하게 꿰뚫고 있는 사례를 직접 찾아가 보자.

LG전자의 TDR 운동: 찢고 다시 짠다

LG전자 창원공장. 도요타자동차의 조 후지오(張富士夫) 회장이 감탄을 금치 못했다는 생산라인이 있는 곳이다. 이곳이 바로 8년간 에어컨 세계 판매 1위, 세탁기와 냉장고 세계 3위의 신화를 만들어낸 현장이다.

하지만 처음부터 세계적인 기업이었겠는가. 1995년 금성(金星)이라는 이름으로 제품에는 GOLDSTAR(골드스타)라는 로고를 찍던 LG전자가 오늘날의 모습을 갖추기까지 엄청난 혁신운동이 있었다. 이른바 'TDR 운동'이다.

TDR은 'Tear Down(찢어버리다) & Redesign(다시 짜다)'의 약자로 기존의 사고와 관습을 철저하게 해체하여 새로운 틀을 다시 짠다는 의미다. 기업 환경의 급격한 변화에 따라 기존 시스템의 한계를 창조적으로 파괴하겠다는 것이 TDR의 핵심이다.

TDR 운동이 시작된 1996년부터 10년 동안 구성된 TDR 팀만 무려 5100여 개로 휘센 에어컨 신화가 탄생한 곳도 바로 여기다. 당시 에어컨 시장의 관심은 전력량을 줄이는 데 있었다. 이 과제를 맡은 TDR 팀은 에어컨의 구조를 '찢어버리고 다시 짜는' 노력 끝에 기존 에어컨의 대용량 콤프레스 한 대를 두 대의 소형 콤프레스로 대체하면 전기 사용량을 크게 줄일 수 있다는 사실을 알아냈다. 전기료가 훨씬 적게 드는 휘센 에어컨에 소비자의 눈이 쏠리는 것은 너무나 당연한 일이었다. TDR은 에어컨의 기존 시스템을 해체하고 새로운 시스템을 재구성함으로써 고객가치를 혁신적으로 높인 대표적 사례에 해당된다.

지금도 생산라인에서는 무인자동차가 제품을 운반하고 떨어진 부품을 자석으로 수거하는 운반구가 돌아다니며 용접라인 옆에는 물 커튼이 뿜어져 나온다. 다른 곳에서는 볼 수 없는 디테일한 이 혁신들이 현장 인력으로 구성된 TDR 팀이 이루어낸 결실들이다.

물론 '해체와 재구성'의 의미를 보여준 해체주의 예술 작품과 LG전자가 관심을 가진 대상은 당연히 다르다. 하지만 기존 상황을 해체해서 보다 큰 가치를 창출할 수 있는 새로운 상황을 재구성한다는 논리는 조금도 다를 바 없다.

예술이든 비즈니스든 기존의 기능과 가치를 의심하고 새롭게 보는 데서 해체는 시작된다. 기존의 방식과 시야 역시 분명 어떤 문제에 대한 해결책으로 태어난 것

| 해체와 재구성: 유에서 유를 창조하는 기본원리 |

일 테지만 시간이 흐름에 따라 그 기능은 낡은 것이 될 수밖에 없다. 존재하는 것은 모두 기능한다. 하지만 그 기능에 익숙해져서 만족하는 대신, 그것을 "창조적으로 파괴"(슘페터Joseph Alois Schumpeter)하는 것이야말로 예술가의 창조성과 자본가의 혁신정신이 만나는 지점이다.

세잔의 〈생트 빅투아르 산〉: 모습을 버리고 산을 얻는다

생트 빅투아르 산은 거대한 석회암 산으로 세잔의 고향인 프랑스 남부 프로방스에 있다. 해발 1000미터에 못 미치지만 육중한 무게로 당당하게 하늘을 떠받치며 밝은 날에는 마치 섬광과 불빛에 싸여 있는 듯한 신성한 느낌을 주는 산이다. 모네가 짚더미나 루앙 성당을 연작으로 그렸듯이 세잔도 보리수 그늘 아래에서 이 산을 몇 달 동안 계속 그렸다. 하지만 그는 생트 빅투아르 산의 겉모습에는 관심이 없고 산이 지닌 견고한 본질을 찾아내는 데 줄곧 매달렸다.

우선 오른쪽의 왼쪽 첫 번째 그림을 보자. 후기 작품들에 비해 이 작품은 대상을 아주 사실적으로 묘사했다. 화면 중앙에 당당히 자리 잡은 생트 빅투아르 산과 들판의 모습에서 빛이 넘쳐나는 인상주의의 냄새를 쉽게 맡을 수 있다. 특히 화면 왼쪽에 있는 커다란 소나무는 중심부의 산과 대비되면서 뚜렷한 원근감을 드러낸다.

이제 오른쪽의 두 번째 작품을 보자. 똑같은 장소에서 똑같은 대상을 그렸음에도 불구하고 상당히 다른 정감을 준다.

우선 첫 번째 그림의 소나무가 사라지고 멀리 있던 산이 앞으로 성큼 다가와 있다. 또한 사물의 외형이 단순해지면서 대상의 본질적인 구조가 드러나 보인다. 초기

폴 세잔의 〈생트 빅투아르 산〉 연작 중 세 작품.
전경에서 시작해 두 번째 작품에서는 나무를 버리고
산과 마을을 재조합했으며 마지막 작품에서는
남아 있는 대상마저 파괴해 새로운 추상의 세계를 탄생시켰다.

1	2
	3

1 폴 세잔, 〈생트 빅투아르 산〉, 1887
2 폴 세잔, 〈생트 빅투아르 산〉, 1900년경
3 폴 세잔, 〈생트 빅투아르 산〉, 1904

작품에 비해 원근감이 해체되면서 사물의 근원적인 모습을 재구성해내는 세잔만의 독특한 화풍을 잘 보여준다.

이 같은 세잔의 의도가 아래쪽에 있는 세 번째 작품에서 더욱 선명하게 드러난다. 이 작품은 앞의 두 작품과는 완연히 다른 이미지를 담고 있다. 대상의 거리감은 아무 문제도 되지 않고 화면에 나타난 대상의 모습도 완전히 파괴되어 단순한 기하학적 구도로 재배치되어 있다. 마치 구상의 세계에서 추상의 세계로의 이동을 암시해주듯이. 세잔의 매력에 푹 빠져들었던 피카소의 심정을 이해할 수 있을 것 같다.

현대미술을 탄생시킨 비옥한 토양이 서서히 갖추어져가는 것을 피카소는 세잔을 통해 똑똑히 느꼈다. 이제 이 장의 주제 '해체와 재구성' 정신을 명쾌하게 보여주는 피카소를 만나기 위해 뉴욕현대미술관으로 발길을 옮겨보자.

피카소: 큐비즘의 탄생

"그림은 몰라도 피카소는 안다."는 말이 있다. 그만큼 피카소는 미술 세계에서 빼놓을 수 없는 위대한 화가다. 최근 영국의 한 일간지와 화랑이 1900년 이후 가장 위대한 화가 200인을 발표했다. 16주 동안 146만 명의 네티즌을 대상으로 조사한 결과 피카소가 1위였다. 당연한 일이다.

피카소의 그림을 보다 보면 분명히 사람이지만 사람이라고는 할 수 없는, 기괴한 괴물이 가득하다. 그런데도 다들 피카소는 역시 피카소라고 감탄을 마다하지 않는다. 왜?

한마디로 기존 질서를 송두리째 부정하고 새로운 조형 질서를 창출했기 때문

: 파블로 피카소, 〈아비뇽의 처녀들〉, 1907

"나에게 그림은 파괴의 집합체다.
나는 그린다.
그러고는 파괴한다."

- 피카소

이다. 물론 오랜 기간 미술 세계를 지배했던 고정관념을 파괴하는 것은 결코 쉬운 일이 아니었다. 그러나 피카소는 과거의 통념적인 질서와 가치를 해체하고 어느 누구도 상상하지 못한 새로운 세계를 보란 듯이 재구성했다. 피카소의 천재성을 굳이 찾는다면 바로 여기서 찾아야 한다.

피카소는 그림을 어떻게 생각했을까? 직접 들어보자.

"그림에 있어 진보라는 말은 없다. 변화가 있을 뿐이다. 화가가 일정한 틀에 갇힐 때 그것은 죽음을 의미한다. 나는 모든 것을 말로 하지 않고 그림으로 나타낸다."

피카소는 자신이 그린 그림까지도 가차없이 파괴했다. 이처럼 피카소는 그림에 대한 모든 일상적 관념을 파괴하면서 자신만의 새로운 세계를 쉼 없이 창조했다.

피카소의 이런 미술 정신을 잘 드러내주는 작품이 바로 〈아비뇽의 처녀들〉이다. 뉴욕현대미술관이 자랑하는 대표적인 소장품으로 입체파의 태동을 알린, 현대미술사에서 빼놓을 수 없는 작품이기도 하다.

자세히 살펴보자. 〈아비뇽의 처녀들〉은 상당히 많은 메시지를 담고 있다.

첫째, 르네상스 이후 그림의 기본 원칙으로 생각되던 원근법을 근본적으로 파괴했다. 원근법은 그리고자 하는 대상을 하나의 고정된 시점에서 관찰하여 표현한 것이다. 그러나 피카소는 다양한 시점에서 피사체를 관찰하여 각 시점에서 파악한 3차원 입체 형상을 해체한 후 2차원 평면으로 재구성했다. 원형의 지구를 2차원에 표현한 세계지도처럼 말이다.

더 가까이 가보자. 오른쪽에 있는 두 여인은 일상적인 시각으로 볼 때 부자연스럽기 짝이 없다. 특히 아래에 있는 여인의 얼굴은 다시점에서 바라본 입체 형상을 평면으로 재구성해놓은 것으로 피카소가 의도한 해체와 재구성의 의미를 잘 보여준다. 이뿐만이 아니다. 어디를 보아도 3차원의 공간 감각은 찾아볼 수가 없다. 이후 제작된 다른 입체파 그림은 이 작품의 영향으로 공간 감각이 완전히 파괴된 채 본격적인 입체파의 길을 열어나간다.

둘째, 피사체의 형상을 선과 색만으로 단순하게 처리했다. 고전주의부터 인상주의까지 여인의 모습은 육체의 아름다움을 드러낼 수 있도록 볼륨감 있게 표현되었다. 그러나 피카소는 이 작품에서 육체의 아름다운 형상을 무시한 채 모두 평면으로 처리해버렸다. 물론 이 점은 사물의 본질적인 형상을 구형, 원기둥, 원추형으로 표현하고자 한 세잔의 주장과 연결된다. 하지만 피카소는 이 작품에서 선과 색만으로도 완전한 그림이 될 수 있다는 사실을 분명히 보여주었다.

셋째, 그림은 대상의 단순한 모방물이 아니라 그림 그 자체로서 충분한 의미를 가질 수 있다는 점을 일깨워주었다. 대부분의 사람들은 그림에 재현된 대상을 현실과 연결하는 버릇이 있다. 산을 그린 그림을 보고 산을 떠올리고 사람을 그린 그림에서는 대상 인물을 찾아내려 한다. 그러나 냉정히 따지면 그림에 그려진 형상은 현실의 모방이지, 현실에 존재하는 대상 그 자체는 아니다. 무슨 말이냐고? 초현실주의 화가 마그리트René Magritte의 작품 〈이미지의 배반(이것은 파이프가 아니다)〉을 보면서 다시 이야기해보자.

이 그림을 보면 담배 파이프를 극히 사실적으로 그려놓고는 "이것은 파이프가 아니다(Ceci n'est pas une pipe)."라고 적어놓았다. 분명히 담배 파이프를 그려놓고는 담배 파이프가 아니라니? 물론 이 그림에는 수많은 해석이 있다. 그러나 우선 생각해볼 수 있는 것은 마그리트의 말처럼 그림의 담배 파이프는 단지 그림일 뿐이지 현실에서 보고 만질 수 있는 담배 파이프 그 자체는 아니라는 점이다. 마찬가지로 〈아

: 르네 마그리트, 〈이미지의 배반〉, 1929

"나의 회화에는 상징이 존재하지 않는다.
상징이란 전통에 매우 충실한 생각들일 뿐이다."
– 마그리트

비농의 처녀들〉에서 꼭 아비뇽의 처녀를 찾아낼 필요는 없다. 사실 처녀라는 이미지에 걸맞은 대상은 그림 속 어디에도 없지 않은가?

피카소는 이 작품을 통해 그림은 대상의 이차적 산물이거나 모방이 아닌, 그림 그 자체로서 이미 충분한 가치가 있음을 보여준다. 그림을 보고 그림 속의 대상만을 떠올렸던 그동안의 고정관념을 통쾌하게 파괴한 것이다.

이제 피카소를 보는 눈이 조금 달라졌는지 모르겠다. 피카소는 르네상스적인 미술 세계를 철저히 해체하고 새로운 조형 세계를 재구성했다. 피카소 이전의 어떤 화가도 꿈꾸지 못했던 혁명적 발상이 아닐 수 없다. 이 같은 피카소의 '해체와 재구성'이 없었다면 현대미술의 치열한 창조정신도 영원히 만나지 못했을 것이다. 피카소를 미술사에서 최고의 화가라 부르는 이유도 바로 여기서 찾아야 한다.

해체와 재구성의 논리가 예술 세계에만 적용되는 것은 물론 아니다. 해체와 재구성은 비즈니스 세계에서도 절대 버릴 수 없는 불문율이다. 환경이 변하는데 손을 놓고 구경만 하는 기업은 상상도 할 수 없다. 변화에 창조적으로 대응하는 기업만이 살아남을 수 있음은 이미 수많은 사례에서 확인된 일이 아닌가.

이제부터 미술 작품에서 읽어낸 해체와 재구성의 논리가 기업 현장에서 어떻게 적용되는지를 알아보자.

레고와 '개방형 혁신': 고객이 제품을 만드는 회사

레고를 모르는 사람은 없을 것이다. 집집마다 레고블록을 담은 상자를 쉽게 찾아볼 수 있으니 말이다. 그만큼 레고는 전 세계 어린이들이 좋아하는 장난감이다. 레고 사는 1932년 덴마크의 키르크 크리스티안센Kirk Kristiansen이 놀이를 통해 아이들의 창의력을 키워주겠다는 생각으로 세운 회사다. 현재 세계에서 다섯 번째로 큰 장난감 회사로 130여 개국에 수출하며 종업원 수만도 8000여 명에 이른다.

이런 레고 사가 한때 위기에 빠진 적이 있었다. 1990년대 이후 비디오게임기인 닌텐도나 플레이스테이션에 시장이 잠식되면서 레고는 흔들리기 시작했다. 그러자 레고는 시장 변화에 적극적으로 대처해 비디오게임 시장에 뛰어들고 영화에 눈을 돌리는가 하면 의류 사업에도 발을 내디뎠다. 그러나 결과는 참담했다. 시장은 더욱 줄어들어 2004년에는 약 4300억 원의 적자를 보기도 했다. 더 이상 버틸 수 없게 되자 구원 투수가 등판했다. 외르겐 비크 크누트슈토르프Jørgen Vig Knudstorp가 신임 CEO가 된 것이다.

그는 우선 레고가 잘하는 일과 못하는 일을 나눈 후 본격적인 구조조정에 들어갔다. 덴마크, 미국, 영국, 독일에 있는 레고랜드 지분 70퍼센트를 사모펀드에 팔고 의류와 영화 사업도 매각했다. 크누트슈토르프는 과감하게 군살을 빼서 체력을 보강하고는 핵심역량인 레고블록 사업에 모든 자원을 집중했다. 세잔과 피카소가 보여준 해체와 재구성의 발상전환을 경영에 적용한 셈이다.

레고는 군살을 해체하고 적자폭을 줄이면서 체력을 다시 키워서 수익을 높였다. 그러자 2004년 최대의 적자폭을 기록했던 레고는 일 년 만에 흑자로 돌아섰고 2008년에는 세계적인 불황 속에서도 약 19퍼센트의 매출 증가와 32퍼센트의 순이익을 얻었다.

레고의 변신은 여기서 그치지 않는다. 레고는 고객을 적극적으로 끌어들임으로써 기존의 개발 과정을 혁신적으로 해체하고 재구성한 사례로도 유명하다.

이야기는 1998년으로 거슬러 올라간다. 당시 레고는 MIT와 공동으로 개발한 마인드스톰이라는 조립로봇을 시판한다. 단순한 조립로봇이 아니라 15개의 프로그램이 내장된 변신로봇이었다. 그런데 문제가 생겼다. 시판에 들어가자마자 한 학생이 로봇의 프로그램 코드를 분석해서 공개한 것이다. 그러자 레고 마니아들은 그 코드를 자신들의 취향에 맞게 이리저리 바꾸어서 자기만의 로봇을 만들어내기 시작했다. 레고 측은 격분했다. 유포자에게 항의하고 법적 대응도 고려했다.

　　하지만 이미 마니아들 사이에는 프로그램 변형이 유행이 되어버린 후였다. 경영진은 노심초사하다가 놀라운 현상을 발견했다. 마인드스톰의 판매가 급격히 늘어나고 있었던 것이다. 결국 경영진은 방향을 180도 바꾸기로 한다. 레고 측은 프로그램 변형을 적극 장려하는 한편, 가장 열성적이었던 고객 4명을 실제 개발에 참가시키기에 이른다. 결과는 대성공. 이에 맛 들린 레고는 2005년부터는 '디자인 바이 미 design by me' 서비스를 시작한다. 실제 레고가 아닌 소프트웨어를 다운받아 이리저리 조립해본 뒤 그 모델을 주문하면 그에 맞는 실제 레고를 배송하는 서비스다. 2008년부터는 아예 고객으로부터 모델을 공모하고 있다. 고객이 '이런 모델이 있었으면 좋겠다' 하고 생각하는 것을 인터넷에 올려 1000표 이상 얻으면 실제 제품으로 만들어서 시판하는 프로젝트다.

　　이 사례는 개방형 혁신(open innovation)의 대표적인 모범 사례로 평가받는다. 본래 레고 같은 제조업 회사, 그것도 오랜 역사를 가진 기업은 매우 폐쇄적인 개발 과정을 지니게 된다. 전통적인 방법으로 시장을 분석하고 니즈를 파악한 뒤, 그에 걸맞은 제품을 전문가들이 만들어낸다. 그러기에 고객들의 프로그램 임의 변형은 일대 '혼란'이었을 것이다. 하지만 레고는 여기서 우연히 고객들과의 중요한 접점을 맛보게 된다. 그리고 이른바 집단지성의 힘을 확신하기에 이른다. 그 후 제조업체로는 가

: 남녀노소를 불문하고 모든 이들의 사랑을 받는 레고

마인드스톰 사건으로 고객의 중요성을 깨달은 크누트슈토르프 사장은 CEO들에게 다음과 같이 충고한다.

첫째, 고객과의 대화가 중요함을 깊이 인식하고 관여하라.
둘째, 즉각 반응하라. 고객은 정확한 답변이 아니라 반응을 기대한다.
셋째, 거짓말하지 마라. 고객을 성실히 대하라.
넷째, 고객의 말을 잘 듣고 회사의 생각도 주장하라.
다섯 째, 물론 이 모든 것에는 리스크가 따른다. 그러나 얻는 바도 크다.

장 큰 결심, 즉 개발 과정 오픈을 감행한다. 그렇게 개발라인을 해체하고 이질적인 요소를 도입해 창조적으로 재구성하는 데 성공한다.

여기서 우리는 해체와 재구성이 궁극적으로 의미하는 바를 목격할 수 있다. 너무 굳어버려 새로운 환경에 대응하지 못하는 생각과 기관을 해체해서 새로운 진형으로 재배열하자는 것이 바로 해체와 재구성의 궁극적인 목표다. 레고 경영진은 선입견(사실 이것은 과거의 성공 경험이다)을 과감히 버림으로써 수천만의 잠재적 개발자를 얻었다. 위키피디아의 시대에 레고는 껍질을 벗음으로써 또 한 번 적응에 성공했다.

지멘스: 다 쓴 창은 버린다

레고가 고객의 힘을 끌어들임으로써 성공적으로 개발 과정을 해체한 사례라면 자신의 핵심역량 자체를 해체하고 재구성하는 데 성공한 사례도 있다. 전자기기를 생산하는 초거대 기업 지멘스의 스토리다.

지멘스 사는 1847년 독일에서 탄생했다. 160년 역사에 걸맞게 지멘스의 핵심역량은 세계 최고 수준이다. 지멘스의 핵심역량은 기초과학에서 나온다. 그만큼 경쟁 기업이 쉽게 넘볼 수도 없다. 인공심장 박동기, 실시간 진단 초음파 기계, 컬러 액정 유럽형 휴대전화 등은 모두 세계 최고 수준이니 수긍할 수밖에 없다. 지멘스의 높은 기술 수준처럼 그들의 활동 무대 역시 수준급이다. 모두 42만 8000여 명의 구성원이 190여 개국에서 삶의 질을 향상시키기 위해 바삐 움직이고 있으니 말이다.

500대 기업에 드는 세계적인 기업조차 50년을 넘기지 못하고 사라지는 마당에 160년 이상 살아남는 원동력은 과연 무엇일까? 한마디로 통찰의 눈으로 시장을 관찰하고 시장의 변화에 맞게 끊임없이 혁신을 한 것이다.

지멘스의 시장 통찰력은 메가트렌드megatrend를 읽는 데서 출발한다. 그들은 인구 통계와 도시 현황을 면밀히 분석하여 새로운 성장 시장을 족집게처럼 찾아내는 것으로 유명하다.

2004년 보고된 지멘스의 '호라이즌2020 Horizon 2020'에 따르면 향후 메가트렌드의 주요 키워드는 도시화, 인구 변화, 기후 변화로 요약된다. 그들은 자신들의 기술을 거대 도시에 투입할 수 있는 새로운 사업 기회를 이미 찾기 시작했다. 노령화로 인해 어린아이가 최고의 가치를 가지게 되고 헬스케어 산업이 급부상할 것도 내다봤다. 기후 변화로 환경 친화적인 기술 개발이 앞당겨질 것이라는 예측도 할 수 있었다.

메가트렌드에 대한 이런 정확한 인식은 지멘스의 혁신 활동에 튼튼한 밑거름이 된다. 그들의 혁신 활동은 이 같은 메가트렌드에 맞게 핵심역량을 강화하고 시대에 적합한 사업을 재구성하는 방향으로 초점을 맞추었다.

예를 들어보자. 지멘스의 핵심역량은 원래 전자·전기 기술 분야다. 따라서 초기에는 통신기기 사업이 주요 비즈니스 무대였다. 이후 지멘스는 통찰의 눈으로 시대의 흐름을 읽어내면서 새로운 성장 동력을 꾸준히 찾았다. 그 결과 최근 5년 동안 통신기기 분야를 매각하고 지금은 물산업, 의료기기산업, 친환경산업 등에 기업의 역량을 집중하고 있다.

이렇게 기존 사업을 해체하고 새로운 사업을 재구성하기 위해서는 공격적인 기술 개발 활동이 뒷받침되어야 하는 것은 당연한 일이다. 이를 위해 지멘스는 오래 전부터 매출액의 5퍼센트를 연구개발R&D 분야에 투입하고 있다. 경기가 나쁘더라도 이 원칙은 변함이 없다. 이런 전략을 꾸준히 지키다 보니 지금도 전체 매출의 75

"지멘스가 위기에도 탄탄하게 버틴 것은 녹색기술 중심으로 친환경 포트폴리오를 강화하고 조직을 간소화했기 때문이다."

– 피터 뢰셔, 지멘스그룹 회장

퍼센트가 최근 5년 이내에 개발한 제품에서 나온다고 한다. 해체와 재구성 활동이 얼마나 빠르게 진행되고 있는가를 잘 보여주는 대목이다.

최근 불어닥친 세계적인 경제난 속에서도 지멘스의 전략은 눈여겨볼 만하다. 4~5년 전부터 이 회사에도 어려움은 찾아왔다. 2004년 당시 환율로 106조 원이던 매출이 2005년에는 96조 원으로 줄었다. 설상가상으로 2006년 뇌물 사건이 터지자 160년 이상 세계적 기업으로 성장해온 지멘스도 당황할 수밖에 없었다.

위기 상황임을 알아차린 지멘스는 CEO를 전격 교체했다. 2007년 클라우스 클라인펠트Klaus Kleinfeld의 뒤를 이어 오스트리아 태생의 피터 뢰셔Peter Löcher가 새 회장으로 영입되었다.

뢰셔 신임회장은 'FIT4 2010'이라는 새로운 경영전략을 발표하고 지멘스에 생기를 불어넣기 시작했다. 해체와 재구성 활동이 본격적으로 진행된다는 신호탄이었다.

뢰셔는 우선 기업문화에 대한 해체와 재구성을 서둘렀다. CEO 취임 후 조직 구성원과 부단히 접촉해보니 업무의 책임 소재가 불분명했다. 또한 잘못을 묵인해주는 무사안일의 사고방식도 문제점으로 드러났다. 뢰셔는 이런 나쁜 습성을 없애기 위해 각 사업부에 책임 매니저를 두고 책임과 윤리 규정을 재정비했다.

이어 사업 분야도 해체와 재구성 작업에 들어갔다. 복잡하던 기존의 사업구조를 3사업부, 15부문으로 단순화시켰다. 3사업부는 산업·에너지·헬스케어 영역을 말한다. 지멘스가 읽어낸 메가트렌드를 기반으로 기존의 사업구조를 해체하고 현재의 핵심역량을 효과적으로 발휘할 수 있는 사업구조로 재구성한 셈이다.

이 같은 해체와 재구성 활동은 즉각 매출과 순익의 상승으로 나타났다. 2008년 말 매출액은 133조 원, 순이익은 16조 원으로 2년 전에 비해 각각 16퍼센트, 160퍼센트 정도가 뛰어오르는 급격한 성장세를 보인 것이다.

지멘스의 160년 역사는 이런 식의 '버리고 새로 짜기'의 역사라고 해도 과언이 아니다. 성공 경험에 안주하지 않고 새로운 시대를 위해 과감하게 해체와 재구성을 반복하는 그들의 DNA야말로 기업의 생명 활동이 어때야 하는지를 잘 보여준다.

1970년대까지 자동차, 선박, 건설을 주력으로 삼았던 베스타스 사 역시 혹독한 해체와 재구성을 거듭해온 기업으로 유명하다. 이 회사는 1차 오일쇼크 후 풍력발전에 눈을 돌렸는데 당시로서는 무모한 짓으로만 여겨졌다. 하지만 그들의 혜안이 현실이 된 지금은 5년 만에 주가가 1300퍼센트 폭등하는 열매를 맛보고 있다.

질레트의 공짜 마케팅: 팔아야 번다는 고정관념의 해체

해체와 재구성의 원리를 활용하면 같은 계열의 다양한 제품 또는 전혀 다른 성격의 제품으로 사업구조를 변화시킬 수 있다. 그러나 기존 사업의 가치 구조를 해체해 새로운 비즈니스 모델로 재구성하는 것도 예상 밖의 좋은 결과를 얻을 수 있다. 말하자면 경쟁이 치열한 기존의 레드오션 시장일지라도 수익 창출 구조를 새롭게 바꾸면 얼마든지 블루오션으로 나갈 수 있다는 이야기다. 이미 잘 알려진 질레트의 면도날-면도기 모델을 예로 들어보자.

코르크 병마개 영업사원이던 킹 질레트King Gillette는 출장 중 가죽띠나 숫돌에 갈아 쓰는 면도칼로 면도를 하다가 얼굴을 베인 적이 한두 번이 아니었다. 어디 질레트뿐이겠는가. 당시 대부분의 사람들이 똑같은 경험을 자주 했을 것이다. '칼에 베이지 않고 안전하게 면도할 방법이 없을까'라는 생각이 질레트의 머리를 맴돌았다.

질레트는 그 답을 이발사의 빗에서 얻었다. 빗 위로 솟아오른 머리카락을 가위로 잘라내는 것을 보고 빗 역할을 하는 받침대를 면도날에 부착하면 되겠다는 생각이 떠오른 것이다. 요즘 일상화된 안전면도기가 탄생하는 순간이다.

안전면도기를 만든 후 질레트는 새로운 판매 방법을 생각했다. 그동안의 영업 경험이 좋은 밑거름이 되었다. 면도기는 공짜나 다름없는 아주 싼값에 팔고, 대신 면도날을 비싸게 팔자는 생각을 한

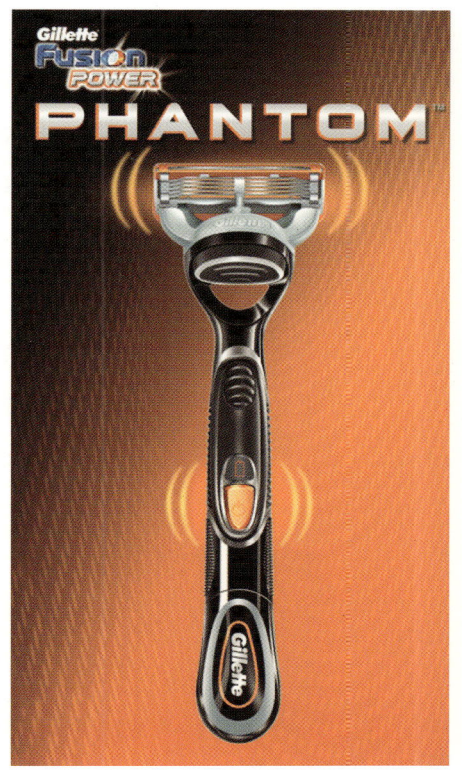

질레트의 안전면도기는 다른 수많은 발명품과 큰 차이가 없었다. 아무리 좋은 발명이라 할지라도 그것이 사업으로 발전하기 위해서는 많은 문턱을 넘어야 한다. 질레트의 진짜 발명은 새로운 마케팅 방식이었다고 할 수 있다.

것이다. 면도날을 사면 안전면도기를 공짜로 끼워 주는 것이나 다름없는 셈이었다.

지금까지 면도칼을 갈아 면도를 했던 사람들의 반응은 어땠을까? 질레트 안전면도기를 출시한 첫해의 반응은 신통치 않았다. 고작 면도기 51개, 면도날 168개를 팔았을 뿐이니까. 그러나 이듬해에는 대박이 났다. 면도기 9만 개에 면도날이 1240만 개나 팔려 나갔다. 질레트 면도기를 한 번이라도 사용해본 사람이라면 그 매력에 빠지지 않을 수 없었다. 게다가 면도기 값은 거의 공짜나 다름없었다. 1차 대전 때는 참호 속의 병사에게까지 공급되었다. 질레트는 면도기산업의 새로운 생태계를 창출해낸 것이다. 질레트는 무엇을 해체한 걸까?

질레트의 면도날-면도기 모델에는 '공짜의 힘'이 깔려 있다. 소비자는 어떤 물건의 구입 가격에 비해 자신이 느끼는 가치가 더 클 때 손을 내민다. 구입 가격과 가치가 서로 엇비슷하면 선뜻 손이 나가지 않는다. 만약 구입 가격이 거의 공짜 수준이라면 어떻겠는가? 당연히 엄청난 수요가 뒤따를 것이다. 질레트는 바로 이 지점에서 '상품-판매-수익'이라는 기존의 연결고리를 해체해냈다. 상품이 수익으로 연결되기 위해 반드시 판매의 형태를 띨 필요는 없었다. 면도기라는 미끼 상품을 공짜로 보급함으로써 소비자를 길들인 후 이익 상품인 면도날을 진짜 수익원으로 재구성해낼 수 있었기 때문이다.

지금은 별것 아닌 것처럼 보이지만 '상품은 곧 판매'라는 영업 공식을 깨뜨리는 것은 생각보다 어려운 일이다. 실제로 100여 년 전 질레트가 처음으로 개발한 이 '공짜 마케팅'은 우리 생활 곳곳에 숨어 들어와 있을 정도로 강력하다.

잉크 카트리지는 비싼 대신 프린터는 싸게 공급하는 프린터 시장이 대표적인 질레트형 마케팅 시장이다. 공짜 휴대전화를 주는 대신 비싼 통신료를 장기간에 걸쳐서 챙기는 이동통신 시장, 공짜 넷북과 와이브로의 결합 상품 역시 다르지 않다.

우리가 아침마다 습관적으로 받아 보는 무가지 신문에도 광고 노출이라는 숨은 수익 구조가 들어 있다.

이런 점을 잘 활용하면 아무리 힘든 레드오션이라도 질레트처럼 블루오션으로 나갈 수 있는 새로운 비즈니스 모델을 만들 수 있다. 더구나 하루가 다르게 발전하고 있는 IT를 기존 산업에 연결시키면 블루오션을 얻을 수 있는 새로운 비즈니스 모델 창출도 얼마든지 가능하다. 융합을 주제로 한 6장에서 살펴보았던 온라인 거래가 그 대표적인 사례다.

기존 산업의 가치 구조를 해체하여 새로운 비즈니스 모델을 재구성하는 것이 최근 비즈니스 세계의 화두다. 2005년 미국의 경제정보 전문 조사기관이 발표한 보고서를 보면 이런 사실을 잘 알 수 있다. 응답자의 50퍼센트 이상이 제품 및 서비스 혁신보다는 비즈니스 모델 혁신을 더 중요하게 생각하고 있었다. CEO를 대상으로 한 IBM의 조사 결과도 비슷하다. 응답자의 3분의 2 이상이 새로운 비즈니스 모델을 개발하기 위해 다각도로 노력하고 있으며, 경제가 어려울수록 비즈니스 모델을 혁신해야 한다는 의견을 보였다.

이 같은 사실을 보면 기존의 사업구조를 해체해 새로운 사업 영역을 구성하는 것도 중요하지만 기존 사업에 대한 새로운 비즈니스 모델을 창출하는 것도 결코 가볍게 보아서는 안 된다는 사실을 알 수 있다.

신수종 사업: 미래의 먹을거리

이 장의 주제인 '해체와 재구성'을 이야기하면서 뺄 수 없는 부분이 하나 있다.

바로 창조사회로 접어들면서 기업이 당면할 수밖에 없는 신수종 사업 문제다.

창조사회로의 환경 변화는 기업에 위험 요인도 주지만 새로운 사업 기회도 준다. 이 기회를 활용하려면 적극적인 자세로 변화를 수용해야 한다. 즉 변화한 기업 환경에 적합하지 않은 부분은 과감히 해체하고 미래 시장에 맞는 기업 역량을 재구성해야 한다는 뜻이다. 여기서 살펴보았던 세잔과 피카소를 비롯해 해체주의가 던지는 지혜의 메시지를 활용한 다양한 사례들이 이런 사실을 잘 보여준다. 이건희 회장이 자주 거론했던 "5년, 10년 뒤 무엇으로 먹고사느냐"라는 말은 바로 이 같은 신수종 사업의 중요성을 염두에 둔 말이다.

대한상공회의소에 따르면 조사 대상 업체의 86.4퍼센트가 이런 신수종 사업의 필요성을 절실히 느끼고 있다고 한다. 그런데 2009년 말 대한상공회의소가 606개 기업을 대상으로 조사한 결과를 보면 미래 신규 사업을 확보하고 있는 기업은 43퍼센트에 불과했다. 물론 투자비, 제도, 인프라 등 여러 조건이 부족해 섣불리 결정하기가 쉽지 않아서일 것이다. 경우에 따라서는 기업의 생명이 달려 있는 문제이니 어려울 수밖에 없지 않겠는가.

그럼, 이 문제를 지혜롭게 해결할 방법은 없을까? 우리가 이제까지 배웠던 8개의 통찰들에 그 대안이 제시되어 있다. 즉 통찰의 눈으로 시장을 내다본 후 이를 토대로 기업의 핵심역량을 결정하자는 말이다. 여기서는 미래 시장을 내다보고 핵심역량을 선택할 때 주의할 점 세 가지만 살펴보기로 하자.

첫째, 메가트렌드를 이해해야 한다.

메가트렌드란 사회의 큰 흐름을 말한다. 따라서 미래를 내다보는 기간도 1~2년처럼 짧은 시간이 아니라 적어도 5년 또는 수십 년을 내다보는 긴 시간이어야 한다. 사회를 떠난 기업은 생각할 수 없으니 신수종 사업을 찾으려면 메가트렌드를 우선 알아야 한다.

삼성경제연구소의 분석에 따르면 20세기는 한마디로 '정복의 시대'였다. 시간과 공간의 제약을 정복하기 위해 기업이 내건 키워드는 '빠르게', '싸게', '크게' 또는 '작게'였다. 21세기는 '풍요의 시대'다. 풍요의 시대는 단순히 부족한 것을 채우면 되는 20세기와는 다른 가치관을 가질 수밖에 없다. 풍요의 시대에 기업이 살아남기 위해서는 소비자 개개인에게 놀라운 가치를 안겨주어야 한다. 이 가치는 스마트, 안전, 그린과 같은 세 가지 방향으로 가닥을 잡아갈 가능성이 크다.

둘째, 미래 시장은 예측이 아니라 창조에 의해 결정된다는 사실을 명심해야 한다.

미래 시장은 객관적인 시장조사 자료로 예측할 수 있는 대상이 아니다. 과거 시장에 연연하기보다는 새로운 가치를 창출할 수 있는 창조의 시장을 만들어야 한다. 마이크로소프트의 윈도, 애플의 아이팟, 구글의 검색 시스템, 닌텐도의 게임기 등은 고객의 요구에 따라 만든 것이 아니라 통찰력과 상상력의 힘으로 탄생시킨 창조의 시장이라는 것을 잊어서는 안 된다.

제너럴일렉트릭의 잭 웰치Jack Welch 전임 회장은 차기 회장 후보에 오른 세 사람 중 과거 실적이 가장 낮은 제프리 이멜트Jeffrey Immelt를 후임 회장으로 선택했다. 미래 시장에서는 과거 실적이 아니라 창조적인 생각으로 미래를 내다보는 능력이 중요하다는 것을 보여주는 대목이다. 이런 점을 보면 신규 업종을 선택할 때 과거의 객관적인 자료에 지나치게 얽매이는 것은 결코 바람직하지 않다. 통찰의 눈으로 미래 시장의 트렌드를 읽고 상상력을 동원해 새로운 가치를 찾아내는 것이 무엇보다 중요한 것이다.

셋째, 내부에서 머뭇거리지 말고 외부로 눈을 돌려야 한다.

신수종 사업을 결정할 때 머뭇거리는 이유는 새로운 아이디어와 관련 기술이 없기 때문이다. 어차피 새로운 분야이기 때문에 기업 내부의 역량만으로 문제를 해결하기는 어려울 뿐만 아니라 모든 분야에서 다 잘할 수도 없다. 따라서 외부의 도움으로 문제를 해결할 수 있다면 과감히 눈을 외부로 돌려야 한다.

외부의 아이디어와 기술로 새로운 시장을 창출한 사례를 간단히 알아보자. 샤프의 헬시오Healsio는 물로 굽는 세계 최초의 오븐이다. 전자파에 대한 불안감을 해소하면서 염분과 지방을 고온 스팀으로 녹이기 때문에 웰빙 상품으로 빅히트를 쳤다.

이런 헬시오의 개발 원천은 어디에 있었을까? 기업 바깥이다. 일본 야마구치 현 우베 시의 산업기술센터는 생선을 말리는 건조 시스템을 연구하는 곳이다. 이 센터의 건조 시스템 연구에 특별한 기술이 활용되고 있다는 소문을 듣고 샤프 개발실장 이노우에 다카시(井上隆)가 그곳을 찾아가면서 헬시오 개발에 불이 붙기 시작했다. 그 후 끊임없는 실험과 개선 작업 끝에 헬시오를 출시할 수 있었고 경쟁사도 샤프가 창출한 새로운 오븐 시장에 후발 주자로 달려들었다.

미래 시장을 내다보고 새로운 사업을 선택하는 데는 분명 위험이 따른다. 그러나 위험이 두려워서 시장 변화에 침묵한다면 미래가 없다. 'change'의 g 하나만 바꾸면 'chance'가 된다. 마이크로소프트의 빌 게이츠가 자주 쓰는 말이다. 말장난에 불과하다고 넘겨버릴 수도 있지만 사실 변화는 위험보다 기회와 더 가까운 사이다. 변화를 맞아 변신을 거듭하는 기업만이 기회를 잡을 수 있고 이런 기업만이 살아남는다는 것을 암시하는 말이 아닐까? 대답이 필요 없다.

생물이 살아남기 위해서는 강한 유전자보다 변화에 적응하는 유전자가 더 중요하다. 자연의 섭리도 이러할진대 변화를 맞는 기업이야 더 말할 필요가 없다. 환경 변화를 적극적으로 받아들여서 해체와 재구성의 지혜를 최대한 활용해야 한다는 것은 의심의 여지가 없는 대명제다. 변하지 않으려면 변해야 한다.

"Change Makes Chance (변화는 기회를 만든다)."

| 해체와 재구성: 유에서 유를 창조하는 기본원리 |

에필로그
다시 인간에 대해 묻자

그림을 통해 창조경영의 지혜를 찾아 나선 여행도 이제 끝이 났다. 여행을 마무리하면서 지금까지 살펴본 창조적 발상전환의 프로세스를 어떻게 활용할 수 있는지 사례를 통해 정리해보자. 200여 년의 역사를 가진 장수 기업 듀폰 사의 경우다.

듀폰은 1802년 화약 제조업체로 출발하여 나일론, 테플론, 네오프렌 등을 히트시킨 세계적인 회사다. 그런데 지금은 잘나가던 시절의 모습과는 완전히 딴판이다. 이젠 나일론도, 다른 화학섬유도 이 회사에는 없다. 대신 농업, 식품, 통신, 생활용품, 수송 등 일상생활에 필요한 다양한 제품과 서비스가 플랫폼을 이루고 있다.

200여 년 동안 수많은 환경 변화에도 흔들림 없이, 지금도 변신을 거듭하면서 다시 100년 후를 생각하는 이 장수 기업의 비결은 어디에 있을까?

2001년 매출이 13퍼센트 감소되자 CEO인 채드 홀리데이Chad Holliday는 즉각 시장으로 눈을 돌렸다. 그 결과 듀폰만의 가치를 소비자에게 제대로 전달하지 못하고 있다는 사실을 알아챘다. 그는 즉시 듀폰의 미션과 특장점, 핵심역량을 재정의하기에 이른다. 그 후 듀폰은 화학섬유 회사에서 농업, 식품, 바이오연료 산업 등으로 서서히 중심을 옮겨 간다. 방향 전환이 효과적으로 진행될 수 있도록 다양한 태스크

포스 팀을 만들어 비즈니스를 원점에서부터 다시 검토했다.

홀리데이의 시각은 남달랐다. 전 세계가 서브프라임 사태와 고유가 등으로 몸을 웅크리고 있을 때 오히려 공격 경영에 나섰고, 에너지 효율과 환경 문제를 적극적으로 검토하기 시작했다. 그 결과 사탕수수, 옥수수, 밀, 목초, 짚단 등을 주원료로 하는 상품군을 준비 중이다. 또 미국 델라웨어 주 윌밍턴의 중앙연구소를 비롯하여 전 세계 11개국에 위치한 많은 연구소를 통해 기존의 연구 결과를 재해석·융합·단순화함으로써 새로운 가치를 끊임없이 창출하고 있다.

듀폰의 이런 혁신들에는 앞서 살펴본 8가지 키워드가 모두 녹아 있다. 듀폰은 이런 창조적 발상전환을 제때에 제대로 실천해냈기에 월가의 지적대로 듀폰 200년 역사에서 가장 큰 도박을 가장 빛나는 드라마로 다시 쓸 수 있었다. 실제로 2008년 전체 매출액의 36퍼센트가 시장에 출시한 지 5년이 채 안 된 신제품에서 나온 것이라고 하니 이 프로세스가 얼마나 부지런히 돌아갔는지 알고도 남을 일이다. 홀리데이 회장은 "성장이 있는 곳에 가는 것이 듀폰의 전략"이라며, "지난 206년간 듀폰은 스스로 과거와 결별하는 의사결정을 계속해왔다."고 강조한다.

IT혁명이 우리들의 삶과 경험에까지 파고드는 지금 수많은 기업들이 위기와 기회를 동시에 맞고 있다. 기업인들은 미래 시장이 또 어떻게 변해갈 것인지 궁금해 한다. 그러나 윌리엄 깁슨의 말대로 미래는 늘 현재 속에 있다. 다만 보이지 않을 뿐이다.

1914년은 1차 대전이 일어난 해다. 전쟁이 발발한 직후 어느 날 밤 피카소는 미국의 여성작가 거트루드 스타인Gertrude Stein과 함께 저녁식사를 마친 후 파리 6구 라스파유 대로를 걷고 있었다. 바로 그때 인류 최초로 위장 도색된 프랑스의 군용 차

량들이 그들 옆을 지나갔다. 그러자 피카소는 놀란 표정으로 "그래! 우리가 저걸 만들어냈어. 저게 입체파야!"라고 소리쳤다. 피카소가 〈아비뇽의 처녀들〉을 그린 지 꼭 7년이 되는 해였다. 군용 차량에 처음으로 다양한 색과 다양한 무늬를 시도한 프랑스 화가 뤼시앵 세볼라Lucien Scevola는 "사물의 형태를 왜곡하기 위해 나는 입체파들이 표현하곤 했던 기법을 차용했다."고 회상한다. 피카소는 인간의 삶에 드러나게 될 멀지 않은 미래의 모습을 7년 전에 그려낸 셈이다.

새로움에 본능적으로 반응하는 예술가의 눈에는 삶의 변화가 가져오는 조그만 조짐도 예민하게 들어온다. 반면에 현재의 시스템에 푹 젖어 있는 사업가나 기업인의 눈에는 그런 것들이 그저 노이즈로만 보이기 쉽다. 시장의 시그널에는 민감하면서도 시장 자체를 움직이는 거대한 지각변동은 오히려 느끼지 못할 때가 많다. 시장 위에 올라타고 있기 때문이다. 이럴 때 조감도가 필요하다. 하늘 높이 올라가 자기가 탄 시장이라는 배가 어디로 향하는지, 소비자의 욕망이라는 해류는 어떻게 바뀌고 있는지를 봐야 한다. 예술가의 눈으로. 갑판에서 계산기만 누를 때가 아니다.

창조경영의 지혜를 찾아 나선 여정에 길벗이 되어준 것은 예술의 창조정신이었다. 예술의 아우라 속에서 이런 창조정신을 얻기 위해서는 천상의 예술을 땅으로 끌어내려 손을 맞잡고, 살을 비비고, 대화를 나누어야 한다. 그러기 위해서는 먼저 예술에 다가서야 한다.

계산기를 내려놓아라. 미술관에 가라. 경영학 책을 치우고 액자를 걸어라. 사람들의 삶이 변하는 냄새를 맡아라. 욕망이 가리키는 데를 보라. 저기 저 앞, 이 길을 먼저 간 사람들에게 가서 물어라. 예술은 인간학. 다시 사람에 대해 생각하라. 그것이 업의 미래, 기업과 예술의 종착역이다.

부록

◆

서울 시내 주요 미술관 10선

서울시립미술관

위치 서울 중구 서소문동 37번지(미술관길 30)
문의 서소문본관 02-2124-8800 경희궁분관 02-723-2491
　　　 남서울분관 02-598-6247
이용시간 하절기(3~10월) 10:00~21:00 (토 · 일 · 공휴일 19:00까지)
　　　　　 동절기(11~2월) 10:00~21:00 (토 · 일 · 공휴일 18:00까지)
　　　　　 ※ 관람 종료 1시간 전까지 입장 가능, 매주 월요일, 1월 1일 휴관
홈페이지 www.seoulmoa.seoul.go.kr

1988년 8월 19일 서울시 종로구 신문로 경희궁지 내 서울고등학교 건물을 보수하여 개관했다가 2002년 5월 서소문동으로 이전하여 재개관했다. 서울 도심 한복판 덕수궁 돌담길을 따라 정동길에 아늑하게 자리 잡은 서울시립미술관은 1920년대 건축양식으로 지어진 옛 대법원 건물을 전면부만 그대로 보존한 채 신축했다.

서울시립미술관은 밀레, 샤갈, 피카소, 반 고흐, 퐁피두, 르누아르, 앤디 워홀 등 세계적인 명작들의 특별전과 더불어 다양하고 알찬 기획전시들을 지속적으로 개최함으로써 서울의 대표 미술관으로 자리매김하고 있다.

미술관 본관 1, 2, 3층에는 총 6개의 전시실이 있으며, 천경자 화백, 박노수 화백, 권영우 화백, 오승우 화백의 기증 작품이 포함된 2500여 점의 소장품을 소장하고 있다.

국립현대미술관

위치 경기 과천시 막계동 산 58-4(광명길 209호)
문의 02-2188-6000
이용시간 하절기(3~10월) 10:00~18:00 (토 · 일 · 공휴일 21:00까지)
　　　　　동절기(11~2월) 10:00~17:00 (토 · 일 · 공휴일 20:00까지)
　　　　　※ 관람 종료 1시간 전까지 입장 가능, 매주 월요일, 1월 1일 휴관
홈페이지 www.moca.go.kr

국립현대미술관은 한국 근 · 현대 미술의 흐름과 세계 미술의 시대적 경향을 동시에 수용하는 국내 유일의 국립미술관으로 1969년 경복궁 소전시관에서 개관하여 1973년 덕수궁 석조전으로 이관했다. 1986년 국제적 규모의 시설과 야외 조각장을 겸비한 과천으로 신축 · 이전하여 명실공히 국립미술기관으로 자리 잡았다. 1998년 분관으로 덕수궁미술관을 설립하여 도심 외곽에 위치한 국립현대미술관의 관람 불편 요소를 해소함으로써 도심 속에서도 문화적인 정취를 향유할 수 있게 했다.

약 4000여 점의 작품을 소장하고 있으며, 주요 전시로는 '한국근대미술 60년전', '한국현역화가 100인전', '재외작가 초대전', '한국근대미술 자료전'을 비롯하여 '1986아시아 현대미술전', '프랑스 20세기미술전', '프레데릭 R. 와이즈만컬렉션전' 등이 있다.

한가람미술관

위치 서울시 서초구 서초동 700(남부순환로 2406)
문의 02-580-1300
이용시간 하절기(3월~10월) 11:00~20:00
　　　　　 동절기(11월~2월) 11:00~19:00
　　　　　 ※ 매월 마지막주 월요일 휴관
홈페이지 www.sac.or.kr

예술의 전당에 위치해 있으며 예술의 전당 전면 왼쪽 날개 쪽에 자리 잡고 있다. 1990년에 개관한 한가람미술관은 예술의 전당에 포진한 다른 공간들보다 편안하게 즐길 수 있는 열린 공간으로 조형예술공간으로서의 기능에 충실한 미술관이다.

현대미술을 중심으로 기획전을 열고 있으며 '모네에서 피카소까지', '영국근대회화전', '구스타프 클림프', '서양미술거장전, 렘브란트를 만나다' 등 거장들의 전시회를 기획했다.

1, 2층이 틔어 대형그림도 자유로이 전시할 수 있는 전시 기반을 갖추었고 총 6개의 전시실과 수장고, 아트숍 등이 있으며 항온·항습시설이나 조명설비 등이 완벽히 마련되어 있다. 특히 유럽의 현대미술관들이 도입하여 호평받고 있는 자연채광에 가까운 광천장 시스템을 도입하여 밝은 실내에서 작품을 감상할 수 있다.

삼성미술관 리움

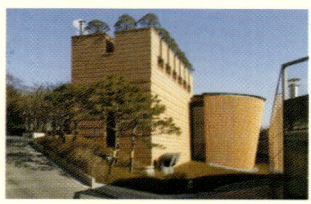

위치 서울 용산구 한남2동 747-18
문의 02-2014-6900
이용시간 10:30~18:00
　　　　※ 관람 종료 1시간 전까지 입장 가능
　　　　매주 월요일, 1월 1일, 설날, 추석 휴관
홈페이지 www.leeum.org

1965년에 설립된 삼성문화재단은 삼성그룹 창립자 고(故) 호암 이병철 회장이 각별한 애정을 가지고 수집한 한국의 문화재와 미술품을 기반으로 호암미술관과 호암갤러리, 로댕갤러리를 운영해왔다. 2004년 이건희 삼성 회장은 고 이병철 회장의 뜻을 이어 곳곳에 흩어져 있던 소장품들을 한곳으로 옮겨와 삼성미술관 리움을 세웠다. 리움은 설립자의 성인 'Lee'와 미술관을 뜻하는 영어의 어미 '-um'을 합성한 것이다.

삼성미술관 리움의 건축은 세계적인 건축가 마리오 보타, 장 누벨, 렘 쿨하스의 작품으로, 한 대지 안에 세 작가의 개성이 조화롭게 표현된 미술관 자체도 또 하나의 예술품이라고 할 수 있다. 삼성미술관 리움은 우리나라 고미술품 전시를 위한 '뮤지엄 1'과 한국과 외국의 근·현대미술품 전시를 위한 '뮤지엄 2'로 이루어져 있다.

금동반가사유상(국보118), 가야금관(국보138), 금제태환 귀걸이(보물557), 금제환두태도(보물776) 등 다수의 국보와 보물을 소장하고 있으며, 우리 미술을 계승해온 한국화가들의 작품 및 젊은 작가들의 작품, 전후 추상미술을 대표하는 세계적인 작가들의 미술품이 전시되고 있다.

| 부록 |

소마미술관

위치 서울 송파구 방이동 88-2
문의 02-425-1077
이용시간 10:00~18:00
 ※ 관람 종료 1시간 전까지 입장 가능
 매주 월요일, 1월 1일, 설날, 추석 당일 휴관
홈페이지 www.somamuseum.org

세계의 조각 작품들과 조화를 이룬 조각공원과 함께 올림픽공원 내에 위치한 소마미술관은 2004년 9월 개관한 미술관이다. 자연과의 조화를 강조한 미술관답게 지상 2층으로 이루어진 건물은 거친 터치의 노출 콘크리트와 다듬어지지 않은 목재 마감재를 이용하여 자연친화적이고 모던한 감각을 연출했다.

실내 전시공간은 6개의 전시실로 구성되어 있으며 창을 통해 자연광이 그대로 투과되어 시간과 날씨, 창의 크기에 따라 그 채광 효과가 다양해 작품을 관람하는 또 다른 즐거움을 선사한다.

소마미술관은 '파울 클레:눈으로 마음으로', '반 고흐에서 피카소까지', '누보팝', '프랑스 디자인의 오늘' 등 유수의 국제 규모 전시를 개최했고, 2006년 국내 최초로 소마드로잉센터를 개관하여 드로잉 분야에서 독창적인 색깔을 추구하는 젊은 작가의 창작활동을 지원하고 있다.

갤러리현대

위치 서울시 종로구 사간동 80번지(신관)
문의 신관 02-2287-3500, 본관 02-734-6111
이용시간 10:00~18:00
　　　　※ 매주 월요일, 1월 1일, 설날, 추석 당일 휴관
홈페이지 www.galleryhyundai.com

1970년 4월 '현대화랑'으로 첫 문을 연 갤러리현대는 2개 층의 전시공간을 갖춘 갤러리현대(신관)와 갤러리현대 강남, 사간동 신관의 뒷마당에 위치한 두가헌갤러리(종로구 사간동 109번지)로 나뉘어져 운영되고 있다.

갤러리현대는 개관 이래 박수근, 이중섭, 장욱진, 김기창, 이대원, 천경자, 김환기, 유영국, 백남준, 존 배, 심문섭 등 한국 근현대 미술을 대표하는 원로 및 중진 작가를 중심으로 전시를 열어왔다. 또한 해외 작가로는 장-미셸 바스키아, 안드레아스 걸스키, 토마스 스트루스, 토마스 디맨드, 데미언 허스트, 로버트 인디애나, 게르하르트 리히터, 로버트 라우센버그 등 국제적인 작가들의 전시를 통하여 세계 미술계의 과거와 현재 그리고 미래로의 흐름을 조명해오고 있다.

갤러리현대는 장르와 형식을 넘어서 더욱 폭넓고 다양해진 작가군을 소개하며, 국내외 미술시장의 흐름을 한눈에 살펴볼 수 있는 수준 높은 전시들을 선보인다.

문신미술관
숙명여자대학교

위치 서울시 용산구 효창원길 52(숙명여자대학교 문신미술관)
문의 02-710-9280
이용시간 10:00~17:00
　　　　　※ 매주 일요일, 1월 1일, 설날, 추석, 공휴일 휴관
홈페이지 www.moonshin.or.kr

문신미술관(숙명여자대학교)은 숙명여자대학교 이경숙 총장과 마산 소재 문신미술관 최성숙 관장의 만남으로 그 싹을 키웠다. 학술적 교류와 연구가 용이한 서울에서 동·서 유럽에 널리 알려진 세계적인 조각가 문신의 작품을 보존하고 연구하기 위해 1999년 숙명여자대학교 내 문신미술연구소를 개소했다. 그리고 2004년 문신미술관으로 개관하게 되었다.

문신미술관은 빛 갤러리, 문 갤러리, 은하수 갤러리, 무지개 갤러리 등 총 4개의 전시실과 영상실로 구성되어 있다. 빛 갤러리에는 주로 사진이 전시되며, 기획전이나 공모전을 통해 발굴한 신인들의 작품이 전시된다. 문 갤러리에는 문신의 유화, 도자기, 판화, 미발표 드로잉, 그리고 그와 연계되는 소형 조각이 전시된다. 무지개 갤러리는 문신의 작업장을 찍은 사진이나 실제 작업 도구 등이 전시된다. 은하수 갤러리에는 천장에 원형의 창이 뚫려 있어 빛이 들어오는 구조로 문신의 중·대형 조각(브론즈, 스테인리스), 석고 원형이 전시되어 있다. 오전 11시와 오후 2시에 영상실에서는 문신에 관한 영상을 감상할 수 있다. 상영 시간 이외에 영상물을 감상하려면 따로 예약을 해야 한다.

성곡미술관

위치 서울 종로구 신문로 2가 1-101
문의 02-737-7650
이용시간 하절기(4~9월) 10:00~18:00 (매주 목요일 10:00~20:00),
　　　　　동절기(10~3월) 10:00~18:00
　　　　　※ 관람 종료 30분 전까지 입장 가능, 매주 월요일 휴관
홈페이지 www.sungkokmuseum.com

1995년 쌍용그룹 창업자인 고(故) 성곡 김성곤의 옛 자택 자리에 문을 열었다. 전통적인 정서와 미감을 현대적으로 해석한 기획전을 집중 개최하여 한국 미술의 정체성을 확립하고 세계화하는 데 기여함을 목적으로 한다.

현장 중심의 주제전과 개인전, 각종 기획전 및 국제전 등 연 15회 이상의 전시회를 기획하며, 그동안 '평면회화 주소찾기전', '평면 속의 반평면전', '북구 포스터 명작전' 등의 전시회를 비롯하여 심포지움 '움직이는 미'를 개최했다. 소장품은 동양화 56점, 서양화 26점, 조각 14점, 판화 14점 등 총 110점이다.

1·2·3전시관과 야외 조각공원을 갖추었다. 도심 한가운데 있으면서 관내에 숲이 있어 미술품 관람은 물론 휴식공간으로서의 기능도 한다.

금호미술관

위치 서울 종로구 사간동 78
문의 02-720-5114
이용시간 10:00~18:00
　　　　　※ 매주 월요일 휴관
홈페이지 www.kumhomuseum.com

1989년 관훈동에 개관했다가 1996년 경복궁 동쪽 신축 미술관으로 이전했다. 지상 4층, 지하 3층이며 지하 1층과 2층에 3개 전시실이 있고 리사이틀홀, 세미나실, 자료실, 수장고 등의 시설을 갖추었다. 이중 지하 1층의 제1전시실은 주로 기성 작가 초대전 및 기획전에 쓰이고 제2전시실은 초대전 및 기획전, 제3전시실은 젊은 작가들의 개인전 장소로 쓰인다.

역량 있는 작가의 발굴과 육성을 통해 미술문화 발전에 일익을 담당하기 위해 금호아시아나 문화재단에서 세운 미술관이다. 지역 작가와 지역 미술전을 통해 미술문화의 중앙집중을 해소하는 데 중점을 두며, 이를 위해 젊은 작가와 중견 작가를 발굴하여 매년 약 30회의 초대전을 열고 있다.

미술품 전시 외에 매주 화·목·금요일 오후 8시에 리사이틀홀에서 금호갤러리 콘서트가 열리며, 35석 규모의 세미나실에서는 전시 작가의 작품과 관련한 설명회를 열기도 한다. 소장 작품은 서양화 176점, 동양화 56점, 조각 35점, 판화 16점, 설치미술 및 기타 40여 점 등 총 326점이다.

대림미술관

위치 서울 종로구 통의동 35-1
문의 02-720-0667
이용시간 10:00~18:00
　　　　　※ 관람 종료 30분 전까지 입장 가능
　　　　　매주 월요일, 1월 1일, 설날, 추석 휴관
홈페이지 www.daelimmuseum.org

1993년 5월 대림그룹이 대전에서 한림갤러리로 개관했다. 다음 해에 대전문화재단을 설립, 6월에는 사진 전문 미술관인 한림미술관으로 바뀌었으며, 2002년 5월 현재 위치로 이전하면서 대림미술관이 되었다.

미술관 건물은 프랑스 건축가 뱅상 코르뉘가 설계했는데, 3층짜리 주택의 기본 뼈대를 그대로 살리면서도 전시공간에 맞게 역동적인 미술관으로 재구성했다. 지상 4층의 건물로, 1층에는 리셉션장과 수장고, 2층과 3층에는 갤러리와 전시실, 4층에는 세미나실과 발코니가 있다. 사진 전문 미술관으로 불리울 만큼 국내외 관련 소장품을 상당수 보유하고 있으며, 상설전시 외에도 '사진과 패션모델의 변천사', '다리를 도둑맞은 남자와 30개의 눈', '크리스챤 라크르와 & 배준성', '패션사진 B-b컷으로 보다' 등 패션 사진과 관련한 기획전을 수시로 열고 있다.

© Marc Chagall / ADAGP, Paris - SACK, Seoul, 2011 Chagall (R)
© Succession Marcel Duchamp / ADAGP, Paris, 2011
© Rene Magritte / ADAGP, Paris - SACK, Seoul, 2011
© Barnett Newman / ARS, New York - SACK, Seoul, 2011
© Meret Oppenheim / ProLitteirs, Zurich - SACK, Seoul, 2011
© Carl Andre / SACK, Seoul / VAGA, NY, 2011
© 2011 - Succession Pablo Picasso - SACK (Korea)
M. C. Escher's Reptiles © 2011 The M. C. Escher Company-Holland.
M. C. Escher's Drawing Hands © 2011 The M. C. Escher Company-Holland.

이 책에 사용된 에셔의 작품은 M. C. Escher Company와, 일부 작품은 SACK를 통해
ADAGP, ARS, ProLitteirs, VAGA, Succession Pablo Picasso와 저작권 계약을 맺은 것입니다.
저작권법에 의하여 한국 내에서 보호를 받는 저작물이므로 무단전재와 무단복제를 금합니다.
저작권자를 찾지 못하여 게재 허락을 받지 못한 작품에 대해서는 저작권자가 확인되는 대로
게재 허락을 받고 통상의 기준에 따라 사용료를 지불하도록 하겠습니다.

미술관에 간 CEO

초판 1쇄 발행 2011년 2월 7일
초판 14쇄 발행 2023년 6월 1일

지은이 김창대
발행인 이재진 **단행본사업본부장** 신동해
편집장 김예원 **표지디자인** 석운디자인 **본문디자인** 명희경
마케팅 최혜진 백미숙 **홍보** 반여진 허지호 정지연 **제작** 정석훈

주소 경기도 파주시 회동길 20 웅진씽크빅
문의전화 031-956-7363(편집) 031-956-7129(마케팅)
홈페이지 www.wjbooks.co.kr
인스타그램 www.instagram.com/woongjin_readers
페이스북 https://www.facebook.com/woongjinreaders
블로그 blog.naver.com/wj_booking

발행처 ㈜웅진씽크빅 **브랜드** 웅진지식하우스
출판신고 1980년 3월 29일 제406-2007-000046호

© 김창대, 2011
ISBN 978-89-01-11713-3 (03320)

웅진지식하우스는 ㈜웅진씽크빅 단행본사업본부의 브랜드입니다.
이 책은 저작권법에 의해 보호를 받는 저작물이므로 무단 전재와 무단 복제를 금지하며,
이 책 내용의 전부 또는 일부를 이용하려면 반드시 저작권자와 ㈜웅진씽크빅의 서면동의를 받아야 합니다.

· 잘못된 책은 구입하신 곳에서 바꾸어 드립니다.
· 책값은 뒤표지에 있습니다.